인혁당재건위 변혁운동지도자

이수병평전

이수병선생기념사업회 편

민족문제연구소

[발간사]

이수병 선생 일대기를 다시 펴내며

이수병 선생께서 군사독재정권에 살해당하신 지도 벌써 30년이 되었습니다. 지난 30년 중에서 절반에 가까운 10여 년이 선생의 이름조차 마음껏 부를 수 없었던 혹독한 시절이었다면, 나머지 10여 년은 비로소 선생의 이름을 부르며 선생을 추모하기 시작한 시절이었습니다. 이 기간 동안에 선생을 기리는 이들의 뜻을 모아 선생의 일대기를 펴낸 때가 엊그제 같은데 벌써 13년이라는 세월이 흘렀습니다.

이제 이수병 선생의 30주기가 되는 올해 우리는 선생의 일대기를 다시 펴내면서 선생을 우리가 본받아야 할 훌륭한 사람의 하나로 이 세상 사람들에게 널리 알리고자 합니다.

반만년의 기나긴 역사를 가진 우리 민족에게 본받아야 할 훌륭한 조상들은 너무나 많습니다. 하지만 어찌 된 일인지 분단 이후 우리는 제대로 본받아야 할 사람을 손에 꼽을 정도로 찾기 어렵습니다. 훌륭한 분들의 자취는 야만적인 독재정권의 폭압으로 가려졌고, 내로라하는 자들 중 친일 친미 사대주의자가 아닌 자를 찾아보기가 힘들 정도입니다.

이런 가운데 이수병 선생 같은 훌륭한 이가 우리에게 있다는 것은 너무나 다행스러운 일입니다. 우리가 이수병 선생을 본받아야 할 훌륭한 사람의 하나로 생각하는 것은, 선생이 뛰어난 영웅이기 때문은 아닙니다. 물론 선생은 뛰어난 능력을 지니고 계셨습니다. 그러나 선생이 훌륭한 분인 까닭이 그것만은 아니라고 생각합니다. 아니 오히려 그것은 선생의 훌륭한 면이 발휘되는 수단 정도에 지나지 않을 것입니다.

우리는 이수병 선생을 이 시대의 과제인 조국의 민주화와 자주화, 그리고 통일을 이루기 위해, 그 과제에 가장 정직하게 정면으로 맞선 분이라고 생각합니다. 그것이 바로 이수병 선생의 가장 훌륭한 점이기도 할 것입니다. 한국 전쟁 이후 이 땅에서 시대의 과제를 올바르게 꿰뚫을 뿐 아니라, 그것을 이루기 위해 온몸을 바쳐 싸워 온 사람은 사실 그리 많지 않았습니다. 하마터면 끊어져 버릴 뻔한 민족운동사의 한 맥락을 선생은 온몸을 던져 이어가셨습니다. 그것을 통해 선생은 비로소 부활하시어 민족운동사 속에 우뚝 서게 되셨던 것입니다.

따라서 선생을 기리는 것은 민족운동사를 온전하게 회복하는 것이라고 생각합니다. 제국주의자들이, 그들의 주구들이 온갖 수단을 동원해서 끊어버리려고 한 우리의 민족운동사를 온몸을 바쳐서 기어이 다시 이어 놓고야 만 것입니다. 역사의 회복이야말로 그 시대의 과제를 정확하게 수행할 천군만마를 얻는 것이라고 우리는 생각합니다. 이제 그 작업은 시작이 되었습니다. 그리고 우리는 그 작업의 하나로 미흡하지만 감히 이 책을 다시 내어 놓았습니다.

박정희 정권의 폭압 속에서 눈이 가리워져 젊은 날을 보냈던 분들, 박정희 정권 때 살아보지 못했지만 그들의 폭압에 맞선 진실한 인간을 보고자 하는 분들, 그리고 새로운 세대에 우리 민족의 기둥이 되어야 할 젊은 청년 학생들은 모두 이 책을 통해서 우리 시대의 진실하고 정직한 인간 이수병을 만나 보시기 바랍니다.

  이 책을 정리하기 위해 어려운 여건 속에서도 전국 곳곳을 다니며 수고한 주동욱 30주기 행사 준비 특별위원장의 노고에 새삼 감사의 뜻을 전합니다. 그리고 언제나 묵묵히 기념사업회의 일꾼이 되어준 이창훈 국장, 임종호 차장, 김종욱 기획부장에게도 감사하다는 말씀을 드립니다. 이들이 없었다면 이 책은 아마 다시 세상에 모습을 드러내기 어려웠을 것입니다. 끝으로 이 책의 발간에 흔쾌히 동의하고 협력을 아껴 주시지 않은, 이 책 초판의 책임 정리자이시기도 한 민족문제연구소 조세열 사무총장님께도 감사의 말씀을 전합니다.

  이 책이 발간되어 이수병 선생의 참모습을 한 사람이라도 더 기억할 수 있고, 그 속에서 날마다 부활하는 선생의 모습을 볼 수 있다면, 그것 이상의 기쁨은 없을 것입니다.

통일 염원 60년 4월에
이수병선생기념사업회장   정 해 랑

[헌시]

이수병 동지여!
- 이수병 동지를 추모하며

문 익 환

가자 북으로
오라 남으로
만나자 판문점에서

당신이 서울운동장에서
청정한 목소리로 외친지
어언 31년이 지났습니다

이땅이 뉘땅인데
오도가도 못하느냐
고 외치던 일이 죄가 되어
당신이 서대문 형무소에서
형장의 이슬로 사라진지도
눈앞이 깜깜하고 가슴이 찢어지는 아픔으로
16년의 세월이 흘러간 이때
1991년 4월 17일

당신 옛 동지들이
당신에게 '4월혁명상'을 주었습니다
당신 아내의 목에 빛나는 메달을 걸어 주었습니다
모임은 비록 조촐했으나
그건 가슴 뭉클하는 승리였습니다
활짝 웃는 당신의 눈에도
맑은 눈물이 고이는 게 보이는군요

1960년 3월 15일 오후에 이미
마산 시민들은 부정선거를 규탄하며 일어섰습니다
최루탄 직격탄이 눈에 박힌 어린 중학생
김주열의 시체가 마산 앞바다에 떠올랐습니다
드디어 4월 19일
민중의 분노가 터졌지요
미국과 일본을 등에 업고
못하는 일이 없던 이승만 도당
우리를 응징할 놈이 어디 있어 하며
권력을 마구 휘두르다가
민중의 분노 앞에 맥없이 무너지고 말았습니다
우리의 입에서 재갈이 풀렸던 것입니다
그 순간 터져 나온 민중의 외침
그것이 당신의 청정한 목소리였군요
이땅이 뉘땅인데
오도가도 못하느냐

온 산천에 울리던 이 민중의 외침이
일년 만에 땅속으로 잦아들고 말았습니다
5·16쿠데타로 정권을 잡은 군인들의 눈에
그것은 혼란으로 보였던 것입니다
당신은 그들의 손에 일곱 동지들과 함께
죽어야 했습니다
그 처참한 죽음 앞에서
나는 60년 굳게 믿어오던 하느님을
헌신짝처럼 버렸습니다
그러나 어찌하리요
당신의 죽음으로 지켜낸 정의만은 부인할 수 없는 것을
그것을 부인하면 인생도 없고 역사도 무의미한 것을
그리하여 모든 것에 의미를 주는 정의의 뿌리에서
당신의 마음에서
나는 버렸던 하느님의 체취를
다시 내 코끝으로 맡을 수 있었습니다

마침내 16년 깜깜한 세월이 흘러
당신의 목소리, 민중의 외침이 다시 터져나오고
당신 아내의 목에 메달이 걸리는 걸 보면서
우리는 드디어 정의의 승리를 믿게 되었습니다
7천만 겨레는 눈을 와짝 뜨고
강요해왔던 허위의식을 떨쳐버리게 되었습니다
우리를 갈라놓은 것은 군사분계선이 아니었습니다

우리를 갈라놓은 것은
불신이요 증오심이요 적개심이었습니다
우리의 마음속에 있는 이 분계선이
지배자의 속임수라는 것을 알았습니다
이리하여 우리가 그리도 서러웁게 애절하게 바라던
민족통일이 다 이루어졌습니다
남은 것은 절차뿐입니다
이리되자 우리 겨레의 적은
모든 위장을 벗어버리고 그 흉악한 얼굴을
파렴치하게 마구 드러냈습니다
미군은 2천년대가 지나도 물러나지 않겠다는 겁니다
한반도 비핵지대화를 반대한다는 겁니다
한반도를 영원히 분단 지배하겠다는 겁니다

이수병 동지여!
이제 우리는 겨레의 사활이 걸린
중대한 갈림길 앞에 서 있습니다
미국놈들과 일본놈들의 식민지 지배하에서
죽어지내게 되느냐 아니면
자주하는 민족으로
평화로운 아세아 새 질서의 초석이 되느냐
이 갈림길에서 우리는 다시 외쳐야 합니다
가자 북으로
오라 남으로

만나자 판문점에서
외치는 것만으로는 안되겠군요
온 몸으로 미·일 외세를 물리치고
민중의 기반위에 튼튼히 선 민주정부를 세워
민족 자주를 쟁취해 내야겠군요
이리하여 통일운동 민주구국운동이 되었습니다

이수병 동지여!
당신의 몸에 밧줄이 감기는 순간
온 몸 부르르 떨며 이를 앙다물고
하늘이 쏟아지고 땅이 꺼지는 소리로 외친
민주, 자주, 통일
이제 그것은 7천만 겨레 모두 모두의
쏟아지는 눈물이어라
온몸 타오르는 불길이어라

※ 이글은 1991년 4월 19일, 수유리 묘역 참배에서 문익환 목사님이 손수 지어 낭송한
  시입니다.

머 리 말

짓눌린 지초(地草)처럼

치솟는 해일(海溢)처럼

그렇게 강인하고

그렇게 감격스런

새해를 또

맞으시기 바랍니다.

(1974년 새해 아침, 삼락일어연구소에서)

이수병 선생이 1974년 새해 아침을 맞이하자 고향의 친구에게 보낸 연하(年賀) 편지글입니다. 짧은 안부 편지이지만, 그 속에서 우리는 격동의 시대를 살아가는 선생의 뚜렷한 신념과 단호한 결의를 느낄 수 있습니다. 그러나 선생은 이 글을 남기고 4개월 뒤, 박정희 파쇼정권에 끌려가 다시는 우리 곁으로 돌아오지 못하게 되었습니다.

60·70년대 이수병 선생과 함께 통일, 민주 변혁운동을 전개하신 많은 동지분들은 세월이 흐를수록 선생을 더욱 잊지 못하고 있습니다. 이수병 선생을 '스승처럼 생각'한 '암장' 동지들도 탁월한 조직 활동가인 선생의 부재(不在)를 늘 아쉬워합니다. 하지만 험난한 우리 현대사에

깨어있는 의식과 열정을 가지고 뜨겁게 살아간 선생의 삶은 이제 우리들 앞에 빛나는 귀감이 되어 부활하고 있습니다.

고등학교 시절 사회과학 연구 모임인 '암장(岩漿)'을 시작으로 이수병 선생은 올바른 사상과 노선에 따른 실천을 모색하고, 1960년 빛나는 4월 항쟁의 정신을 승화시키고자 혼신을 다하여 민족통일운동을 전개합니다. 비록 그 꿈은 군사쿠데타로 꺾이지만 선생은 7년의 역경과 시련을 딛고 박정희 파쇼정권에 맞서 사실상 '목숨을 건' 조직 활동을 다시 시작합니다. 하지만 불같은 열정으로 굽힘없이 실천하신 선생은 기회주의자들에게는 기피의 대상이었으며 독재정권에게는 항상 두려운 존재일 수밖에 없었습니다.

이렇게 선생은 엄혹한 시대에 불의에 맞서 그 누구보다 이 땅의 민주 변혁, 민족통일을 위해 온 몸을 바쳐 일하다 38세의 나이로 짧은 생을 마쳐야 했습니다. 대중보다 한 발 앞서, 이들에게 희망과 용기를 불러 일으켜 민중과 함께 새로운 사회 실현에 앞장선 것이 선생이 학살당한 이유였습니다.

선생이 돌아가신지 올해로 30주기를 맞이합니다. 1992년 발간된 이수병 선생의 평전인 『암장』을 30주기에 맞추어, 뒤늦게나마 손질하여 『이수병 평전』으로 다시 출간합니다. 그동안 『암장』을 통해 선생의 역동적인 생애가 널리 알려졌으나, 여러 가지 사정으로 책 발간이 중단되어 아쉬움이 많았습니다. 이번 개정판에서는 기존의 『암장』을 저본으로 삼고 그 중 1990년 발간된 선생의 약전 『어둠 속에 횃불이 되어』를 참조하여 미흡한 부분을 바로 잡아 선생의 역정(歷程)을 새롭게 더듬어보고자 하였습니다.

하지만 이 책 역시 선생의 생애와 사상의 참모습을 전달하기에는 턱없이 부족하다고 생각합니다. 무엇보다 선생이 가진 헌헌장부(軒軒丈夫)의 기상과 불같은 열정, 그리고 역사에 대한 굳건한 신념으로 가득 찬 굵은 목소리를 생생하게 보여줄 수 없는 것이 아쉬울 뿐입니다. 그러나 그것은 앞으로 우리가 실천 속에서 느끼고 찾아야 할 몫이라고 생각합니다.

이 책을 내기까지 이수병선생기념사업회 일꾼과 '암장' 동지인 박중기, 김종대, 김정위 선생님, 그리고 귀중한 자료를 내어 주신 의령의 안경란, 허영조 님께도 깊은 감사를 드립니다. 아울러 아직도 변혁운동의 일선에서 일하시는 선배 동지들의 추상같은 비판과 격려도 큰 힘이 되었습니다. 이러한 결실로 나온 이 책이 선생과 동지분들이 추구하신 민족통일, 민주 변혁운동의 정신을 역사 속에 올바로 자리매김하는 데 조금이나마 보탬이 되길 바랍니다.

2005년 3월 25일
주 동 욱

차 례

발간사 | 이수병 선생 일대기를 다시 펴내며 | 정해랑
헌시 | 이수병 동지여! | 문익환
머리말

제1장 어린 시절
1. 식민지 조선의 어린 소년 · 21
    신반 사람들 | 빼앗긴 조선 땅 | 만주 발해농장 | 광풍의 세월 | 저항의 주체들
2. 민중의 꿈과 좌절 · 34
    민중자치조직 | 부림면 10월 항쟁 | 어머니의 죽음 | 전쟁의 시련 속에서 | 폐허를 딛고

제2장 새로운 도전
1. 홀로서기 · 51
    부산사범학교 입학 | 부산, 모순의 체험 현장
2. '암장(岩漿)' · 57
    고등학생 사회과학연구모임 | '암장' 성원의 학습 | 평생을 같이 한 동지
3. 우상과 이성 · 67
    새로운 만남과 인연 | 토지개혁에 관심 | 궁핍과 오욕의 시절 | 교사의 길

제3장 4월 항쟁, 통일운동의 불꽃
1. 뜨거운 가슴과 냉철한 이성 · 81
    신흥대학교 입학 | 점등(點燈)작업 | 1959년, 서울의 거리
2. 4월 항쟁의 불길 속에서 · 89
    4월 항쟁의 서막 | 4월 항쟁의 불꽃 | 미국의 대응과 전략 | 혁명이냐 아니냐

3. 떠오르는 조직 · 98

　　혁신계 선거운동 | 떠오르는 청년 조직 | 민민청에 '암장' 성원 파견 |

4. 민족통일운동의 첫 걸음 · 105

　　통일운동에 눈뜨는 학생들 | 경희대 민족통일연구회 결성 | 민족자주통일협의회(민자통) 결성 | 민족일보 공채 합격 |

5. 자주, 민주, 통일운동의 깃발 · 113

　　자주화, 한미경제협정 반대운동 | 민주화, 2대악법 반대운동 | 통일, 4월 항쟁 정신의 계승 | 남북학생회담 | 가자 북으로! 오라 남으로! | 꺾인 통일의 꿈

제4장 젊은 날, 감옥의 시련을 딛고

1. 투옥과 혁명재판 · 135

　　미국을 의식한 혁신계 탄압 | 특A급 학생운동 지도자

2. 앞날을 위한 거름 · 140

　　영광과 좌절의 시간 | 옥중 단식투쟁 | 天將降大任也 先授災殃 (천장강대임야 선수재앙)

3. 수양(修養)과 전망의 시간 · 149

　　다시 일어서는 민주주의 | 안양교도소로 이감 | 옥중에서의 학습과 사색

4. 인간 이수병 · 158

　　따뜻한 인간애 | 가족에 대한 사랑

제5장 시련을 딛고서

1. 모색의 시간 · 165

　　고향에 내려와서 | 역류하는 시대 | 동지들의 투쟁, 1차 인혁 사건 | 결혼, 소중한 보금자리

2. 다시 일어서는 산하 · 175

　　격화되는 독재 체제의 모순 | 깨어나는 민중들의 투쟁 | 1971년 혁신계의 선거 전술 | 대통령 후보단일화 작업

3. 핵심 지도조직을 준비하며 · 183
     조직 활동의 원칙 | 인(人)의 정글과 국제정세 | 조직활동가 이수병

제6장 어둠 속의 횃불
  1. 변혁운동 조직의 결성 · 195
     얼어붙은 시대 | 경락연구회 결성 | 경락연구회 활동 | 학원, 문화 사업 | 서울지역 모임
  2. 영구집권 음모 · 207
     7·4 남북공동성명 발표 | 두 개의 한국과 유신 쿠데타
  3. 반유신 민주화 투쟁 · 211
     서울지역 지압시술소 | 반유신 민주화 투쟁 | 학생운동과의 연대 | 민청학련 투쟁 | 경락회 긴급 전원회의
  4. 1974년 4월의 탄압 · 222
     4월 3일 민청학련 시위 | 동지들과의 작별

제7장 부활과 해방의 길목에서
  1. '인혁당재건위' 조작 음모 · 231
     4월의 폭거 | '인혁당재건위' 조작 | 살인고문의 희생
  2. 거짓과 진실 속에서 · 241
     군사재판 | 날조된 공판기록
  3. 가족들의 진실규명 · 245
     짧은 행복, 긴 이별 | 구명운동 | 진실규명을 위한 몸부림
  4. 4월 9일의 학살 · 254
     유폐의 시간 | 대법원의 학살 | 1975년 4월 9일
  5. 부활하는 열사 · 260
     열사의 주검을 안고 | 부활하는 이수병

부 록 · 273

제1장 어린 시절

1. 식민지 조선의 어린 소년

신반 사람들

 이수병은 일제강점기인 1937년 1월 15일(음력 1936년 12월 3일) 경상남도 의령군 부림면 손오리 866번지에서 아버지 이정항과 어머니 황정분 사이에서 태어났다. 의령은 동쪽으로 낙동강, 남강을 사이에 두고 창녕, 함안, 남쪽으로는 남강을 경계로 진주와 서쪽의 산청, 북쪽의 합천 사이에 둘러싸여 있다.

 이수병이 나고 자란 부림면 손오리 구산마을은 신반에서 4킬로미터 떨어진 인천(仁川) 이씨 집성촌이다. 구산마을에서 멀리 떨어지지 않은 유곡면에는 임진년 전란 때 곽재우 장군이 나무에 북을 달아 의병을 모아 훈련시켰다는 현고수(縣鼓樹)가 자리 잡고 있다. 또한 자굴산 자락에서 시작하여 마을을 휘감고 도는 유곡천 물줄기는 농민들의 지친 몸과 마음을 달래주며, 시골의 소박한 풍경과 어우러져 마을 앞까지 이른다. 그 물줄기는 산 너머 민족의 젖줄 낙동강으로 모여 들로 벌로 퍼지면서 드넓은 김해평야를 적시고 있다.

 이수병이 어린 시절 학교를 다닌 부림면(富林面) '신반'은 오래 전부터 닥나무를 이용하여 만든 전통 한지 생산지로 널리 알려진 지역이다. 조선시대에는 이곳을 신번현(新繁縣:나날이 새롭게 번창하는 고을)이라고 부를 정도로 활발한 물자 교류 중심지였으나, 일제강점기부터 신반(新反)으로 바꾸어 불렀다.

신반은 의령군 북동 지역의 깊은 내륙에 있으면서도 상업 중심지로 사람들의 역동적인 기질이 드러나는 곳이다. 경남 오광대(五廣大)놀이 발상지의 하나인 신반 장터는 늘 활기찼고, 마을 사람들은 빠른 정보와 세상 소식을 주고받으며 시대의 변화에 주체적으로 맞서나갔다.

낙동강 박진나루를 통해 소금과 곡물, 한지를 실은 배는 북으로 안동, 남으로는 구포와 부산 멀리 일본까지 이어지고, 억센 기질을 가진

선생의 생가 앞을 흐르는 낙동강 지류 유곡천

마을 사람들은 내륙의 안온한 삶보다 진취적이고 적극적인 삶을 개척하여 나갔다. 또한 임진년 전란 7년 동안 왜적에게 한 번도 의령 땅을 내주지 않았던 의기와 자존심, 외세와 수탈에 대한 분노와 저항의식은 이곳 신반 사람들 가슴 속에 깊이 자리 잡고 있었다.

빼앗긴 조선 땅

이수병의 아버지 이정항(李貞恒:1917~1979)은 조선의 가난한 농사꾼으로 부모님을 모시고 조그마한 논과 밭을 일구며 어렵게 살았다. 장남으로 태어난 이수병은 가난한 살림에도 조부모와 부모님의 따스한 사랑과 보살핌 속에서 자랐다. 그러나 모든 사람은 역사에 영향을 미치며 살기도 하지만, 한편으로는 시대의 산물(産物)이기도 하다. 어린 이수병도 성장하면서 일제강점기의 가파른 파고를 피할 수는 없었다.

조선을 폭력으로 지배한 일본은 자국의 정치, 경제적 모순을 해결하기 위해 스스로 군국주의(軍國主義)의 길을 걸었다. 특히, 일본의 자본가들은 1929년 미국에서 시작된 자본주의 대공황을 해결하는 방법으로 시장경제의 영향을 덜 받는 군수물자 생산에 주력하였다. 서구보다 뒤늦게 출발한 일본의 자본주의 체제를 군사력으로 보완한 일본은 본격적으로 제국주의 국가 간의 식민지 쟁탈전에 뛰어든다. 이렇게 일본 자본가 계급의 이익을 대변하고 노골적인 지지를 보낸 군부 파시스트와 그 주구들은 가장 극우적이고 호전적인 무리들이었다.

마침내 이들은 1931년 '만몽(滿蒙)은 일본의 생명선'이라 외치며 중국 대륙을 침략하여 만주에 꼭두각시 정권을 세운다. 그러나 일본의 중국

침략은 일시적으로 모순을 완화할 수 있었지만, 그것은 다시 심각하고 첨예한 모순을 가져와 일본은 더 깊은 전쟁의 늪으로 빠져 들어갔다.

1937년 일본이 일으킨 중일전쟁은 선진 제국주의 세력들에게도 경계심을 불러 일으켰다. 미국은 일본의 중국 대륙 독점을 견제하기 위해 미국 내에 있는 일본의 자산을 동결하거나, 원유 수입을 막는 경제적 압박을 가한다. 마침내 1941년 12월, 일본의 침략전쟁이 제국주의 간의 태평양전쟁으로 커지자 일본은 식민지 조선을 본격적인 전쟁 군수기지로 만들어 나갔다.

1937년, 이수병이 태어나면서 처음 세상과 맞부딪친 것은 이러한 전쟁의 광기에 취해 있던 일본의 군부파쇼 체제였다. 침략전쟁의 광기가 조선 땅을 휩쓸면서 일본 제국주의는 1938년 황국신민서사를 통한 일본천황에 대한 맹세 강요, 조선어 폐지, 1940년 창씨개명, 국민정신총동원, 1942년 징병제 등으로 이어지는 민족 말살정책을 실시하여 민중은 점점 무거운 고통의 도가니로 빠져들어 갔다.

만주 발해농장

조선농민은 대부분 한 뼘의 땅도 없이 지주의 땅을 빌려 농사를 짓고 80%나 되는 소작료를 내며 빚에 허덕였다. 조선총독부는 가장 큰 지주로서 조선인 지주계급을 친일화하고 동양척식주식회사를 통해 일본인들이 토지를 빼앗도록 문을 열어놓았다. 그리고 일본은 조선의 쌀을 싼 값에 가져가 노동자의 저임금 정책을 지속함으로써 일본 자본주의의 체제를 유지하는 수단으로 이용하였다.

일본의 공출제도(供出制度)로 조선의 농가경제는 파탄지경에 이르렀다. 전쟁에 접어들자 군대에 보내기 위한 공출은 더욱 심해져 조선민중은 생산한 쌀을 대부분 빼앗기고, 비료용으로 배급받은 만주 산(産) 콩이나 조 등을 주식으로 삼았다. 그리고 춘궁기에는 옥수수죽, 밀기울이나 냉수로 배를 채우고, 솔가지와 뿌리를 찾아 온 산을 헤매야만 했다. 공출은 우리 역사에서 본 적이 없는 반인륜적 수탈로 가장 악랄한 식민지 통치 정책이었다.

게다가 1939년 한강 이남에는 여름 내내 비 한 방울 내리지 않은 백년 만의 큰 가뭄이 들었다. 그럼에도 조선총독부는 쌀 600만 석을 일본에 가져간다고 발표하였다. 친일파 윤치호마저 '그 쌀이면 조선인 500~600만 명이 10개월 먹을 수 있는 막대한 분량'이라며 그의 〈친일일기〉에 일말의 안타까운 심정을 고백할 정도였다.

결국 이러한 일제의 가혹한 농촌수탈로 많은 농민들은 살 길을 찾아 만주로 떠나야 했다. 그러나 당시 만주는 관동군이 지배하는 '군대의 나라'로 이미 일제의 새로운 식민지가 되어 있었다. 조선총독부는 만주에 가면 마치 노다지가 기다리고 있는 것처럼, 만주를 '왕도낙토(王道樂土)'로 떠들썩하게 선전하였다. 이들은 조선과 일본의 온갖 기회주의자들을 부르고, 새로운 터 닦이 노동력 확보를 위해 조선농민을 강제 이주시켰다.

그러나 이주한 조선농민이 자유롭게 농사지을 땅은 없었다. 가도 가도 끝이 없는 황량한 벌판과 겨울이면 영하 삼십 도를 오르내리는 혹한이나 비적(匪賊)의 출현이 기다리고 있을 뿐이었다. 괴뢰 만주국도 항일 무장 세력의 접촉을 막기 위해 이주농민들을 높은 담과 철사 망으로 둘러싸인 집단촌으로 분산시켜 격리한 후 노동력을 가혹히 수탈하였다.

1939년경, 아버지 이정항은 일제의 수탈과 연이은 흉작으로 생활이 어려워지자 얼마 안 되는 논과 밭을 늙으신 부모에게 맡기고 친척들과 함께 만주로 떠난다. 아버지 이정항과 아내, 세 살 난 어린 이수병이 찾아간 곳은 백산(白山) 안희제[1])가 만주에 세운 발해농장(渤海農場)이었다.

일제강점이 시작되자 백산은 고향 의령을 떠나 국내외에서 본격적인 독립운동을 모색하였다. 그러는 동안에 일본에서 대학을 마치고 고향으로 돌아온 백산의 장남 안상록[2])은 마을에서 농민운동과 야학을 하

백산 안희제 선생의 생가(부림면 설뫼마을)

며 젊은 일꾼을 길러내고 있었다. 안상록을 통해 백산의 활동과 소식을 듣고 있던 아버지 이정항은 만주로 떠나게 되자 발해농장을 찾아간 것이다.

1930년대 초, 안희제는 국외 독립운동기지를 개척하기 위해 중국으로 망명하였다. 고국을 떠난 백산은 1932년부터 발해 옛 도읍인 동경성(東京城)에 터를 잡아 목단강(牧丹江) 상류 일부를 석축(石築)하여 강을 막고, 광활한 땅에 물길을 대어 발해농장을 세운다.

이곳 발해농장에서는 조선 남부지방의 영세농민 300여 가구를 이주시켜 이들에게 자작농창제(自作農創制)를 실시하였다. 자작농창제는 먼저 이주농민에게 무상으로 토지를 나누어 준 뒤 토지에서 생산한 곡물 절반을 거두고, 그 대신에 농민들로 하여금 다른 지역의 농토를 개간하거나 수로(水路)를 만들게 함으로써 자작농을 육성하는 독특한 제도였다.

한편 백산은 농민 자녀들을 위해 발해 보통학교를 세워 교장에 취임하여 이들에게 민족정신과 자주독립사상을 불러일으켰다. 이렇게 발해농장은 겉으로는 농지 개간사업을 하는 농장이었으나, 사실상 만주에서의 국외 독립운동기지 역할을 하는 곳이었다.

1942년, 백산은 만주에서의 대종교(大倧敎) 활동이 일제의 주목을 받게 되자, 피신 겸 요양을 위해 고향 부림면 설뫼마을에 머무르고 있었다. 그러나 백산은 만주 목단강성 형사대에 연행되어 9개월 동안 모진 고문과 혹독한 옥살이 끝에 1943년 9월 만주에서 순국한다.

만주 발해농장으로 떠난 아버지 이정항과 가족도 고향으로 돌아온다. 가족들이 다시 의령으로 돌아오게 된 사정과 그 시기는 자세히 알려지지 않고 있다. 다만 일제의 탄압으로 발해농장이 힘을 잃기 시작한 이 시기를 전후로 이수병의 가족도 다시 고향으로 돌아온 것으로 전해지고 있다.

광풍의 세월

어린 이수병은 남달리 장난기가 많고 고집이 세었다. 동네 아이들과 어울려 다니며 다자란 호박에 말뚝구멍을 내는가 하면, 밭을 간다며 빗으로 땅을 긁어 집안에 있는 빗이 남아나질 않았다. 가까운 뒷산이나 유곡천은 동네 개구쟁이들의 좋은 놀이터였다. 이수병은 때로는 동네 아이들과 낙동강 모래사장까지 놀러나가 해가 지는 줄도 모르기 일쑤였다.

이렇게 개구지고 활달한 성격이지만, 이수병의 공부에 대한 열의나 부지런함은 천성에 가까우리만큼 유달랐다. 타고난 명석한 머리와 꾸준한 노력으로 성적은 늘 뛰어나 집안과 마을 사람들의 기대를 받으며 자랐다.

이수병의 집에서 한 걸음으로 달려가면 유곡천 건너 백산의 생가(生家)가 자리 잡고, 그 옆에는 지금도 스러진 야학 건물과 터가 남아있다. 어린 이수병은 학교에 들어가기 전 사촌 형을 따라 안상록이 운영하는 야학 방을 찾아, 그곳에서 세상에 대한 관심과 큰 꿈을 가지고 살아가는 사람들 이야기에 귀를 기울였다.

야학에서는 청년 지식인들이 가난으로 배울 기회를 갖지 못한 가난한 농민들에게 조선어를 가르치고 있었다. 아울러 일제 수탈에 대항하여 민족의 현실을 직시하고 올바른 민족의식을 깨우치는 데도 힘썼다. 30대 청년 안상록은 똑똑하고 야무진 어린 이수병을 귀여워하고 친자식처럼 아낌없는 관심과 사랑을 쏟았다.

전쟁의 패색이 짙어지는 '피의 해'라고 부르던 1944년, 이수병은 신반에 있는 부림공립국민학교(현재 부림초등학교)에 들어간다. 이수병은 유곡천을 지나 신반까지 매일 십여 리 길을 오가며 큰 포부를 키워가고 있었지만, 어린 그의 눈에 비친 세상은 점점 더 미쳐가고 있었다.

학교에서 조선어 수업은 사라지고 그나마 공부도 뒷전이었다. 아이들은 송탄유(松炭油)를 만들기 위해 소나무 가지를 자르러 가거나, 운동장에 모여 가마니를 짜야 하는 전시(戰時) 노동에 시달렸다. 마침내 일제는 청년들에게 강제지원병을 강요하거나 군수공장, 광산, 건설공사장에 끌고 가 노예처럼 부려먹었고, 조선의 꽃다운 여성들을 군수공장과 전쟁터로 끌고 가 성노리개로 삼는 반인륜적 만행에까지 이르렀다.

바다로 가면 물에 불은 시체가 되고
산으로 가면 풀이 무성한 시체가 되네.
천황폐하를 위해 죽을 뿐
뒤를 돌아보지 않으리

해방이 되는 날까지 날마다 이러한 노래를 불러야 했던 조선민중은 일제 군국주의 파시즘의 광기에 치를 떨었다. 황국신민서사를 외워야 하고, 신사참배와 궁성요배를 강요당할 때는 나라를 빼앗긴 민족의 운명에 고개를 숙여야 했다.

그러나 일본이 미국을 이기고 있다는 대본영(大本營 : 전시에 천황 밑에 있었던 최고 통수 기관)의 발표는 시간이 지날수록 하나 둘 거짓으로 드러났다. 어린 이수병과 학생들은 의열단원의 활약, 만주에서의 항일운동, 임시정부의 김구 주석의 이야기를 유언비어나 귓속말로 들으며 '이제 멀지 않아 일본은 망할 것'이라는 생각을 조금씩 가슴 속에 담아갔다.

의령 신반에도 관공서와 초·중학교 윗자리는 일본인들이 차지하고, 장터에는 한 밑천 잡아 일본으로 돌아가려는 기술자나 상인들이 조선인 끄나풀과 설치고 다녔다. 조선이 해방되면 모두 이 땅에서 물러나야 할 사람들이었다.

초등학교 2학년에 올라간 이수병은 어느 여름날, 일본인 다까다 교장의 아들 다까다 히로시와 서로 주먹이 오가는 싸움을 벌인다. 동급생인 히로시가 조선인 여학생을 자주 괴롭히며 조센징이라고 놀려대는 것을 참지 못한 것이다. 하지만 일본인이자 교장 아들이 맞았다는 이유로 담임선생은 교장의 심한 문책을 당하고, 이수병과 반 아이들은 모두 운동장에서 기합을 받는다.

그러나 며칠 뒤, 분함을 삭힐 수 없었던 이수병은 교실에서 일본인 학생들과 기마전을 벌여 다시 히로시의 코피를 터뜨린다. 이수병은 담임선생의 호된 꾸지람을 받지만, 일본인 동급생과 싸운 이수병의 이야기는 한동안 신반의 아이들 입에 오르내렸다.

저항의 주체들

일제강점이 길어지고 수탈이 심해질수록 일제에 협력하는 친일세력의 준동도 노골화 하고 있었다. 특히 일부 지식인들은 저항을 포기할 뿐 아니라, 앞장서서 조선민중을 침략전쟁에 몰아넣기까지 하였다. 제국주의 파멸의 모순을 제대로 이해하지 못하고, 역사의 진보를 망각한 친일집단의 해악은 이미 오래 전부터 예고되었다.

3·1운동 이후, 지주·자본가 중심의 민족개량주의자들은 식민체제 하에서 방황하고 타협하면서 조선의 해방을 불가능한 일로 만들고자 하였다. 민족개량주의자들이 펼치는 실력양성론, 물산장려운동에는 민족적 열등감이 그 밑바탕에 깔려 있었다. 따라서 이들의 운동은 점차 민족의 해방을 포기하는 독립유해론(獨立有害論) 또는 자치론(自治論)으로 흘러 민중의 지지를 받을 수 없었다.

마침내 지배계급 출신의 많은 지식인, 종교인들은 일제의 '황국신민화'와 '내선일체' 슬로건에 자발적으로 동조하여 조선민중을 전선의 총알받이로 내몰았다. 이들의 변절은 자신의 명예와 재산을 지키려는 데 있었지, 민중의 더 나은 삶이나 민족의 해방과는 거리가 멀었다. 그리고 철저히 반민족(反民族) 기반 위에 서 있어, 해방 후 새로운 지배자 앞에서 다시 민족과 민중을 배신할 수밖에 없었다.

저항의 힘은 아래에서 흐르고 있었다. 조선 전체의 역사적 전망을 내다보며 민족해방, 사회변혁을 주도하는 새로운 주체들인 노동자, 농민, 혁명적 지식인들은 1924년 조선노농총동맹(朝鮮勞農總同盟)과 조선청년총동맹(朝鮮靑年總同盟)결성을 계기로 저항의 중심에 나섰다. 이들은 소박한 애국심이나 과거의 봉건적 권력을 추구하는 독립운동에 목적을 두고 있지 않았으며, 노동자·농민을 중심으로 자신과 이웃은 물론이고, 궁극적으로 억압자 민중까지 해방하려는 사회변혁운동가들이었다.

농민들은 일제와 지주의 수탈에 소작쟁의와 혁명적 농민조합 건설로 맞섰고, 노동자들은 노동조합의 조직과 노동쟁의, 파업과 태업으로 투쟁하였다. 학생들도 독서회, 사회과학연구회와 반제동맹(反帝同盟) 등 비밀결사를 중심으로 식민지 노예교육 폐지, 학생회 자치 등을 요구하고, 동맹휴학을 감행하는 등 민족해방운동에서 혁명적 지식인의 역할을 담당했다.

그리고 일제강점이 길어지자 이들은 민족해방운동의 새로운 전략과 전술을 찾아 나섰다. 민족해방운동의 새로운 지평을 열어간 것은 무장투쟁이었다. 이들은 강화되는 일본 군부파쇼 세력에 맞서 조선의 해방을 앞당기고, 정치노선을 관철하기 위해서는 무엇보다 혁명적 무장력이 중요하다는 것을 깨달았다.

따라서 만주지역을 중심으로 동북항일연군(東北抗日聯軍)과 조국광복회(祖國光復會), 중국 화북 지방을 중심으로 조선독립동맹(朝鮮獨立同盟), 중경을 중심으로 광복군(光復軍) 등 무장 항일세력은 해방 뒤 새로 세울 국가건설의 청사진도 가지고 민족해방운동을 전개하였다.

경남지역은 일본과 가까운 지역으로 어느 곳 보다 일본인들이 많이 들어와 경제 수탈을 자행하여 민족적 거부감과 항일의식이 일찍부터 싹튼 지방이었다. 의령에서도 혁명적 지식인들과 농민들이 1927년 의령농민조합과 1930년 낙동강농민조합(낙동농조)을 만들었다.

특히 동경제대를 다닌 안상록과 북해도농과대학을 나온 안균[3]은 농민들을 규합하여 의령군 부림면을 중심으로 낙동농조(洛東農組)를 결성하였다. 낙동농조는 당시의 일군일조합주의(一郡一組合主義)를 극복하며 합천군 초계면, 거창읍에 지부를 두고 활동한 농민조합이었다.

낙동농조는 경남 일대에서 김해농조(金海農組)와 더불어 전투적인 혁명농조로 성장하여 수세투쟁, 소작료 인하 투쟁, 보리 소작료 철폐 투쟁을 벌인다. 그러나 농민들의 격렬한 투쟁에도 불구하고 농민조직은 농조간부들의 체포와 탄압, 지역농조의 연대와 지도적인 전위조직의 부재로 그 결실을 맺지 못한 채 해방을 맞는다.

2. 민중의 꿈과 좌절

민중자치조직

> 꽃피는 삼천리 방방곡곡에
> 조선의 동무야 우리 동무야
> 손과 손을 잡고서
> 손과 손을 잡고서
> 꽃피는 동산에 봄마중을 갈거나
> 얼싸 얼싸 좋구나
> 앞날의 조선은 우리 낙원
> 얼싸 얼싸 좋구나 좋을시구 좋구나
> 얼싸 얼싸 좋구나 어절씨구 좋구나

해방을 맞이하자 아이들은 학교와 동네를 돌아다니며 흥겹게 노래를 부르고 다녔다. 이틀이 지나서야 해방의 소식을 들은 마을 사람들도 깃발과 풍물을 앞장세우고 그 기쁨과 감격을 서로 나누었다. 그 해 5월에는 여동생 금자도 태어나 이수병의 집안에 기쁨을 가져다 주었고, 해방의 감격 속에 아버지도 바깥으로 떠돌아다니지 않아도 되었다.

이제 일제강점이 끝난 조선은 진정한 민족해방과 민주변혁을 이룰 수 있는 역사적 기회와 그 계기를 맞이한다. 낡은 토지제도를 고치고, 민중이 권력의 중심에 나서 민주적 절차에 따라 새로운 국가를 세워야 했다. 그러나 그것은 아직 '가능성'을 가진 미완의 과제였다. 이를 실현하기 위해서는 민중의 적극적인 참여와 실천이 필요하였다.

일제 말부터 해방을 준비한 조선건국동맹은 가장 먼저 '조선건국준비위원회(건준)'를 조직한다. '건준(建準)'은 치안대를 조직하여 나라의 안전을 맡고 식량배급, 후생, 조선어 강습을 실시하였다.

의령에서도 해방이 되자 낙동농조의 활동가인 안균, 안상록과 농민들은 가장 먼저 농민위원회를 재건하여 소작료 반분제(半分制)를 없애고 의령 지역의 토지개혁에 앞장섰다. 또한 이들은 건준 의령군지부를 중심으로 새로운 나라를 건설하는 데 앞장서며 1945년 10월에는 인민위원회(人民委員會)로 전환하였다.

해방 후 민족세력의 구심체인 건준이나 인민위원회 조직은 수십 년간 민족해방운동의 연륜을 쌓은 민족해방운동가와 민중이 힘을 합쳐 만든 자치 기구였다. 건준이나 인민위원회는 좌익과 우익이라는 이념을 위해 만들어진 것이 아니라, 민중이 주권을 행사하고 모두가 열심히 일하면 잘 살 수 있는 세상을 위해 스스로 만든 민중조직이었다.

의령의 인민위원회도 항일운동 지도자 안균을 중심으로 식량문제, 물가대책, 귀환동포 구호, 치안유지 등 여러 문제에 걸쳐 괄목할 만한 성과를 거두었다. 의령군민은 이러한 활동을 적극 지지하여 이듬해 의령 군수로 안균을 선출하고, 아버지 이정항도 적극적으로 새나라 건설에 힘을 쏟는다.

그러나 1945년 9월, 이 땅에 들어온 미군정은 가장 먼저 총과 탱크를 앞장 세워 인민위원회를 탄압하였다. 미군정은 인민위원회에서 선출한 관리를 쫓아내거나 가두고, 친일관료와 경찰들을 다시 불러 앉혀 인민위원회와 충돌이 계속 일어났다.

경남에 주둔한 미군 제 40사단도 1945년 10월부터 각 군에 미군 전술부대를 동원하여 인민위원회를 강력히 탄압하였다. 마침내 미군정은 1946년 4월 의령군수 안균을 파면시키고, 지지자들을 체포하여 아버지 이정항을 비롯한 많은 사람들이 고초를 겪는다.

이러한 미군정의 강력한 탄압은 그 해 가을, 부림면의 폭풍을 예고하고 있었다.

부림면 10월 항쟁

제국주의 전쟁에서 승리한 미국에게 한반도는 패전국 일본의 식민지로 접수한 점령지일 뿐이었다. 그리고 미국은 처음부터 한반도를 자본주의 세계질서를 다시 편성하는 데 필요한 반공교두보(反共橋頭堡)로 만들고자 하였다.

이 땅에 들어온 미군정은 군대라는 강력한 조직으로 조선에서 절대적 지위를 누리며 무한대의 권력을 행사하였다. 민중은 시간이 지날수록 미군정의 실체를 알고 새로운 국가건설, 일제잔재 청산, 민족자주경제 수립이라는 꿈이 점차 사라져가는 것을 느낄 수 있었다.

또한 일제로부터 해방되어 의식주 걱정 없이 살아가리라는 소박한 민중의 소망마저 무너져갔다. 도시에서는 식량부족과 쌀값 폭등으로 '기아데모'가 이어지고, 농촌에서는 일제 때도 없던 여름의 보리쌀 공출까지 당하였다. 미군정은 공출을 거부하는 농민들을 총으로 억눌러 곳곳에서 희생자가 속출하였다. 더구나 공출량을 결정하는 자들이 일제강점기에 공출을 담당하던 마을의 지주, 친일 경찰과 관료들이었기에 농민들의 분노는 더하였다.

결국 1946년 가을, 대구에서 10월 항쟁이 일어났다. 10월 항쟁은 1894년 갑오농민전쟁 이래 가장 큰 규모의 항쟁으로 이어져 300여만 명의 민중이 봉기에 참여하였다. 해방후 민중들은 인민위원회를 통해 자신들의 꿈을 이루고자 하였으나, 미군정이라는 힘에 좌절당하였다. 이어 친일세력에 다시 핍박받는 상황에 이르자 삶을 박차고 저항에 나선 것이다. 10월 항쟁은 그해 가을 총파업과 폭동을 계기로 일어났지만, 그 밑바탕에는 해방 후 정치, 경제적 모순을 하나도 해결하지 못한 미군정에 대한 민중들의 분노가 더 크게 자리 잡고 있었다.

의령군 8개면에서도 항쟁이 일어났다. 그 중 가장 격렬한 저항이 일어난 곳은 이수병이 사는 부림면이었다. 10월 10일은 마침 장날이었다. 이틀 전 의령군 화정면을 비롯한 여러 마을의 심상치 않은 사태와 어수선한 분위기로 학교에서는 일찍 수업을 끝냈다. 이수병과 급우들은 집으로 돌아오는 길에 농민들의 항쟁을 목격한다.

부림면 농민들이 '식량공출 반대, 친일파 처단, 좌익탄압 중단'을 요구하며 행진을 벌이던 중 마을 청년 강달교가 먼저 경찰의 발포에 숨을 거둔다. 이어 300여 농민들이 지서에 몰려가 경찰과 대치 중 다시 희생자를 낳는다. 이에 분노한 농민들은 지서를 불태우고, 우익단체인 독립촉성(獨立促成) 부림면 지부를 공격한다.

그러나 기관총으로 무장한 미군은 외지에서 데려 온 충청도 경찰, 서북청년단을 동원하여 6명의 시위군중을 사살하고 48명을 체포하였다. 경찰도 2명이 숨지는 격렬한 항쟁으로 체포자 중 여러 명이 사형선고나 고문으로 숨지고 행방불명자가 속출하였다. 그리고 항쟁을 진압한 이후에도 미군정과 경찰, 우익단체들은 시위 농민들에게 보복과 테러를 자행하였다.

신반 장터는 3·1운동 시위가 있던 항일운동의 정신이 깃들어 있는 곳으로, 부림면 농민들은 일제에 이어 민족의 자주독립을 가로 막는 미군정과 항쟁하였다. 그러나 이들의 소박한 꿈과 희망은 탱크와 기관총으로 무장한 미군과 경찰 앞에 참혹히 무너져갔다.

어머니의 죽음

가을 항쟁이 일어나기 바로 몇 달 전인 1946년 여름 어느 날, 어머니 황정분이 젊은 나이로 갑자기 세상을 떠났다. 1946년 5월부터 부산, 인천 항구지역을 중심으로 호열자(콜레라)가 창궐하여, 수재와 함께 기아선상에 있는 주민들을 덮쳐 만여 명이 넘는 희생자를 남겼다. 그 희생자의 하나인 어머니 황정분은 열 살 난 이수병과 갓 돌을 지난 여동생 금자 두 남매를 남겨 놓고 세상을 떠난 것이다.

해외 귀국동포들이 대거 들어오는 데도 방역작업을 하지 않은 미군정의 부실한 보건 정책과 식량 공출에 따른 굶주림이 겹쳐 더 많은 희생자를 낳았다. 무고한 주민들은 교통이 차단당한 채 식량이 들어오지 못하여 굶어 죽거나, 콜레라가 발병하면 격리창고로 끌려가 죽어야만 했다. 이러한 주민들의 안타까운 희생 역시 미군정의 무책임한 정책이 빚어낸 또 다른 사회적 타살이었다.

어머니의 죽음으로 이수병은 마음에 많은 상처를 입었다. 어린 마음을 의지할 곳 없는 이수병은 날마다 집에 돌아오면 책 보따리를 던져두고 먼 산등성이 어머니의 묘소를 찾았다.

집을 나서 고개를 두어 개 넘고 가파른 산등성이를 넘어 한참 걸으면 어머니의 산소가 나온다. 이수병은 어머니가 그리우면 이 산길을 홀로 걸었다. 찌는 듯 더운 여름 날 무성한 수풀과 나무를 헤치고 땀을 흠뻑 쏟으며 산을 오르다 보면, 어느새 어머니의 내음이 낙동강 바람에 실려 이수병의 가슴에 젖어들었다. 이수병은 물기 젖은 이름모를 꽃을 한 아름 꺾어 어머니 앞에 놓아두고 큰 절을 올렸다. 어머니의 모습을 떠올리던 어린 이수병의 얼굴에는 눈물이 흘러내렸다.

그러나 어머니의 죽음과 회오리처럼 불어 닥친 사회정치 소용돌이 속에서 인생과 세상을 바라다보는 이수병의 눈은 더욱 깊어지고 달라져 갔다. 어린 이수병에게 죽음과 삶, 그리움과 슬픔은 무거운 짐이었지만, 언제까지나 그리움과 슬픔에 젖어있을 수는 없었다. 이수병은 이런 시

1950년 5월 부림공립초등학교 졸업사진(앞줄 왼쪽에서 두 번째)

련을 계기로 보다 성숙해지고 굳건한 소년으로 거듭나고 있었다.

3년 뒤, 이수병은 작지만 당당한 어깨를 활짝 펴고 두 주먹을 힘껏 움켜쥐며 교정을 나선다.

전쟁의 시련 속에서

1950년 5월, 초등학교를 6년 우등과 개근으로 졸업한 이수병은 6월 5일 신반중학교에 들어갔다. 신반중학교는 지역에서 훌륭한 인품과 덕망으로 존경받던 권태훈 교장이 해방을 맞아 부림면에 세운 최초의 사립학교다. 가난한 집안 사정으로 이수병은 중학교 진학이 어려워 외지에 나가 고학으로 공부할 생각이었다. 그러나 안상록의 추천과 이수병의 높은 학구열과 바른 심성에 이끌린 교장 권태훈의 도움으로 이수병은 신반중학교 3기로 입학할 수 있었다.

그러나 이수병이 중학교에 들어간 지 한 달도 지나지 않아 전쟁이 일어났다. 기어코 6·25 한국전쟁이 일어난 것이다. 한국인에게 가장 깊은 상처를 준 한국전쟁은 이미 오래 전부터 조짐이 있었으나, 그 양상은 모두에게 비극과 충격으로 다가왔다.

분단은 처음 아무도 예상하지 못한 지리적 분단으로 시작되었다. 그리고 남과 북은 서로 다른 길을 걸어갔다. 북한은 광범위한 토지개혁과 친일세력을 징벌하는 등 사회혁명으로 빠르게 안정적인 정치체제를 구축하였다. 반면에 남한의 미군정은 친일세력 한민당과 이승만의 손을 잡고 친미반공 정권 수립을 목적으로 이에 반대하는 변혁운동 세력을 제거해 나갔다. 결국 1948년 5월, 남한의 단독선거로 남과 북은 다른 이념을 가진 두 개의 정부로 정치적 분단을 겪는다.

바로 얼마 전까지도 남과 북의 민중은 하나의 민족으로 해방의 감격을 함께 나누었다. 그러나 이제 남과 북은 동족의 핏자욱 위에 나라를 세워야 했다. 통일국가 수립 열망이 꺾인 민중은 이를 해결하기 위해 목숨을 건 항전으로 맞섰다. 제주도 4·3항쟁을 비롯하여 10만여 명의 희생을 낳은 '작은 전쟁'은 마침내 전면전으로 비화되었다.

1950년 여름 발발한 한국전쟁은 미국의 즉각적인 개입과 중국의 참전으로 '완전히 새로운 전쟁'인 국제전으로 확대되었다. 그러나 비극적인 민족 상잔이 3년을 끌어갈지는 그 어느 누구도 예상하지 못하고 있었다.

전쟁이 일어나자 북한 인민군은 8월 초 의령에 다다른다. 그리고 구산마을에서 산 하나만 넘으면 보이는 낙동강 박진나루를 전선으로 대치하면서 미군과 인민군은 치열하게 공방을 되풀이하였다. 낙동강 건너 창녕군에 미군과 국군이 강력한 방어선을 구축한 것이다. 낙동강 교두보를 둘러싼 치열한 전투로 마을은 밤낮없이 폭격에 시달렸다. 신반을 비롯한 부림면 마을은 낙동강 전투에 모두 불타고, 주민들은 끝없는 불안과 공포에 시달리며 폭격을 피해 산에 토굴을 파고 살거나 피난길에 올랐다.

이수병과 가족은 전쟁의 참화를 피해 얼마 떨어지지 않은 친척집에 머무른 뒤 부산으로 피난길에 오른다. 그 길도 언제나 안심할 수 없었다. 부산에서는 대통령이 머무는 임시수도라는 이유로 헌병, 경찰, 극우단체 요원들이 시가지를 휩쓸며 한밤중 가택수색을 벌여 요시찰인물이나 피난민을 체포하였다. 특무대는 이들을 철사에 묶어 바다에 수장(水葬)하는 광란의 학살극을 벌이기도 하였다. 전선뿐만 아니라 후방에서도 민간인은 보호해야할 대상이 아니라 작전의 희생물이었다.

끔찍한 죽음은 곳곳에서 일어났다. 특히 전쟁 소식이 뒤늦게 알려진 경남지역 민간인 희생은 다른 지역보다 더욱 컸다. 전쟁이 일어나자, 의령에서도 예비검속을 이유로 군인, 경찰들은 국민보도연맹(國民保導聯盟)[4]에 가입한 사람들을 정곡면과 궁유면의 야산이나 깊은 골짜기로 끌고 가 집단학살하였다.

제공권을 장악한 미군의 비행기 폭격도 주민들에게는 커다란 위협이었다. 미군의 민간인 폭격으로 의령읍 만천리를 비롯하여 화정면 상일

리, 용덕면 정동리 주민들 56명이 사망하고 수많은 가옥이 불타고 말았다.

북한 인민군은 마을을 점령하는 동안 토지개혁으로 전쟁의 정당성을 입증하고 농민의 지지를 얻고자 하였으나, 전세가 바뀌어 국군과 미군의 진입으로 실패하였다. 국군과 미군이 수복한 지역에서는 부역자 색출과 처벌이 이어지고 살아남은 주민들에게는 또 다른 시련이 닥쳐왔다. 부역자와 그 가족들에 대한 군경과 우익단체의 폭행이 일상적으로 벌어지고, 이들은 경찰에 수시로 불려 다녀야 하는 불안에 떨었다. 빨갱이마을로 낙인찍히면 마을 사람들 그 어느 누구도 자유로울 수 없었다. 특히 인민군 부대가 주둔한 부림면 입산, 경산, 구산 마을사람들은 '삼산(三山)모스크바'5) 라고 불리며 전쟁이 끝난 이후에도 헤아릴 수 없는 시련과 고초를 겪게 된다.

폐허를 딛고

이수병이 다시 고향에 돌아왔을 때 남은 것은 불타버린 마을과 학교, 쓰러진 곡식과 포탄에 찢긴 황량한 들녘이었다. 전선은 북쪽으로 올라갔으나 언제 다시 벌어질지 모르는 폭격과 죽음의 두려움이 아직 가시지 않고 있었다. 이수병은 전쟁과 피난으로 다니지 못한 중학교 생활을 다시 시작하였다. 그러나 학생들은 새로 지은 학교 건물이 무너져 신반의 가건물, 창고, 문중의 재실(齋室) 등을 떠돌며 수업을 받았다.

1952년, 이수병은 3학년에 올라가자 신반중학교 운영위원장(회장)을 맡아 그 지도력을 발휘한다. 전쟁이 아직 끝나지 않았지만, 휴전회담 소식이 들리자 학생들은 학교 건물을 다시 세우기 위해 흙과 자갈을 나르고 모금운동을 벌여 재원을 마련하였다. 이러한 노력으로 이수병과 학우들은 졸업이 얼마 남지 않을 즈음 초가를 올린 조그만 벽돌건물을 지어 후배들에게 물려준다.

중학 시절 이수병은 뒤떨어진 공부를 보충하기 위해 학우들을 독려하며 늦은 밤까지 매달렸다. 평소 직설적이고 단호한 성격을 가진 이수병은 공부를 게을리하는 학우들에게 불같은 화를 내거나 나무라서 친구들은 그를 어려워하기도 하였다. 당시 중학교 생활기록부를 보면 청소년 시절 이수병의 일면을 엿볼 수 있다.

> 성적은 전반적으로 최우수 하며, 성격은 2학년에는 의지와 자존심이 강하고 3학년 때는 활발하고 치열하다. 통솔력 있는 적극적인 개성이 특이한 학생이다. 특히 웅변대회에 나가 1등을 하였다. 환경은 지게지고 독서해야 하는 등 환경이 좋지 못하여 본인의 열(熱)과 성(誠)으로 모든 것을 해결해야 하고, 건강 또한 과도한 영양 부족과 못 먹어서 신체건강을 억제하고 발육을 손상하였다.

이수병은 다른 사람보다 뛰어난 머리와 능력을 가진 학생이었다. 그러나 그것만으로 전쟁으로 찢겨진 민족과 힘겨운 민중의 삶의 문제에 다가설 수 없었다. 이러한 근본적 문제의 원인을 알고 어떠한 방법으로 극복할 수 있을 것인가. 그리고 역사 속에 참된 삶과 올바른 실천의 길을 걷기 위해서 무엇을 하여야 하나 라는 고민이 같이 이루어지지 않으면 안 되었다.

중학 시절 이수병의 초보적인 사회과학적 인식은 같은 또래에 비해 비교할 수 없이 뛰어났다고 한다. 여기에는 이수병의 성장에 커다란 도움을 준 안상록의 영향이 크게 작용하였다. 중학생 이수병은 수시로 안상록의 사랑채 서재에 들러 책을 빌려 보고, 때로는 밤늦도록 많은 이야기를 나누었다. 안상록은 이수병이 갖고 있는 열정에다 지적인 힘을 실어주었다. 독서와 토론 속에 이수병의 의식은 하루가 다르게 성장하였고, 그것은 의령 이라는 지역의 좁은 공간을 넘어 민족과 역사 그리고 세계로 이어졌다.

한편, 16세 청년 이수병을 진정으로 키워준 것은 가난하지만 그 고향의 흙과 노동과 땀이었다. 그리고 일제강점기, 해방, 한국전쟁의 모진 역사 속에서도 잡초처럼 질긴 생명력을 보여준 민중들의 삶과 투쟁이었다. 이제 이수병도 그들의 뒤를 이어 역사 속으로 한 걸음 더 들어간다.

1953년 봄, 이수병은 중학교를 졸업하자 보다 넓은 세상을 향하여 힘찬 발걸음을 옮겨 놓았다.

1) 안희제(安熙濟:1885~1943) 호는 백산(白山). 경남 의령군 부림면 입산리에서 태어났다. 1905년 양정의숙 졸업 후 의령에 의신학교(1907)와 창남학교(1908), 동래 구포에 구명학교(1907)를 설립 교육 계몽운동에 앞장선다. 1909년에는 서상일, 김동삼 등과 영남지역 청년민족주의자 비밀결사 단체인 대동청년단을 조직하고, 1911년 망명길에 올라 북간도, 블라디보스톡, 모스크바, 만주를 거쳐 1914년 귀국, 고향에 지니고 있던 밭 2,000마지기를 팔아 그 돈으로 자신의 아호를 딴 백산상회를 부산에 열었다. 이후 백산무역주식회사로 확대 발전시켜 연통제를 통해 임시정부의 독립운동자금을 조달하는 등 민족해방운동에 기여한다. 1919년에는 해외유학생 장학단체인 기미육영회를 설립하여 의령 출신의 이극로, 안호상, 신성모 등 유학생을 내보냈고, 1926년에는 이우식을 비롯한 유지들과 〈중외일보〉를 경영 언론운동에도 뛰어들었다. 이 밖에도 부산지역을 중심으로 노동자 도일(渡日) 저지와 반민족적인 상애회 박멸운동(1924), 친일 주구단체 보천교 박멸운동(1925), 친일 친목단체인 영남친목회 결성반대운동(1927) 등 민족운동을 지도, 지원함으로써 비타협적인 민족운동을 전개하였다. 1928년 백산무역주식회사 해산 후 서울에서 협동조합운동에 참여 월간잡지 〈自力〉을 발간하고 1930년대 대수해로 많은 조선인들이 굶주리자 전조선수재구조회를 조직하였다. 그러나 필화사건 등 언론운동의 한계를 느껴 1931년 만주로 망명, 발해농장 운영과 대종교 활동을 전개한다. 이후 일제는 만주의 대종교활동이 민족의식 고취와 독립운동세력으로 확대할 것을 우려 1942년 대종교 간부를 체포하는 임오교변(壬午敎變)을 일으킨다. 이 사건으로 10명이 옥사하며 백산도 이때 체포되어 1943년 병보석 출감 후 세 시간 만에 58세를 일기로 만주에서 순국한다.

2) 안상록(安相綠:1905~1982) 백산 안희제의 장남으로 태어나 일본 동경제대 이학부 졸업 후 고향 의령으로 돌아와 1930년대 초 농민운동에 참여한다. 그리고 야학을 열어 민족의식을 일깨우고, 가난한 농민들을 위해 무료로 의술을 펼쳐 신망을 얻었다. 해방 후 의령군 농민위원회 재건과 인민위원회 활동으로 이승만 정권의 탄압을 받으나 고향에서 선친 백산의 가업과 유지를 지켜나간다.

3) 안균(安鈞) 안희제의 가까운 친족으로 일본 북해도 농과대학 졸업 후 안상록과 농민운동에 참여하고, 1933년 형평청년전위동맹 사건에 연루되는 등 의령지역의 대표적인 항일지도자로 활동하였다. 해방 후 농민조합과 의령군 인민위원회 건설을 주도하여 인민위원장과 경남인민위원회 노동부장을 지냈다. 1946년 초 군민의 지지를 받아 의령군수로 선출되었으나, 1946년 4월 미군에 의해 파면 당한다.

4) 1949년 6월부터 만들어진 국민보도연맹은 이승만 정권이 단독정부 수립을 확고히

하면서 저항세력을 무력화시키기 위해 전향자를 관리, 감시하기 위해 만든 조직이었다. 원칙적으로는 국가보안법에 저촉하는 활동을 하다 전향한 사람들이 대상이었으나, 할당량을 채우기 위해 기준도 없이 가입시키는 등 한국전쟁 이전 약 50만 명 이상이 가입한 것으로 추정되고 있다. 잘 알려진 인물로는 국회의원 원용길, 김영기, 시인 정지용, 김기림, 소설가 황순원, 국어학자 양주동, 문학평론가 백철, 만화가 김용환, 공산당 장안파의 정백 등이 있다. 한국전쟁이 일어나자, 1950년 6월 28일과 8월 31일 사이에 수원이남 전역에서 30만 이상의 비무장 민간인이 국군, 경찰, 우익 청년 단체 등에 의해 무참히 살육당한 국민보도연맹 사건은 현대사 최대의 학살 사건이다.

5) 해방정국부터 '작은 모스크바'로 불리는 지역이 상당수 있었으나, 특히 한국전쟁 기간 동안 인민군 활동과 부역이 있던 지역은 '빨갱이 마을'로 낙인찍혀 우익의 복수 대상이 되었다. 이러한 마을에 대해서는 수복 후 군경과 우익단체의 폭행과 감시를 받았고, 주민들은 부역 혐의와 상관없이 인간 대접을 받지 못하였다. 이 가운데 일부는 논밭을 비롯한 재산을 빼앗기는 등 탄압을 견디다 못해 정든 고향을 등지고 떠나는 주민도 많았다.

제 2 장 새로운 도전

1. 홀로서기

부산사범학교 입학

이수병은 휴전을 앞둔 1953년 4월 부산사범학교에 입학한다. 중학교 졸업 후 이수병은 끼니 걱정을 해야 하는 가정 사정 때문에 진학을 포기할 형편이었다. 중학교 졸업을 앞두고 지나친 체벌에 대한 항의로 이수병은 백지동맹을 주도하며 불확실한 진로에 따른 마음의 갈등을 밖으로 드러내기도 하였다. 그러나 제자를 아낀 담임선생 권준현의 배려와 격려로 이수병은 뒤늦게 사범학교에 지원을 한다.

그러나 이수병이 사범학교 진학에 마음을 굳혔을 때는 입학원서 마감 하루 전이었다. 입학원서를 구하지 못한 이수병은 친구의 원서를 가지런히 베껴 마감 당일 겨우 학교에 제출할 수 있었다. 학교에서의 원서 접수를 거부당하자, 이수병은 시험이라도 한번 보게 해 달라며 간청한다. 결심을 굳히기까지는 오랜 시간이 걸렸지만, 마음을 작정한 이상 사소한 난관 때문에 중도하차할 수 없다는 것이 이수병의 생각이었다.

이러한 우여곡절 끝에 시험을 치른 이수병은 전체 4등 이라는 우수한 성적으로 사범학교 시험에 합격했다. 특차로 뽑는 부산사범학교는

1950년대 부산사범학교 건물

부산 소재지 중학교에서도 수재들이 지원하는 학교였다. 당시 사범학교는 고교 3년 과정을 마치면 초등학교 교사로 부임할 수 있었기에 가난한 집안의 수재들이 모여 치열한 경쟁을 벌였다.

1946년 미군정청이 세운 부산사범학교는 해방 후 일본인 교원의 철수로 빚어진 부족한 교사 양성과 급속히 늘어난 민족의 교육열을 대비하기 위해 만들었다. 붉은 벽돌로 지은 부산사범학교의 교사(校舍)는 부산시 동대신동에 있었으나, 전쟁이 일어나자 학교 건물 일부를 미군의 후방 병원으로 제공하였다. 따라서 학생들은 아미동에 있는 총천사 가건물에 천막을 치고 노천수업을 받았다.

입학 후 이수병의 생활은 눈 비빌 틈도 없이 바쁘게 흘러갔다. 이수병은 피난민촌인 아미동 산비탈 아래에 판잣집 방을 얻어 시골에서 올라온 급우와 자취를 하였다. 이수병은 새벽 신문배달로 하루를 시작하여 저녁에는 시간제 가정교사로 아이들을 가르쳤다. 그리고 방학 때면, 여름에는 아이스케키통을 들고 다니며 장사를 하고, 겨울에는 국제시장 관리사무소 경비와 청소를 맡아 일하였다.

피난민이 몰려드는 부산에서 비를 피하고 몸을 누일 곳만 있어도 다행이었다. 때로는 기거할 집이 없어 이수병은 학교 빈 교실에서 밤을 지새우기도 하였다. 집이 어디냐고 누가 물으면 이수병은 '부산 모두가 내 집'이라고 대답할 정도로 너스레를 떨며, 힘든 생활에도 항상 웃음을 잃지 않는 여유와 낙천적인 성격을 드러냈다.

이수병의 학교 성적은 늘 수위를 달렸으나 학교에서 가르치는 교육학 강의에만 만족할 수 없었다. 사범학교 교육은 미국의 생활 이념에 맞는 실용주의 교육이 주류였다. 그 교육의 밑바탕에는 '모든 수단을 다하여 이기는 것이 가장 중요하다'는 사상이 깔려있었다. 더구나 냉전 이데올로기를 벗어나지 못한 교육이념의 강요로 양심적이고 주체적인 민족교육을 지향하기는 더욱 어려웠다.

미래의 예비 교사로서 이수병의 고민은 시간이 지날수록 현실로 다가왔다. 따라서 이수병은 틈틈이 보수동 헌책방에 들러 구하기 힘든 사회과학 책들을 사다 읽으며 체계적인 사회인식을 다져나갔다.

당시 국제시장 건너 보수동 골목에는 미군 병영에서 흘러나온 싸구려 잡지나 참고서들로 넘쳐났지만, 가끔 각지에서 온 피난민들이 생계유지를 위해 내놓은 고급서적과 금서나 일어판 희귀본들이 섞여 있었다. 전석담[1])의 〈조선경제사〉나 일본의 경제학자이자 사회사상가인 카

와카미 하지메(河上肇)의 〈가난한 이야기(貧乏物語)〉, 〈자본론입문〉은 세상에 관심을 가진 학생들이라면 관심을 두고 읽는 책이었다.

이수병은 2학년에는 노작회(勞作會) 라는 학교 공식 서클에 가입하였다. 노작회는 고학생들이 학교의 청소 등 궂은 일을 맡아하는 근로봉사와 경제적 자립을 위한 모임이었다. 이수병은 친목 성격이 강한 노작회를 통해 학우들과 어울리고 독서토론을 주도하는 등 노작회에 활기를 불러 일으켰다. 이 시기 노작회는 3학년 초 50여 명의 회원을 확보하여 개교 이래 가장 적극적인 활동을 보였다.

한편, 이수병은 사범학교 시절 교지 〈종(鐘)〉에 몇 편의 글을 기고하였다. 〈고학생의 피〉라는 글에서는 당시 사회구조 모순을 매혈(賣血)에 비유하며 어렵게 살아가는 고학생의 현실을 돌아보게 하였고,

사범학교 재학 중 자주 다니던 부산 보수동 책골목

〈지속산업〉이라는 글에서는 미군이 주둔해 있는 부산의 정황을 묘사하면서 매춘의 사회적 배경을 날카롭게 지적하였다. 이밖에 몇 편의 원고는 그 내용의 진보성으로 인해 학교가 게재를 불허하여 실리지 못하였다고 한다. 아쉽게도 당시 자세한 원고의 내용은 알 수 없으나, 이수병이 전후(戰後) 사회의 모순을 구조적으로 인식하며 비판하고 있었음을 엿볼 수 있다.

부산, 모순의 체험 현장

전쟁은 1953년 7월 여름, 휴전협정을 맺으며 끝났다. 이수병은 임시수도 부산에서 벌어지는 정치사회의 모순을 가까운데서 목격한다. 그리고 정의와 진실이 무참히 짓밟히는 나라에서 어떻게 살아야 할지 고민을 한다. 부산은 직접 전투가 벌어지지 않은 지역이지만, 당시 대한민국이 가진 모순구조의 생생한 현장이자 축소판이었다.

한국전쟁으로 미국은 초강대 군사국으로 성장하였다. 전쟁은 철저히 미국에 정치·경제적 이익을 가져다주었다. 미국의 군부 스스로 고백하듯이, 한국전쟁은 경제공황에 처한 자신들을 구원해주었다고 하였다. 그리고 전쟁의 주요 원인 당사자인 일본은 한국전쟁의 피를 자양분 삼아 경제적 호황을 누렸으며 패전의 나락에서 벗어나 선진국으로 도약하는 전기를 마련하였다.

이승만 정권은 전쟁의 책임을 벗어나기 위해 전쟁 초부터 군사지휘권을 미국에게 맡기는 등 극도의 사대주의 행태를 보여주었다. 그리고 전선을 바로 눈앞에 두고도 이승만 정권은 상식 이하의 정치파동을 거듭한다. 임시수도 부산에서는 백골단, 땃벌떼 등 정치깡패가 난무하고 공포와 테러정치가 민주주의를 대신하였다. 어느 외국 기자가 '한국에서 민주주의가 꽃피기를 기대하기보다 쓰레기통에서 장미가 피어나길 기다리는 편이 낫다'고 한국의 정치 현실을 비웃을 지경이었다. 10만에서 60만으로 커진 군부세력의 부정부패도 정치권 못지않았다. 후방 장교들의 비리와 부패는 수십만 명의 사병이 굶어죽거나 얼어 죽은 국민방위군 사건에서 총체적으로 드러나기도 하였다.

경제적으로도 이승만 정권은 미군정의 정책 실패로 떠넘긴 400억원의 빚더미를 안고 출발하였다. 미군정은 일본의 전쟁배상금 명목으로 조선의 재산, 적산(敵産)이라고 부르는 귀속재산을 가로채어 한반도 점령에 필요한 통치자금(統治資金)으로 사용하였다. 그리고 이승만 정권은 치안유지비와 유엔군 주둔비 등 전쟁비용을 대기 위해 돈을 마구 찍어 경제의 혼란이 더하였다. 일제에 이어 해방 후 미군정과 이승만정권의 정책 실패로 많은 국민은 전쟁보다 더 무서운 가난과 굶주림에 시달려야 했다.

이수병이 새벽부터 뛰어 다니며 일하는 국제시장에는 미군부대에서 흘러나오는 양키물건이 넘치고, 거리에는 피난민으로 가득 찼다. 법보다 주먹이 앞서며 거지, 깡패, 양아치, 부두 노동자, 지게꾼, 양공주, 암달러 장사, 밀수꾼 등 모두가 살아남기 위해 발버둥쳤다. 전후(戰後) 부산 시절의 고학생 이수병은 사범학교 학생이기 이전에 생존경쟁의 부딪침 속에서 살아남아야 하는 차가운 현실 속에 놓여있었다.

2. '암장(岩漿)'

고등학생 사회과학연구모임

　사범학교 본과 3년 과정에 다니는 학생들은 다른 학교 학생들과 어른들로부터 기대와 부러움을 받았다. 학생들 스스로도 '민족의 스승'이 되리라는 희망을 가슴에 품고 미래를 향한 꿈을 키워나갔다. 그러나 전시교육 체제에서 반공 이데올로기 교육이 공식 교육과정으로 채택되어 진보적 교육은 꿈도 꿀 수 없었다.

　1949년, 문교부장관 안호상은 '일민주의(一民主義)'라는 전체주의 사상을 주입하기 위해 히틀러의 유겐트(청년단)를 모방한 학도호국단을 만들었다. 학생들은 '우리의 맹세'를 소리 높이 외쳐야 했고, 필요하면 언제든지 반공관제 시위에 동원되었다.

　분단과 전쟁은 변혁운동 세력의 단절을 가져왔고, 그 어디서도 얼어붙은 땅을 뚫고 나오는 조그만 새싹도 보이지 않았다. 부산은 일제 때부터 민족의식과 변혁운동의 뿌리가 깊은 지역이었다. 1940년, 부산의 학생들은 이른바 '노다이사건(乃臺事件)'으로 일제의 간담을 서늘케 하는 대규모 시위를 벌였고, 일제 말에는 동래중학교 출신의 비밀 학생조직인 '조선독립당'과 '순국당' 등 목숨을 건 조직 활동을 전개하였다.

해방 후 학생운동 세력들은 미군정의 탄압으로 지하로 숨어들어 민주학생연맹을 중심으로 단선·단정 반대투쟁을 헌신적으로 전개하였다. 그러나 이들의 반외세투쟁과 통일 민족국가 수립의 꿈은 대규모의 검거와 유혈탄압으로 꺾이고, 한국전쟁의 전시(戰時)라는 상황에서 진보적 지식인들이 다수 학살당하면서 그 저항의 맥이 끊겨 있었다.

이수병은 2학년 여름방학, 일주일간의 군사훈련을 마친 뒤 노작회보다 한 단계 높은 수준의 사회과학연구 모임을 구상한다. 사회과학연구 모임은 엄격한 비밀이 보장되고, 인원선발 또한 신중을 기하는 일이기에 철저한 준비와 긴밀한 의논이 필요하였다. 여름방학은 그동안 이러한 일을 하나씩 추진할 수 있는 기회였다. 부산에서의 어느 정도 생활

부산사범학교 시절 2학년 겨울방학 고향 초등학교 동창회에서(앞줄 오른쪽에서 세 번째)

기반을 잡은 이수병은 신문배달 등 고학을 하면서 폭넓게 학교 밖의 친구도 사귈 수 있었다.

마침내 이수병은 노작회를 통해서 만난 친구들과 비판적 사회의식을 가진 친구들을 대상으로 2학기 말 비밀리에 학습모임을 구성한다. 이들은 처음 모임의 명칭을 '일꾼회'라고 부르기로 하였다. 그리고 학습토론을 1차 목표로 하고, 점차 활동영역을 넓혀 나가기로 하였다. 비록 서툴게 출발하였지만 모임의 분위기는 진지하였다.

이 때 모인 사람들은 이수병과 같은 학교 동기생들인 김종대, 김정위, 박영섭, 유진곤 부산고등학교에 다니는 김금수, 이영호, 최종국과 경남공고의 박중기 등이 주축이었다. 비록 이들은 고등학생이었으나 나름대로 기초적인 사회과학, 철학책을 보며 비판적인 사회의식을 가진 친구들이었다. 모임을 거듭할수록 가입을 원하는 친구들이 늘어났지만 이론 수준의 통일을 위해 가입에 제한을 두었다.

한편 이들은 '일꾼회'라는 이름이 노동운동을 하는 인상을 주어 당시 사회를 휩쓸던 반공매카시즘적 탄압의 빌미를 준다고 보고, 3학년 초 내부 논의 끝에 모임 이름을 '암장(岩漿)'으로 바꾼다. '암장'은 땅 속 깊은 곳에 뜨겁게 녹아 있는 마그마란 뜻으로 화산처럼, 변혁운동의 분출을 예고하는 상징성을 그 안에 품고 있었다.

'암장'의 결성은 고교생들의 인간적 우애를 넘어 점차 동지적 결합으로 나가는 수준으로 발전하였다. 아울러 '암장'의 태동은 그들이 인식했든 인식하지 못했든 단순한 고교생 서클을 넘어, 한국전쟁으로 치명적 피해를 입은 1950년대 남한 변혁운동에 새로운 씨앗을 뿌리는 일이었다.

'암장' 성원의 학습

'암장' 성원들은 늘 같이 붙어 다니며 우의를 다지고 정기적인 학습을 체계적으로 진행하였다. 학습은 주로 사범학교 빈 교실을 이용하거나 친구 자취방에서 하였다. 수업이 끝난 빈 교실은 사찰의 의심을 피할 수 있고, 학생들이 여럿이 모여도 자연스럽게 다른 사람의 이목을 피할 수 있는 적당한 장소였다.

학습은 철학과 사회과학을 중심으로 토론하고 서로 의견을 나누었다. 처음 이들이 본 책은 중국의 청년 철학자 예사기가 쓴 〈대중철학〉[2]이었다. 이 책은 제국주의와 매판자본과 싸우는 중국 민중을 위해 초보적인 변증법적 유물론을 소개한 책이다. 이 책은 중국 인민군 교과서로 사용되는 등 중국에서 선풍적 인기를 끌었다. 해방 후 조선에서도 펴내 널리 보급되었지만, 한국전쟁 후 사람들에게 잊혀진 책이었다.

마르크스와 엥겔스의 〈독일이데올로기〉는 한 사회 물질적 생산이 그 사회 역사적 발전의 토대를 형성한다는 과학적인 서적으로 '암장' 성원들이 관심을 두고 본 책 중의 하나였다.

이밖에 이들은 엥겔스의 〈반(反)듀링론〉, 보차로프의 〈세계사교정〉과 금서(禁書)로 구하기 힘든 〈레닌주의의 기초〉, 〈소비에트공산당사〉 등 사회과학 책을 읽고 토론하였다. '암장' 성원들의 이러한 사회과학 학습은 역사적 사실을 정확하게 이해하는 데 나침반의 역할을 하였을 뿐만 아니라, 이들의 의식을 단련시켜 폭넓은 역사적 전망을 세울 수 있게 만들었다.

한편 '암장' 성원들은 우리 역사와 민족 문제에 고민하고 이를 형상

화한 국내 진보적 문인들의 작품도 읽고 토론하였다. 그 중 박치우[3]의 평론집 〈사상과 진실〉, 홍명희의 〈林巨正〉, 유진오[4]의 시집 〈창〉, 이태준, 임화 등 진보적 문인들의 글을 주로 읽어나가며 젊고 뜨거운 열정을 나누었다.

'암장' 성원들은 이러한 책들을 섭렵하면서 '무산대중을 위해 목숨을 바쳐 일하고 동지들과 생사고락을 같이 한다'는 서약을 하기도 하였다. 이러한 행동은 반공이 곧 법(法)인 살벌한 분위기에서 상상하기 어려운 일이었다. 특히 이수병은 다른 '암장' 성원들이 이해하기 어려운 대목을 논리적으로 알기 쉽게 설명하며 토론을 주도하였다. 이 밖에도 이수병은 남과 북의 토지개혁, 반민족행위자 처리의 예를 들면서 국내외 시사문제에 이르기까지 뛰어난 견해를 발표하였다. 학습은 단지 지식의 확장만을 의미하지는 않았다. 이들에게 학습과 토론은 이론과 실천을 위한 거름이었고, 장차 전체 남한 변혁운동의 핵심으로 활동하기 위한 준비 과정이었다.

평생을 같이 한 동지

한편, '암장' 성원들은 엄혹한 시대 상황과 탄압을 피하기 위해 다음과 같은 수칙을 정하였다.

첫째, 약속시간은 철저히 지킨다.
둘째, 돌아서서 비난하지 않는다.
셋째, 비밀은 눈치라도 남이 알게 해서는 안 된다.
넷째, 일은 많이 하고 공(功)은 남에게 준다.

'암장' 성원들은 이렇게 나름대로 초보적이지만 사회과학 학습을 해 나갔고 활동가의 기본자세도 갖추어 나갔다. 그리고 학습이 끝나면 이들은 일상생활에 대한 학교의 이야기를 나누며 흥겨운 뒷풀이 시간도 가졌다. 유머감각과 기지가 뛰어난 이수병은 늘 좌중을 웃음바다로 만들거나, 힘차고 흥겨운 가락을 뽑아 모임의 분위기를 북돋기도 하였다.

이 무렵 부산에는 국제시장을 비롯하여 미군이 많이 드나드는 부산 영주동에 큰 불이 났다. 이것을 풍자하여 개사한 노래 〈바람이 분다〉를 보면 당시 이들이 가진 사회의식의 한 단면을 엿볼 수 있다.

> 바람이 분다. 바람이 분다.
> 태평양 건너서 바람이 분다.
> 영주동 모퉁이에 불이 붙는다.
> 잘 탄다. 신난다.
> 소방차 엠피차는 달린다.
> 불이 붙어도 물이 없어 못 끈다.
> 잘 탄다. 신난다.
> 양키들은 카메라만 찍는다.

외국곡을 개사한 〈바람이 분다〉는 한국에 주둔한 외세가 우리 민족의 안위와는 상관없음을, 오히려 모순의 질곡으로 치달아가는 원인임을 풍자적이며 역설적으로 말하고 있다. 이수병은 농담 삼아 이 노래를 앞으로 당을 만들면 〈암장당가〉로 하자고 말하였다. '암장'은 1950년대

중반 부산 지역의 고등학생들이 결성한 사회과학연구 서클이었지만, 이들은 학습을 해나가면서 암묵적으로 당적 체계를 지향하고 있었음을 엿볼 수 있다.

이수병이 이때 관심을 둔 것은 부분적인 개혁이 아니라 사회 전체의 변혁이었다. 그리고 이 목표를 정해 놓고 모든 것을, 변혁운동을 위한 준비과정으로서 철저히 자기관리를 해나갔다. 그리고 이수병은 일상생활에서도 혁명가적 자세와 기풍에 대해 의미 있는 말을 자주 하여 자생적인 '암장' 조직에 긴장감을 주며 건강성을 유지해나갔다.

> 작은 일을 소중히 해야 한다. 작은 일은 시시해서 못하고 큰 일은 너무 커서 못하면 아무 일도 못하게 된다.
> 약속시간을 정해 놓고도 지키지 않는 사람은 앞으로 아무것도 하기 힘들다. 사소한 일도 성실하고 정확하게 해야 한다.

'암장' 성원들은 학습에만 머무르지 않고, 끊임없이 실천 활동을 모색하였다. 소자보를 붙이자는 모험적 의견도 있었으나, 내부 논의 정도에서 그쳤다. 1955년 당시 극우반공체제 아래 이승만 정권의 이데올로기 탄압은 비판적인 보수야당조차 빨갱이로 몰아가고, '평화통일'이란 말조차 꺼내기 어려운 엄혹한 시절이었다. 이런 상황에서 자본주의의 모순을 지적하거나 노동자, 농민 등 민중에 대한 관심을 갖는 것만으로도 사법당국의 주목을 받는 일이었다.

고교 졸업 후 '암장' 성원들은 학습을 지속하기는 어려웠으나, 전체

부산사범학교 졸업 당시 이수병

만남은 이후 실천 활동으로 이어진다. 길지 않은 학습 기간 이었지만, 이들은 이제 추상의 역사를 현실로 받아들이며 각자 실천의 길을 찾아 나선다. 각지에 흩어져 이들은 학업을 계속하거나 사회활동을 하면서도 정기모임을 통해서 교류를 이어나갔다. 그리고 방학 기간을 이용하여 시민들을 대상으로 시국강연회나 문학의 밤을 열기로 한다.

해마다 통행금지가 없는 크리스마스 전날 밤에는 부산 광복동에 모두 모여 밤을 지새웠다. 이들은 지난 1년간의 대학생활이나 사회활동을 보고하고 스스로 비판하는 시간을 가져 의식의 건강성, 이념의 순수성을 지켜나가고자 노력하였다. 서로를 신뢰하고 우의를 다진 '암장' 성원들은 먼 훗날, '부산'이라는 지역을 뛰어 넘어 한국사회 변혁운동의 역정에서 생사고락을 나누는 동지들로 다시 만난다. '암장' 성원들이 걸어간 삶의 궤적을 살펴보면 다음과 같다.[5]

김금수는 부산고와 서울대를 나오고 4월 항쟁 후 민족민주청년동맹(민민청)과 민족자주통일협의회(민자통)에서 활동하였다. 1964년 인혁당 발기인과 중앙상무위원회 연락원으로 기소되어 징역 1년 집행유예 3년의 선고를 받는다. 그 후 60년대 말에 광산촌에 들어가 노동자의 삶을 체험하는 등 노동운동 일선에 몸담는다. 이후 노동교육협회 회장과 한겨레신문 논설위원을 역임하고 노사정(勞使政)위원장을 맡는다.

김정위는 부산사범학교와 부산대, 고려대를 거쳐 외국 유학을 다녀온 후 외국어대 이란어과 교수로 재직하였다.

김종대는 부산사범학교 졸업 후 초등학교 교사로 재직하였다. 서울에 올라와 삼락일어학원 원장으로 있던 1974년 인혁당재건위 조작 사건에 연루되어 징역 20년 자격정지 15년 형을 받고, 1982년 출소하여 잡지 '민족지평'의 상무를 지냈다.

박영섭은 부산사범학교와 서울대를 나와 민민청 조직국장을 역임하고 민자통에서 일했다. 군복무중인 1964년 인혁당 후보당원으로 기소되었으나 무죄로 풀려난다.

박중기는 경남공고를 나와 민족자주청년동맹 간사장과 민자통 청년부장으로 활동하였다. 한국여론사 취재부장으로 재직 중 1964년 인혁당 서울시 당원으로 기소되어 징역 1년의 선고를 받는다. 1965년 출옥 후 민족민주운동을 전개하고, 현재 추모연대 의장으로 일하고 있다.

유진곤은 부산사범학교 졸업 후 울산에서 초등학교 교사로 재직하였다. 1969년 서울로 올라와 대산목재를 운영하던 중 1974년 인혁당재건위 조작 사건에 연루되어 무기징역을 선고 받는다. 1982년 출소 후 고문 후유증으로 1988년 사망하였다.

이영호는 부산고와 서울대를 나와 명지고 강사로 있던 1964년 인혁당 후보당원으로 기소되었으나 무죄로 나오고, 이후 한양대 철학과 교수를 지냈다.

최종국은 부산고와 동아대를 나와 형 최주호, 최종근의 후원을 받아 '암장' 강연회를 개최하였으며, 암장과 민민청을 연결하는 역할을 한다. 그리고 졸업 후에는 방송사(KBS) 프로듀서를 지냈다.

3. 우상과 이성

새로운 만남과 인연

　1956년 사범학교를 마친 이수병은 교사로 가는 길을 잠시 멈추고, 동일 계열학과 입학이 가능한 부산대학교 교육학과에 들어간다. 이수병은 당시 한국사회의 근원적 문제와 그와 관련한 구체적 사실을 통해 미래의 역사적 전망을 세우기에는 자신이 아직도 미흡하다고 여겼다.

　대학에 들어오자 이수병은 교육학보다 경제학 학습에 집중하였다. 이수병은 당시 예속성이 심한 한국경제의 실상을 체계적으로 파악하기 위해 경제학 강의를 더 많이 듣는다. 객관적인 경제 현실을 모르면 한 나라의 정치 지형을 올바르게 파악할 수 없는 일이다. 이수병에게 경제학 학습은 '암장' 학습의 연장으로서 역사발전의 보편적 법칙을 연구하고, 그 안에 감춰진 사회모순을 밝혀보기 위해서도 반드시 필요한 학문이었다.

　당시 부산대학교에는 진보적 인물로 알려진 이종률[6]이 정치학과 교수로 있었다. 일제 때부터 수차례 옥고를 치른 항일운동가인 이종률은 전쟁 중 임시수도 부산에 내려와 있던 이시영의 부름을 받아 1951년부터 부산대학교 교수로 재직 중이었다.

이종률은 1946년 민족건양회(民族建揚會)를 창립하고 민족혁명의 실천을 책임지고 이끌 전위당으로서 '사책당(史責党)'을 지향하였다. 그리고 우리 같은 후진성 식민지 국가에서는 민족혁명이 중요하다고 판단하여, 그 주요한 실천의 일환으로 민족통일운동에 자신의 모든 노력을 기울이고 있었다.

당시 부산에서는 반동적인 정치상황에서도 민족 지향성을 가진 인맥들이 모여 민족 자주 의식을 고취하려는 움직임이 있었다. 1954년 무렵 발족한 '민족문화협회'에는 이종률, 김정한, 이주홍 등 진보적 지식인들이 대거 참여하여 대중들을 상대로 항일 민족운동을 주제로 강연회를 열었다. 그리고 진보당 부위원장을 지낸 박기출을 중심으로 김배영, 김한덕 등 진보적 의식을 가진 청년들 모임인 '성민학회(醒民學會)' 등 소규모의 조직이 있었다. 이수병과 '암장' 동지들은 민족민주운동을 전개하는 부산지역 선배들의 활동에도 관심을 기울였으나, '암장' 성원들과 부산의 진보적 청년들의 본격적인 결합은 1960년 4월 항쟁 이후에 이루어진다.

이수병이 대학에 들어간 첫 해인 1956년 5월의 정부통령 선거에서는 진보당창당준비위원회의 대통령후보 조봉암이 나와 평화통일론을 제시하여 216만 표라는 대중적 지지를 받았다. 그 해 11월, 조봉암은 이를 기반으로 진보당을 창당하여 전쟁 후 이 땅에 진보정당의 뿌리를 내리려 하지만, 이승만 정권의 극심한 탄압을 받는다.

이승만 정권뿐만 아니라 보수야당 민주당도 진보당에 대해 적대감을 드러내었다. 민주당은 신익희 민주당 대통령 후보 사망 이후 진보당이 제시한 야당의 연합 선거전술을 거부한다. 민주당은 오히려 '진보당 조봉암에게 투표하느니 차라리 이승만에게 표를 주라'는 성명을 발표하여, 친일 지주 계급에 뿌리를 둔 보수 야당의 정체를 노골적으로 드러내기도 하였다.

대학에 들어간 뒤 이수병은 입주 가정교사로 들어가 생활의 안정을 찾고 당시 이수병의 재능과 장래를 아낀 후원자들의 도움으로 경제적 곤란에서 다소 벗어날 수 있었다. 고향 의령에서는 새어머니 진양 강씨(강윤생)를 맞이하여 다시 가정의 평온을 찾았다. 사범학교 시절 이수병이 방학 때 잠시 틈을 내어 고향에 들를 때면, 어려서 어머니를 잃은 여동생 금자는 부족한 정을 오빠에게서 얻으려 하였다. 이수병은 동생

노년기에 접어든 안상록 선생(뒷줄 오른쪽 두 번째)

을 떼어놓기 무척이나 힘이 들어 발걸음이 무거웠다. 이수병은 돌아와서도 늘 여동생이 마음에 걸리고 안타까웠으나, 이제 한결 마음의 짐을 내려놓을 수 있었다.

방학 때 고향에 들르면, 이수병은 어린 시절 큰 보살핌을 준 안상록을 찾아 인사를 드리는 일도 빠뜨리지 않았다. 어린 시절부터 이수병은 다섯 살 아래인 안상록의 막내딸 경란과 오누이처럼 지내고, 한 가족처럼 스스럼없이 찾아가 놀다오곤 하였다. 안상록도 사람들에게 호감을 주는 이수병의 호탕한 성격과 당당한 기질, 그리고 나날이 발전하는 이수병의 의식에 더욱 믿음을 가졌다.

현재 남아있는 백산의 넓은 집과 고풍스러운 분위기는 지난 한 시대의 당당한 내력을 말하고 있지만, 해방 후 백산의 집안은 가세가 많이 기울었다. 이승만과 자유당 정권의 탄압으로 백산의 가족들은 무척 힘든 나날을 보내야 했다. 1948년 단독정부 수립 후 안상록은 경찰의 탄압을 견딜 수 없어 잠시 고향을 떠나 대구에 가서 살기도 하였으나, 백산의 유지(遺志)를 받들고 가문을 지키기 위해 다시 의령으로 돌아온다.

백산은 '가사(家事)든 국사(國事)든 오직 자력(自力)을 중심으로 해야 한다'라는 유언을 남겼다. 그러나 항일 구국운동으로 일관한 백산의 유지는 해방 후 잊혀지고, 민족은 더욱 사대와 친미반공의 나락으로 빠져들어갔다. 백산에 대한 추모도 이종률의 노력으로 1957년에야 14주기 백산 추모제를 처음 열 수 있었다.

토지개혁에 관심

 대학에 들어와 이수병은 학문적 관심보다는 변혁운동의 성격과 관련된 구체적 사실 연구에 게을리 할 수 없었다. 특히, 이수병은 남북의 토지개혁 문제에 관심을 두고 자료수집과 분석에 많은 시간을 보냈다. 토지개혁은 해방 후 조선의 모든 정치문제의 근원이라 할 만큼 가장 중요한 문제였다. 토지개혁 문제는 한국전쟁과 민족 분단을 가져온 중요한 사회적 의미를 갖고 있었다.

 토지개혁은 해방 전부터 조선의 여러 독립운동 단체가 건국과정에서 목표로 삼은 중요한 정책이었다. 해방 후 토지개혁은 토지혁명(土地革命)이라고 주장할 만큼 핵심적인 과제였다. 북한은 1946년 3월, 농민 300만여 명이 참여한 급진적인 토지개혁으로 기존의 토지소유 질서가 완전히 무너졌다. 농민들은 '무상몰수 무상분배'로 토지분배와 함께 모든 부채를 면제받아 안정적 기반에서 농사를 지을 수 있었다. 북한의 농민들은 척박한 토지 조건으로 만족스런 크기의 분배를 받지 못했지만 토지개혁이 주는 정치적 의미는 컸다.

 북한의 토지개혁은 수천 년 이래 처음으로 빈농의 인격해방을 가져왔다. 그리고 8·15 해방은 농민들의 사회참여로 단순한 권력교체가 아니라, 농민들 삶의 근본적인 조건을 바꿔준 획기적 사건으로 자리잡았다. 북한의 토지개혁은 자연히 남한 사회에도 충격을 주었고 이승만 정권은 권력 유지를 위해서라도 불가피하게 토지개혁을 추진해야만 했다.

 토지 국유화의 문제는 당시 역사적 맥락에서 사회주의적인 정책이 아니었다. 김구 주석을 비롯한 임시정부에서도 문란한 사유제도 대신 토지국유화를 원칙으로 하고, 대(大)생산 시설 역시 국유로 한다는 정책을 당책(党策)과 건국강령(建國綱領)을 통해 밝혔다. 좌우 이념을 떠나 일제가 강점한 토지와 재산은 해방 후 당연히 민족 전체의 것 이라는 데 모든 독립운동 세력이 공감한 것이다.

그러나 남한의 한민당은 시간을 끌면서 기득권을 지키는 데 필사적이었고, 단독정부 수립 후 마지못해 토지의 '유상몰수 유상분배'를 받아들였다. 1950년 3월, 이승만 정권은 부분적으로 토지개혁에 들어가 지주들에게 '지가증권(地價證券)'을 나누어 주었으나, 전쟁으로 휴지조각이 되어 토지개혁은 실패로 돌아갔다. 토지개혁으로 보수 세력의 기둥인 지주계급이 일부 몰락하였으나, 이들은 반(反)이승만을 기치로 야당 세력으로 탈바꿈하여 다시 권력 창출의 기회를 노리고 있었다.

당시 한국사회에서 농업의 위치는 결정적이고 역사발전에서 중요한 기반이었다. 가난한 농민 출신인 이수병은 토지개혁이 주는 정치 사회적 의미를 분석하였다. 이수병은 '암장' 동지들을 만날 때 마다 이러한 토지개혁 문제를 비롯하여 정치, 사회 문제를 비판적으로 논의하며 검증하여 나갔다.

궁핍과 오욕의 시절

50년대의 어렵고 가난한 생활은 이수병뿐만 아니었다. 이승만의 독선적 정치와 미국의 원조 물자를 놓고 벌이는 신흥재벌들의 추잡한 작태가 신문의 한 면을 채울 때, 신문의 또 다른 한 쪽에는 고난에 찬 민중의 모습이 연일 지면을 채우고 있었다.

양식이 바닥난 충북의 3만의 농가는 대부분이 시래기와 도토리죽으로 연명하고 제천군 송학면 오미리 40여 절량농가는 벽에 걸렸던 시래기마저 동이나 삶의 위기에 부딪치고 있다. 벌써 12만 명의 절량농가를 내고 있는 전남의 경우, 영광군 단두리에서 115가구 중 자기 식량으로 생계를 이어가는 농가는 2월 14일 현재 겨우 18호에 지나지 않는다. 나머지는 쌀 다섯 되를 얻어먹고 농번기에 4일간의 노동으로 갚는 고지, 일 년에 5할 이상의 이자가 붙는 색걸이, 월 6푼의 고리채로 살고 있다.

이승만은 반공을 국내외에 과시하면서 미국의 원조에 의존하여 국가경제를 꾸려나갔다. 또한 사회적 지지기반 없이 출발한 이승만 정권은 정치권력과 결탁된 신흥 자본가들의 지원을 통해서 권력을 유지해 나갈 수 있었다.

미국의 원조도 조건 없이 주는 것은 아니었다. 한국정부는 원조물자 대금을 미 달러 환율로 한국 통화를 계산해 대충자금(代充資金)으로 적립하였다. 대충자금은 당시 국가예산의 절반이 넘었고, 그 대충자금의 대부분은 미국의 무기구입비나 군사유지비로 사용되었다. 미국의 원조는 남한을 냉전시기에 튼튼한 반공기지로 삼으려는 목적으로 주어졌고, 이승만 정권은 정치자금을 확보하기 위하여 필요한 양보다 훨씬 더 많은 농산물을 들여와 농촌을 몰락시켰다.

결국 빚더미에 앉아 빈곤과 허기를 벗어날 길 없는 농민들은 정든 고향을 떠나 일자리를 찾아 도시의 판잣집으로 몰렸다. 그렇다고 도시가 이농민들의 밥줄을 보장해주지는 않았다. 언제 폭발할지 모르는 정치 불안이 이어지고, 더 이상 민심을 돌이킬 수 없었던 이승만 정권은 민중의 분노를 잠재우기 위해 반공의 칼날을 다시 휘둘렀다.

교사의 길

1957년 봄, 이수병은 의령군 가례면에 있는 갑을초등학교 교사로 부임하며 사회에 첫 발을 내딛는다. 당시 사범학교 졸업생들은 교사로서 일정 기간 아이들을 가르쳐야 했다. 이수병도 잠시 학업을 중단하고, 부산대 경제학과에 다니는 '암장' 동지 김정위와 함께 뒤늦게 교사 발령을 받

갑을초등학교 교사 재직 시절(앞줄 오른쪽 두 번째)

는다. 두 사람 모두 산골의 오지 지역 발령을 받아 김정위는 창녕, 이수병은 의령 자굴산 자락에 있는 산골 작은 초등학교에 부임한다.

당시 교사의 신분은 매우 불안정하였다. 자유당 정권 하에서 양심적인 교사는 좌천되거나 해직되어 벽지로 발령나는 것이 예사였다. 그리고 국공립 할 것 없이 모든 교사들이 본봉만 갖고 생계조차 이어나기 힘든 상황이었다. 학원은 자유당의 정치 도구화되고 부정부패가 널리 퍼져 교사들의 갈등은 컸다.

이수병의 마음도 무척 착잡했다. 사범학교에 들어가면서 교사의 꿈도 있었지만, 청년 이수병의 가슴에는 사회를 변혁하려는 열망이 더 크게 자리 잡고 있었다. 마음이 착잡하고 가라앉는 날이면 이수병은 수업을 마치고 학교 뒤 자굴산에 오르곤 하였다.

그러나 이수병은 짧은 기간이라도 내면의 열정을 아이들에게 쏟고, 교사로서 갖춰야 할 성실한 자세와 모범적인 행동을 보이기로 하였다.

이수병은 아이들 앞에서는 의식적으로 사투리를 쓰지 않고, 어떤 경우에도 매를 들지 않았다. '암장' 동지이자 김해 대창초등학교 교사로 있던 김종대가 사투리를 쓸 때면, 그 자리에서 고치도록 지적하였다. 그리고 김종대가 제자를 불가피하게 매를 대어 훈계하는 모습을 보고는, 이수병은 비판적인 충고를 하였다.

"사람이 짐승과 다른 것이 대화를 할 수 있다는 것인데, 어찌 선생이 이해하고 설득할 능력이 없어 매를 드냐."

몸소 모범적인 행동을 통해 인격적 감화를 주는 것이 이수병의 교육 철학이었다. 그리고 일의 세심한 부분에까지 보여주는 이수병의 원칙적인 자세는 동료 교사들에게 깊은 인상을 심어주었다. 그러나 이듬해인 1958년 5월, 교육계에 남아 큰일을 해달라는 교장의 아쉬움 섞인 부탁을 뒤로 하고, 이수병은 교사생활을 접는다.

　교직을 떠난 뒤에도, 제자들과 동료교사들은 이수병과 편지를 주고받으며 정을 나눈다. 이들은 훗날 이수병이 수감 중인 교도소까지 찾아와 눈물을 흘리며 아픔을 위로하였다. 어린 제자들 대부분은 가난한 집안 사정으로 초등학교 졸업 후 공장에서 일하면서 이수병에게 많이 의지하고 있었다. 옥중에서도 이수병은 어려운 환경의 제자들에게 더욱 깊은 사랑과 격려를 보내어, 이들이 올바른 삶을 살아가도록 이끌어 주었다.

1) 전석담(全錫淡:1916~?) 황해도 은율 출생으로 1940년 일본의 동북제국대학 경제학과 졸업 후 1945년 경성상업전문학교 경제학 교수를 지내며 조선경제사를 강의하였다. 해방 후 사적 유물론에 기초한 조선경제사에 관한 저술을 하고 '노예제 결여론' 등 한국사의 체계를 확립하는 데 노력하였다. 월북 이후 김일성종합대 교수를 지내며 조선후기와 일제 강점 하의 경제를 연구하여 조선의 자본주의 내재적 발전을 규명하였다.

2) 예사기(아이쓰치)의 〈대중철학〉은 중국에서 1945년 〈철학강화〉라는 이름으로 출판되었다. 변증법적 유물론을 다룬 책으로 중국 민중에게 커다란 인기를 끌어 모택동의 〈모순론〉〈실천론〉과 함께 널리 읽혔다. 국내에서도 해방 후 1948년 출간되어 인기를 끌었으나 전쟁과 분단으로 기억 속에 사라졌다. 1983년 동녘출판사의 〈철학 엣세이〉로 다시 편집되어 나와 1980년대 청년 학생들에게 널리 알려진 책이다.

3) 박치우(朴致祐:1909~1949) 경성제대를 졸업하고, 숭실대 철학교수와 해방 후 조선일보 주필 겸 논설위원장을 역임하였다. 해방 전 조선의 대표적인 철학가의 한 명으로 일제 치하 모순과 위기를 극복하는 방안으로서 '참된 실천'과 인간의 '의식적 행동'을 중요시하였다. 해방 후 언론인으로 활동하면서 뒤늦게 미군정의 실체를 알고 적극적인 반미주의자로 나선다. 강동정치학원 부원장을 지내며 빨치산 정치위원으로 활동하다 전사하였다.

4) 유진오(兪鎭五:?~1950) 22세 청년 시인으로 해방 후 등단한 진보적 시인이다. 1946년 국제청년회의 기념식장에서 친일파와 미군정을 비판한 시 〈누구를 위한 우리 벅차는 젊음이냐〉로 친일파와 미군정에 체포되어 징역 1년을 선고받은 해방 후 첫 필화문인이다. 기념식장에서 발표한 유진오의 시는 다음과 같다.
왜놈의 씨를 받아 / 소중히 기르던 무리들이 / 이제 또한 모양이 달라진 / 새로운 점령자들의 손님들 앞에 / 머리를 숙여 / 생명과 재산과 명예의 / 적선을 빌고 있다 / 누구를 위한 / 벅차는 우리의 젊음이냐
출옥 후, 유진오는 빨치산 문화선전대로 지리산에 들어가 활동하다 체포된다. 1949년 군법재판에서 사형을 선고받아 투옥 중 1950년 한국전쟁이 일어나자 총살당하였다.

5) '암장'의 준회원으로는 부산사범학교를 나와 금성고교교사를 지낸 염광섭 등이 있으며, 김용원은 부산고를 중퇴하고 이수병과 우의를 맺는다. 김용원은 1956년 검정고시를 거쳐 서울대 물리학과에 입학하여 '암장' 동지들과 결합하며, 이후 1974년 인혁당재건위 조작 사건에 연루되기까지 사실상 '암장'의 동지로 생사고락을 같이한다.

6) 이종률(李鍾律:1902~1989) 호는 산수(山水) 필명으로는 이균(李鈞)과 이일구(李一九) 등을 사용하였다. 경북 영일 출신으로 와세다 대학에서 수학(修學)하였으며 배재중학 공학회(共學會) 활동을 시작으로 본격적인 항일민족운동에 참여한다. 이후 1926년 6·10항쟁, 1929년 광주학생운동, 형평사 운동의 배후, 지도 혐의로 수차례 옥고를 치른다. 해방 후 백남운 등과 같이 조선학술원창립을 주도하며 서울대를 비롯한 여러 대학과 민족문화연구소에서 대중들을 상대로 정치학과 노동문제를 강의하고, 1946년 1월 김창숙, 이시영, 박진, 문한영, 조윤제 등과 같이 민족건양회(民族建揚會)를 조직한다. 1950년대는 부산대 정치학과 교수, 언론인으로서 활동하며 1960년 부산대 제자들을 중심으로 한 민족민주청년동맹(민민청) 창립에 영향을 주었으나 1961년 민자통과 민족일보 관련으로 5년간 옥고를 치른다. 출감 후에는 양산 개운중학을 인수하고, 민족교육과 민족혁명론 이론 정립을 위한 집필에 주력한다. 그러나 1974년 백산 안희제와 이수병의 생가를 방문하다 뇌졸중으로 쓰러져 16년간의 오랜 투병 끝에 87세로 별세한다.

제3장 4월 항쟁, 통일운동의 불꽃

1. 뜨거운 가슴과 냉철한 이성

신흥대학교 입학

　1959년 이수병은 신흥대학교1)(현 경희대학교) 경제학과 2학년에 편입학한다. 짧은 기간이지만 안정된 교직을 그만두고 다시 시작한 신흥대학교 입학은 더 많은 배움을 줌과 동시에 변혁운동의 새 터전을 마련할 수 있는 계기였기에, 이수병은 이전과는 그 각오를 달리하게 되었다. 이수병은 당시 초가집들이 즐비하고 개발의 손길이 아직 미치지 않은 변두리, 동대문구 이문동 한 모퉁이에 방을 얻어 서울대 철학과를 다니던 '암장' 동지 이영호와 자취생활을 시작한다.
　낯선 서울에서 지내는 힘든 생활이었지만, 이수병은 그동안 부산에서 단련한 생활력과 굳은 의지로 이 어려움들을 하나 둘 헤쳐 나갔다. 특히 이수병의 타고난 부지런함과 철저한 시간 관리는 친구들에게 커다란 자극을 주었다. 심지어 '자취방에 목적도 없이 10분 이상 앉아 있는 자는 자진 퇴진할 것'이라는 수칙을 붙여 자신은 물론 친구들에게까지 성실한 생활을 독려할 정도였다.
　부지런하고 규칙적인 생활을 바탕으로 이수병의 학습은 더욱 폭넓고 깊어졌다. 사회과학을 비롯하여 자연과학, 문학, 어학에 이르기까지 그 관심이 미치지 않은 데가 없었다. 이수병은 영어, 독일어 등 어학과 경제학에서 발군의 실력을 보여주었다. 특히 이수병은 독일어 독학 1년 만에 정치경제학 책을 원서로 읽을 수 있는 실력을 갖추어 〈자본론〉을 막히지 않고 해독하는 놀라운 집중력을 보여 주었다.

그리고 이수병은 일본신문을 포함 모든 신문을 날짜별로 정리하여 세계의 정세를 분석하거나 토론의 주제를 이끌어냈다. 때로는 잡지, 신문, 삼류소설까지 읽어 주변의 핀잔을 받으면, '사소한 것에서도 유익한 것을 찾아낼 줄 알아야 한다'며 오히려 동료들에게 다양한 방법으로 지혜를 찾을 것을 권유하였다. 이러한 능력은 이수병이 가진 뛰어난 재능에서 비롯하지만, 그 이면에는 끊임없는 자기 성찰과 노력이 있었기에 가능한 일이었다.

무지(無知)가 세상을 유용(有用)하게 하거나 바꾸는 일은 없다. 이수병은 '진정한 지식'이야말로 사회 변혁운동을 하는 사람이 갖추어야 할 무기라고 생각하였다. 20대 초반의 이수병은 지식뿐만 아니라 근면, 용기, 굳은 신념을 골고루 갖춘 전인적(全人的) 인간을 목표로 자신을 설계해 나갔다.

등록금은 학교 장학금으로 해결할 수 있었지만, 이수병의 객지 생활은 여전히 어려웠다. 그렇다고 빚을 내거나 농민들의 생명이나 다름없는 소나 땅을 팔아 공부할 수 있는 처지도 아니었다. 이수병을 아끼는 후원자들은 편한 하숙 생활을 권유하지만, 이수병은 어려운 친구들과 함께 하기를 고집하며 이들의 제의를 완곡히 거절한다.

이문동 시절, 이수병의 가난한 자취생활의 한 단면을 다음에서 엿볼 수 있다.

중국집에 갔을 때 몰래 가져온 톱밥고춧가루에 물과 소금을 탄 것으로 반찬을 대신하였으며 때때로 굶는 일마저 있었다. 톱밥 섞인 고춧가루마저 떨어져 친구들이 밥을 먹지 않으려면, 이수병은 얼굴에 환한 미소를 지으며 "우리 다같이 노래 부르고 기분을 바꿔서 먹자"고 제안하며 허기진 배를 채웠다.

어려운 생활 속에서도 이수병은 가끔 동료들과 선술집에서 안주 없는 막걸리를 걸치며 노래를 즐겨 부르기도 하였다. 술을 즐겨하되 정신을 잃는 것을 경계하고, 이수병의 뛰어난 재치와 풍부한 화제로 술자리는 늘 웃음으로 가득 찼다. 친구들과 이렇게 어울리며 동고동락(同苦同樂)하는 소탈한 생활은 이수병에게 더없이 행복한 시절이었다.

이문동 이수병의 자취방은 서울에 올라온 '암장' 동지들이 모이는 일종의 아지트였다. 이수병은 같이 자취하는 이영호를 비롯하여 박영섭, 김금수, 김정위와 다시 만나 고달픈 서울 생활을 우정과 격려로 헤쳐 나갔다. 군대 제대가 얼마 남지 않은 맏형격인 박중기도 휴가 때면, 꼭 이들을 만나 서로를 격려하였다. 그리고 이수병은 김용원과도 3년만에 재회의 기쁨을 나눈다. 김용원은 1956년 검정고시를 거쳐 서울대학교에 합격하여 먼저 서울에 올라와 있었다. 김용원은 이 때부터 '암장' 성원들과 동지적 우정을 맺으며 역사의 격변기를 함께 헤쳐 나간다.

점등(點燈)작업

서울에서의 대학생활 첫 해, 이수병은 경제학과 수업 시간에 정치경제학 관점에서 근대경제학의 맹점을 비판하여 동급생들과 교수들의 주목을 받는다. 특히, 케인즈 경제학에 대한 날카로운 비판으로 교수를 무색하게 한 적도 여러 번 있었다. 이수병은 당시 학자와 학생들 사이에서 선풍적 인기를 끌던 케인즈 경제학의 한계를 지적하였다. 이수병은 시장경제의 자율성을 잃은 미국이 대공황을 극복할 수 있었던 것은 케인즈의 수정자본주의 정책이 아니라, 제2차 세계대전이나 한국전쟁 같은 전시 경제가 큰 역할을 하였다고 보았다.

이수병은 한국 사회 단계나 구체적 현실과는 동떨어진 서구의 경제 이론을 수동적으로 받아들이는 풍토를 비판하였다. 아울러 이수병은 자신의 지식에도 엄격한 비판의 잣대를 대는 일에도 게을리 하지 않았다. 이수병은 이후 학내에서 뛰어난 경제학 지식을 인정받아 이듬해 6월에는, 고려대학교에서 개최한 〈전국 남녀 경제학 토론대회〉에 경희대 대표로 참석하여 논문을 발표한다. 이날의 토론대회에서 이수병은 한국 농업을 잠식하는 미국 잉여농산물에 대한 문제를 면밀하게 분석하여 '발표상'을 받는다.

한편, 이수병은 겨울방학에는 '암장' 동지들과 부산 미화당 백화점에서 시국강연회나 문학의 밤 행사를 주최하였다. 아직 이들은 대부분 학생들의 신분이었기에 '암장'의 강연회를 개최할 때 지인들의 도움을 많이 받았다. 특히 '암장' 성원인 최종국의 형, 최주호는 동아대 역사학 교수로 있으면서 '암장'의 강연회를 여는 데 적극적으로 도움을 준 인물이다.

'암장' 성원들은 이런 행사를 어두운 사회 곳곳에 불을 밝힌다는 의미로 '점등(點燈)작업'이라 부르며 부산 시내에 포스터를 붙이고 다녔다. 그리고 포스터에는 주최를 '암장'이라 하지 않고 '암장전선'이라 표기하여 전선운동의 중요성을 암시하였다.

학생들이 주최하는 '암장'의 강연회는 부산의 진보적 지식인들에게 비상한 주목을 받는다. 그러나 50년대 극우 냉전체제의 사회 분위기 속에서 이승만 정권에 대한 직접적이며 노골적인 정치 비판은 불가능하였다. 따라서 '암장' 성원들은 부산지역의 문학가를 초대하여 문학의 밤을 열거나, 독일의 철학을 간접적으로 소개하는 등 우회적인 강연을 통해 대중들과 접촉하였다.

1959년 '암장' 성원들은 '이데올로기적 멍에로서의 기독교'라는 제목으로 포이에르 바하의 철학을 강연하였다. 독일의 관념론에서 변증법적 유물론의 징검다리 역할을 한 포이에르바하의 철학을 강연하면서 이들은 철학에서의 실천적 의미를 다시 한번 강조하였다.

'철학자들은 세계를 단지 해석했을 뿐이다. 그러나 진정 중요한 것은 세계를 변화시키는 것이다'라는 마르크스의 포이에르바하에 관한 테제처럼, '암장' 성원들은 학문의 실천적 개입을 강조하고, 현실에서 그 방법을 모색해 나갔다.

한편 '암장' 성원들은 제3세계 진보적 지식인이나 학생들에게 커다란 영향을 준 반둥회의 내용에도 관심을 갖고 토론하였다. 1955년 4월 인도네시아 반둥에서 개최된 '아시아·아프리카' 회의에서는 비동맹, 민족자결주의, 반식민지주의를 내건 비동맹자주화 선언을 채택한다. 한국전쟁을 겪으면서 약소국가들은 정치적으로는 독립되었다고 하지만, 언제 또다시 제국주의 열강들의 전쟁놀이터로 변할지 모르는 위기감을 갖지 않을 수 없었다.

따라서 '암장' 성원들도 50년대 중반부터 활발히 전개된 베트남, 알제리, 쿠바 등에서 일어난 민족해방전선의 저항운동에 깊은 관심을 가졌다. 아시아, 아프리카, 라틴 아메리카의 제3세계 민중들이 전개하는 제국주의 국가나 독재정권에 대한 격렬한 투쟁은 '암장' 성원들에게 깊은 인상을 남긴다. 특히 아프리카 지역에서의 민족해방을 향한 격렬한 투쟁이나, 1959년 1월 카스트로가 이끄는 쿠바혁명의 성공은 남한의 변혁운동을 추구하는 청년들에게 커다란 영향을 주었다.

1959년, 서울의 거리

이승만 자유당 정권 하에서 대학생들의 침묵은 의외로 오래 유지되었다. 남한 변혁운동의 단절 속에 소수의 대학생을 제외하고는 극우 냉전적 사고와 엘리트주의에 빠져있었다. 일부 대학생들은 지극히 이기적이고 무기력하였으며 때로는 타락의 온상으로 비난받기도 하였다. 계급, 권력 경쟁을 벌이듯 학생들은 일류대학 열병으로 몸살을 앓았고, 대학을 신분상승의 발판으로 삼았다. 더구나 한국전쟁 이후 50년대 대학에서는 친미 성향의 지식인만 복제되고 있었다.

이승만 독재정권에 대한 반대 시위로는 민주당 대통령후보 신익희 서거 당일인 1956년 5월 5일 시민, 학생들이 경무대 앞에서 벌인 추모

시위가 유일하였다. 이날 경무대 앞에서의 추모시위에서는 경찰의 발포로 1명이 사망하고 부상자가 속출하며 708명이 체포되었다. 그러나 이날의 시위는 우발적이고 조직적이지 못하여 많은 희생자만 남긴 소요(騷擾)사건으로 그치고 말았다.

1959년 4월에는 새로 개정된 국가보안법에 따라 장면 부통령을 지지하는 〈경향신문〉이 폐간되고, 7월에는 이승만 극우 냉전체제와 맞서 싸운 진보당 당수 조봉암이 처형당하였다. 그리고 서울 거리는 연일 재일교포 북송반대 관제 데모로 하루가 저물어갔다. 북송반대 시위에는 상가를 철시하고 나온 시장 상인, 여관과 다방업자까지 동원되어 1959년 연말에는 절정에 달하였다.

북한은 국제적십자를 통해 전쟁으로 인한 노동력 부족을 해결하기 위해 귀국을 원하는 모든 재일교포에게 취업을 약속하였다. 북한이 '남한의 실업'이라는 사회적 문제를 부각시킨 재일교포 북송은 이승만 정권에게 커다란 타격이었다.

북한은 한반도가 분단된 시점에서 이승만 정권이 공산주의 탄압에만 힘을 쓰고 적극적으로 경제문제에 나서지 않으면, 통일문제는 결코 해결할 수 없다고 보았다. 따라서 북한은 남북교류 협상을 적극적으로 제시하고 이를 위해 한반도의 외국군 철수, 남북한 총선거에 따른 독립정부 수립을 기초로 하는 민족통일 방안도 적극 제시한다.

그러나 이승만 정권은 권력의 강화를 위해 관제 데모와 미국에게 북진통일 정책을 다시 요구하는 광기를 부리지 않을 수 없었다. 이승만 정권의 극우 반공체제 유지와 한반도 분단 고착화를 목표로 하는 미국의 점령 정책으로, 전 세계에서 남한만 평화를 지향하는 세계 조류에 거꾸로 흘러만 가고 있었다. 따라서 60년대를 맞이하면서 통일문제는 다시 한번 한반도의 운명을 가르는 커다란 화두가 될 수밖에 없었다.

이수병은 당시 기승을 부리는 이승만 정권의 북송반대 관제 데모를 서글픈 눈으로 바라보았다. 다사다난했던 서울 생활의 한 해를 마감하는 12월도 어느덧 저물어갔다. 집으로 향하는 그의 발걸음은 무거웠으나, 그 어둠 저편에서는 격동의 세월이 소리 없이 다가오고 있었다.

2. 4월 항쟁의 불길 속에서

4월 항쟁의 서막

 희망은 보이지 않았다. 현실을 변화시킬 주체도 없고 조직도 보이지 않는 암울한 세월이었다. 친미 보수 세력의 권력독점과 원조경제가 가져온 모순은 급격한 민중의 몰락을 가져왔다. 미국의 잉여농산물 도입과 무거운 과세로 절량(絶糧) 농가는 늘어나고, 만성적인 부채로 농민들은 하루하루 힘겨운 나날을 보내야 했다. 그나마 원조경제로 지탱하는 도시 노동자들마저도 어용 노동조직의 동원대상에 불과했다. 특히 50년대 말에는 미국의 경제 불황에 따른 불가피한 원조 감축의 영향으로 중소공장들이 하나 둘 문을 닫아 거리에는 도시빈민과 실업자로 넘쳐났다.
 1956년 정·부통령 선거결과를 통해 민심의 이반을 느낀 자유당 정권은 1960년 선거를 처음부터 관권을 동원하여 치를 음모를 꾸민다. 부정선거 핵심 조직은 25명으로 구성한 정부 당국자 집단이었다. 55개 대기업은 정부로부터 77억 9천만 환의 특별대출을 받아 그 가운데 30억 환을 자유당에 헌금한다. 선거를 앞두고 자유당 정권 하에서 교육계 지도자들도 모두 나섰다. 자유당 '정부통령선거 중앙대책위원회' 지도위원에는 백낙준(연세대), 김활란(이화여대), 임영신(중앙대), 김연준(한양대), 유석창(건국대) 등 사학의 거물들 대부분이 들어갔다. 조영식(경희대)도 3월 12일부터 14일까지 서울신문에 이기붕을 찬양 지지하는 글을 발표한다. 식민통치를 미화하던 교육계 인사들이 이제 독재를 찬양하고 나선 것이다.

해방 이후 15년간 미국이 이식한 자유민주주의의 이상은 허구로 밝혀졌다. 해방 이후 남한은 정치, 경제의 낡은 식민지 유제(遺制)를 청산하지 못하고 민주적 변혁도 이루어내지 못하였다. 이러한 토대 위에서 서구 민주주의를 부르짖는 사이비 정치집단들과 지식인들의 반민주, 반민족, 반민중적 작태는 필연적으로 역사의 저항을 받을 수밖에 없었다.

최초의 시위는 고등학생들로부터 시작되었다. 1960년 2월 28일, 대구에서 민주당 선거유세 참석을 막으려는 일요일 등교 지시에 대한 학생들의 항의 시위가 경북고등학교에서 일어났다. 그동안 학생들은 관제데모의 동원 대상이었으나, 이제 학생들이 자발적이고 주체적인 시위의 주도자로 등장하였다. 전통 야도로 일컬어지던 대구에서의 학생시위는 전국의 학생들에게 영향을 주어 3월 1일부터 서울, 대전, 수원을 시작으로 고등학생들의 공명선거 보장 요구가 이어진다.

3월 15일 부정선거가 자행되자 마산에서는 민주당의 '선거포기 선언'을 시작으로 시민들이 저항에 나선다. 15만여 명이 참여한 마산시민들의 항쟁은 노예적 굴종을 거부하는 민주주의 변혁운동의 새로운 시작이었다. 그러나 경찰은 시민들에게 최루탄과 총탄을 퍼부어 15명 이상이 사살되고 수 백 명이 부상당하는 참사를 빚고 말았다.

그러나 1차 마산 항쟁의 불꽃은 즉시 전국으로 타오르지 못하였다. 마산시민의 항쟁을 용공분자의 소행으로 돌리는 정부의 거짓 선전이 이어졌다. '이승만과 자유당'을 청산 대상이 아닌 정치적 타협 대상으로 보는 민주당의 소극적 상황 인식도 전국적인 민중항쟁을 주춤거리게 하였다.

4월 항쟁의 불꽃

4월 11일, 프로펠러가 달린 미제 고성능 원거리 최루탄이 눈에 박힌 김주열의 시신이 마산 앞바다에 떠오르자, 이에 분노한 마산 시민들은 2차 마산 항쟁을 일으킨다. 그리고 '선배들은 각성하라'는 고등학생들의 항의와 지방으로부터 북상한 항쟁의 불길은 마산 1차 항쟁이 일어난지 35일 만에 마침내 서울에서 대학생과 시민들의 시위로 타오른다.

그동안 학교에서 진보적 학생들과 '암장' 성원들을 만나 항쟁의 추이를 지켜본 이수병도 4월 항쟁의 중심으로 한 발 내딛는다. 4월 19일, 서울 시내를 메운 항쟁의 파도 속에서 한 사람 한 사람 모두 항쟁의 주역이고, 서 있는 자리 모든 곳이 역사의 중심이었다.

데모 학생들과 일반 시민들의 호흡은 완전히 하나가 되었다. 희생자를 보기 전까지만 해도 길가에서 박수를 보내는 정도로 엉거주춤 소극적인 사람들조차 피를 보자 흥분하여 데모에 뛰어들었다. 곳곳에서 총성이 요란한 가운데 20만 명으로 불어난 데모대는 도심지

거리에서 성난 물결처럼 넘실거렸다. 여학생들은 바께쓰로 물을 퍼 날라 목을 축이게 했고, 부녀자들은 치마폭에 돌을 주워 담아 데모대에 갖다 주었다.

분노한 시민들은 이승만과 자유당의 나팔수 노릇을 하던 서울신문사와 정치깡패 소굴 반공회관을 불태웠다. 학생과 시민들도 시가전이 치열해지면서 곳곳에 희생자가 늘어나자 무장으로 대응하였다. 특히 이날 시위에서는 경찰의 발포보다 육군 특무대, 방첩대의 총격2)으로 많은 시민들과 학생들이 희생당하였다. 학생들은 소방차와 트럭 40여대의 차량을 이용하여 경찰로부터 탈취한 소총으로 무장하고, 동대문에서 청량리에 이르는 연도의 파출소를 모조리 불 지르며 격렬한 시가전을 벌이기도 하였다.

항쟁은 지방에서도 동시에 일어났다. 부산에서는 학생들과 시민들이 범일동, 자성대 일대와 서면 부산진 경찰서 앞에서 7명이 사망하고 수십 명이 부상당하는 격렬한 시위를 벌였다. 광주에서도 광주고교 학생을 선두로 광주학생운동 정신을 계승하자며 시위에 들어가고, 청주·인천·대구의 학생시위도 이어졌다

'피의 화요일', 이날 모든 시민들과 학생들은 슬픔과 분노로 밤을 지새웠으나, 역사의 수레바퀴는 이미 새 지평을 향하여 움직이고 있었다. 4월 20일, 계엄령이 발효된 서울에서 시위는 중단되었지만 대구·인천·전주·이리·수원에서 학생들의 시위가 이어졌다. 그러나 이승만은 시위 과정에서 두 명의 미국인이 부상당한 데 유감만을 표시하며 사

태의 책임을 회피하였다. 민주당 역시 두려운 눈으로 항쟁의 추이를 지켜볼 뿐이었다.

4월 25일, 교수단의 시위로 다시 불붙은 항쟁은 다음날 절정에 달하여 30만여 시민들은 아침부터 서울을 장악한다. 이제 시위는 '학생데모'가 아니라, 온갖 직업과 연령의 시민이 모인 '민중봉기'로 발전하였다. 계엄군의 총칼과 탱크를 두려워하지 않은 학생과 시민들은 마침내 4월 26일 서울 세종로 2차 봉기로 간교한 이승만 정권의 항복을 받아낸다.

미국의 대응과 전략

파고다공원 이승만 동상이 길거리로 끌려 다녔다. 그러자 남한의 단독정부를 세워 강력한 친미 반공국가를 세우는 데 아낌없는 지원을 보낸 미국은 더 이상 이승만이 그 역할을 수행하기 어렵다는 판단을 하였다. 미국의 이승만 퇴진이라는 방침은 이미 오래 전부터 있었다. 1950년대 초, 미국은 반(反)이승만 쿠데타 작전계획인 이른바 '에버레디 계획(Ever ready plan)'을 세워 친미군사정권 수립을 기도한 바 있었다.

50년대 말에 이르자 미국은 동북아시아 지역에서 한·미·일 삼국 간 군사동맹 체제를 형성하고 일본으로 하여금 이 지역을 책임지도록 하였다. 이러한 전략에 따라 미국은 1957년 일본 동경에 있는 극동유엔사령부를 서울로 이전시키고, 1958년에는 남한에 핵(核)포병대 사단을 배치하여 미국의 군사기지화를 추진하였다.

동시에 미국은 한국전쟁 특수로 성장한 일본 독점자본의 원활한 이동을 위해 한일국교 정상화를 강력히 요구한다. 이승만 정권의 정치적 위기와 형식적인 반일(反日)주의는 50년대 말에 이르자 오히려 미국이 새롭게 수립한 동북아 전략을 펴는 데 걸림돌이 될 뿐이었다.

4월 항쟁이 독재정권 타도라는 차원을 넘어 민중봉기로 발전하자, 미국은 지배계급에 저항하고 남북분단 체제를 허물고자 하는 사회 변혁운동 세력의 등장을 가장 두려워하였다. 해방 이후 미군정 하에서 민중들의 끈질긴 저항을 경험했던 미국으로서는 불안한 정국에 우려를 갖지 않을 수 없었다. 따라서 미국은 그 사전적 예방 조치로 4월 26일, '민주를 사랑하고 한국 민중의 뜻을 존중하는 듯' 정치적 술수를 보이며 이승만의 퇴진을 신속히 요구한다.

이승만이 물러나자 미국의 내정간섭은 더욱 다양해지고 노골적으로 진행되었다. 이승만의 뒤를 이은 허정 과도정부는 미국의 남한 지배전략에 맞춰 '이번 정변 중에 미국의 태도를 내정간섭이라 운운 하는 것은 이적행위로 간주하여 조치할 것'이라 경고하였다. 미국도 '벌금에 의한 부정축재 회수가 쿠바 카스트로 정권의 사유재산 몰수와 같이 되어서는 안 된다'며 어떤 경우에도 부정축재 재산의 국고 환수를 적극 반대하였다.

또한 과도정부는 총선 보름 전까지 계엄령을 지속시키고 비밀결사와 불법단체는 군법회의를 통해 처단할 것이라고 경고하였다. 미국은 '혁명적 목표를 비(非)혁명적 방법으로 수행'한다는 과도정부의 기만적 국정 운영을 통해 4월 항쟁을 유산시키려 하였다.

혁명이냐 아니냐

이수병은 이승만의 하야는 문제의 해결이 아니라 문제의 시작임을, 42일간의 항쟁은 진정한 의미에서 혁명이 아님을 인식하였다. 시위에 참여한 학생, 지식인, 시민들은 사회정치적 조건을 철저하게 바꿀 수 있는 조직력과 대안을 갖고 있지 못하였다.

4월 항쟁 기간 중 이수병은 주로 암장 동지들과 의견을 나누며 항쟁을 한 단계 발전시킬 시기가 찾아왔음을 역설하였다. '암장'을 거쳐 대학에 이르기까지 이수병은 그동안 갈고 닦은 사회과학적 인식을 끓어오르는 용암에 녹여 남한사회를 변혁할 튼튼한 무기로 빚어내고자 했다. 자그맣고 다부진 체구에서 뿜어내는 이수병의 눈빛은 그 어느 때보다도 무섭고 강렬했다.

4월 항쟁에서 이수병은 같은 학년의 법대생 이기태(李基泰)가 희생당

사월혁명상 추서후 기념 촬영(앞 줄 가운데 안경 쓴 이정숙 여사, 오른쪽 문익환 목사)

하는 아픔을 겪었다. 하지만 '수 백 만의 사람들이 혁명기의 몇 주 동안 배운 것이, 그렇지 않은 1년 동안 배운 것보다 훨씬 많다'고 하였듯, 이수병은 이승만 독재타도라는 승리감과 자신감으로 4월 항쟁을 통해 더욱 성숙해진 학우들과 다시 만난다.

4월 30일 경희대의 어용교수 사퇴 요구를 시작으로 각 대학은 학원비리 척결을 위한 투쟁을 시작하였다. 학생들은 구체적으로 학원의 병영화를 위해 설치한 학도호국단을 해체하고 자율적인 학생회도 조직하였다. 그리고 학생들은 민정수습반을 만들어 5월 22일부터 강원도를 비롯하여 충청도, 경북 지역의 주요 도시를 돌며 시민들에게 4월 항쟁을 보고하거나 계몽하는 강연회를 열었다. 이렇게 학생들은 5월 한 달을 '학원민주화운동'으로 보내 사회의 총체적인 모순인 정치변혁의 문제를 학내 문제로 집중시켰다.

한편, 각 대학은 국민계몽운동과 함께 양담배 소각, 사치추방 캠페인, 국산품 애용 이라는 신생활운동을 펼친다. 이들 대학생들의 개량적이고 소시민적 운동은 4월 항쟁의 계승으로 '계몽'이라는 나름대로 실천적 의미가 있었지만, 본질적인 사회운동으로는 발전할 수는 없었다. 결국 이러한 소시민적 계몽운동은 중장기적 전망을 상실하자 여름 방학을 고비로 점차 힘을 잃어갔다.

사회운동도 활발히 일어나 농민들은 한국전쟁에서 무고하게 죽은 국민보도연맹 등 양민학살의 진상규명을 위한 '피학살자유족회'를 결성하였다. 이들은 위령제와 학살만행을 폭로하는 시위를 전개하고, 학살 주범을 응징하려는 투쟁3)을 벌인다. 그러나 여전히 피해의식에 젖어있는 농민들은 주체적인 농민조직으로 발전시키지 못하였다.

노동운동으로는 교사들의 교원노조운동이 활발하였다. 교사들은 '속죄와 책임감'을 갖고 다시는 권력 앞에 굴종하지 않겠다는 각오를 다졌다. 약 2만여 명의 교사들이 7월 17일 '한국교원노조총연합회'를 건설하면서 노동운동의 새 장을 열었다. 이밖에 은행, 광산의 노동조직 건설과 투쟁이 이어졌으나, 당시 노동자들의 보수성과 이념 부재로 노조민주화 운동은 더 많은 시간이 필요하였다.

자생적 승리에 만족하는 '순수한 정의감'만으로는 항쟁을 올바로 승화시켜나갈 수 없었다. 이수병은 이제 한국전쟁 이후 거의 사그라진 진보적 역량의 복구와 항쟁을 진정한 혁명으로 승화시킬 조직 건설이 무엇보다도 시급하다고 보았다.

3. 떠오르는 조직

혁신계 선거운동

정치 상황이 그 어느 때보다 격렬히 꿈틀거리고 있었다. 4월 항쟁이라는 커다란 정치적 경험을 겪은 이수병은 다가올 7·29 총선에서 많은 민주인사들을 당선시키기 위해 혁신계 선거운동에 참여한다. 그러나 혁신계는 다양한 인맥과 이념으로 나뉜 상태에서 노선의 통일을 이루지 못한 채 사회대중당, 혁신동지총연맹, 한국사회당으로 분열되어 총선에 나섰다.

이수병은 사회대중당으로 출마한 경남 김해지역의 강무갑과 진영지역의 임갑수 후보를 지원유세 한다. 이수병은 이들 지역을 순회하며 3·15 부정선거 주모자 처벌, 부정축재 재산 회수와 민주주의 제도의 완전한 확립을 위한 악법 철폐를 주장하며 열변을 토하였다. 어린시절부터 갈고 닦은 웅변 실력과 젊고 당당한 패기로 이수병은 선거운동에 활력을 불어넣어 혁신계 진영에 깊은 인상을 남긴다.

그러나 총선 결과는 우려한대로 민의원 5명, 참의원 3명 당선이라는 혁신계의 참패로 끝났다. 민주당은 전체 233석의 민의원 중 175석, 참의원 31석을 차지하는 성과를 올리고, 심지어 일부 자유당 소속의원은 민주당으로 자리를 옮겨 정치생명을 연장한다.

혁신계의 자금과 조직의 열세가 참패의 원인이었다. 그러나 미국은 오래 전부터 보수-혁신의 정치구도를 배제하는 보수양당 체제 구축을 기도하고 있었다. 따라서 미국은 민주당의 분당(分黨)을 전제로 장면4) 진영의 신파가 정권을 담당하고, 민주당 구파와 자유당 연합세력이 야당 역할을 맡는 보수-보수 정치구도를 위해 총선 전부터 광범위하게 개입하였다.

민주당도 이승만정권이 저지른 과오를 되풀이하였다. 3·15 부정선거를 무효로 하고 다시 실시한 선거라는 이름이 무색할 정도로 민주당은 13개 선거구에서 재선거를 치르는 부정선거를 저질렀다. 그리고 정부는 선거를 앞두고 '혁신계 당원의 65% 이상이 과거의 남로당 당원들'이라고 발표하였다. 과도정부는 혁신계를 용공세력으로 몰아 대중의 진보세력 지지에 큰 타격을 가한 것이다. 선거를 통해 사회변혁을 실현한다는 선거혁명의 환상은 무너지고, 민중은 4월 항쟁의 성과를 친일 지주계급의 정당인 한민당의 후신 민주당에게 고스란히 넘겨주었다.

떠오르는 청년 조직

이수병은 혁신계를 위한 선거운동에 직접 뛰어들었으나 그 결과에 실망을 감출 수 없었다. 제도권 정당에서 정치변화를 가져오고 사회변혁을 이루기는 많은 한계가 있었다. 여름 방학을 보내며 이수병은 한국사회 모순에 대한 과학적인 분석과 노선을 관철할 수 있는 새로운 조직이 더욱 필요함을 절감하였다.

7·29 총선 후 혁신정당은 이념적 분화를 거쳐 우파의 통일사회당과 중도좌파의 사회당, 그리고 개인 명망에 의지하는 혁신당, 사회대중당으로 갈라졌다. 한때 극우 냉전 체제 속에서도 진보적인 사상을 이끌던 혁신계 진영은 시간이 지날수록 그 이념이나 노선이 갈라지고, 실제 활동이 없다 보니 관념에만 얽매여 시대의 변화에 올바르게 대처하지 못하고 있었다. 따라서 원로나 명망가라는 이름이나 명분보다는 사회변혁사상으로 무장한 새로운 청년세력의 등장은 필연적이었다.

'암장' 성원을 비롯하여 사회변혁을 지향하는 청년, 학생들은 이미 1950년대 중반부터 소규모로 합법, 비합법의 서클을 통해 사회과학 학습과 실천을 모색하였다. 이들은 4월 항쟁이 일어나자 새로운 정세에 대응하고 주도할 조직 건설에 박차를 가하기 시작하였다.

가장 먼저 1960년 6월 12일, 부산에서는 진보적 청년들이 민족민주청년동맹(민민청)을 결성한다. 민민청은 초대 중앙간사장 김상찬과 이영석, 하상연, 최종근, 배다지, 조현종 등 주로 이종률의 영향을 받은 부산대학교 제자들이 주도하였다.

이종률은 민민청의 강령에 영향을 주고, 민민청을 통해 평소 주장해 온 민족혁명론을 관철하였다. 투철한 민족주의자인 이종률은 4·19를 이승만의 하야를 가져온 단순한 민주화 투쟁이 아닌 3·4월 민족항쟁으로 규정하였다. 따라서 이종률은 앞으로의 시기가 민족의 삶을 저해하는 봉건세력, 외세, 매판세력 즉 3반(反)을 타도하기 위한 민족혁명이 요구되는 시점으로 보았다. 그리고 지양(止揚)할 민족혁명의 단계를 구체적으로 '서민성 자본민주주의 민족혁명'으로 설정하여 그 실천 과제로 민족자주통일운동을 활발히 전개한다. 이러한 이념에 따라 민민청은 다음과 같은 선언문을 발표한다.

국제의존의 봉건 및 폭리적(暴利的) 반민족 자본세력의 반민주적 결집체를 하루속히 일소하고 양심적인 범민족 지도자세력을 규합하는 면에서 민족자주 경제체제의 일환인 서민성(庶民性) 민족자본을 형성하며 헐벗고 굶주림 속에 방황하는 서민대중을 구출하겠다.

민민청은 이러한 통일운동의 일환으로 10월 30일에는 부산 동광국민학교에서 '국토통일방안 강연회와 통일방안에 대한 투표'를 주최하였다.

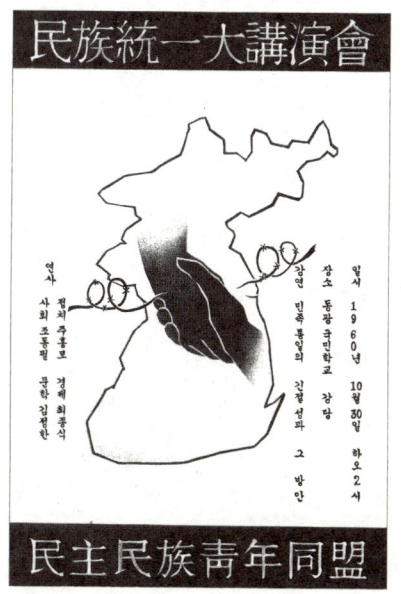

민민청 주최 통일강연회 포스터
(부산 민주공원 제공)

또한 민민청은 1960년 말 부산지역에서 '문화인 송년회'를 주최하여 민족자주 평화통일과 남북한 문화교류 등을 주장하며 활동 공간을 넓혀나간다.

한편 서울에서는 여러 청년조직이 모여 통일민주청년동맹(통민청)을 결성한다. 7·29 총선 기간에 사회대중당에 참여한 이규영, 양춘우 등 서울대 신진회(新進會) 일부 회원들은 1960년 9월, 사회대중당의 분열 이후 독자적인 청년단체로 통민청을 결성한다. 그리고 부산에서 성민학회를 이끌던 김배영, 김한덕과 서울의 김영옥 통일촉진회의 김영광, 우홍선(일명 우동읍) 등이 새로운 정세에 대응하기 위해 조직에 대거 합류하면서 통민청은 급속히 발전한다. 이밖에도 대구에서는 이재문, 최일과 광주의 김시현 등이 참여한다. 이후 통민청은 사회당 조직부장 최백근5)의 영향을 받으며 사회당 청년 외곽조직으로 활동하였다.

한편 새로운 청년조직의 양대 산맥인 민민청과 통민청은 점차 내부 조직이 변화하고 이념적 접근을 보이자 이듬해는 두 조직 간의 통합 논의가 활발히 전개된다. 이렇게 4월 항쟁 이후 새롭게 등장한 양 조직은 내부적으로 일체성과 결속력이 강한 조직이었다. 이후 민민청과 통민청 조직의 청년지도자들은 민족자주통일협의회(민자통)에 들어가 통일운동의 선도적 역할을 하며, 60·70년대 남한 사회변혁운동의 핵심으로 자리 잡는다.

민민청에 '암장' 성원 파견

이러한 청년조직이 만들어지자 '암장' 모임에서도 새로운 정세에 대응하는 조직 결합의 문제가 떠올랐다. 이수병을 비롯한 '암장' 동지들은 민민청과 통민청의 견해를 들어가며 새로운 방향을 모색하기 위하여 몇 차례 논의를 갖는다.

서울로 중앙맹부를 옮긴 민민청은 그 조직을 전국으로 확대하여 나갔다. 대구·경북 지역에서는 도예종의 주도로 1960년 말 민민청 경북맹부가 결성되었다. 이곳에서는 경북맹부 초대위원장 서도원, 간사장 도예종, 조직국장 권달섭, 선전국장 송상진 등이 활약하였다. 민민청은 이들 대구·경북의 젊은 청년들이 참여하면서 점차 과학적 혁명이론을 수용한다.

'암장' 성원들은 1960년 겨울방학을 맞아 부산 미화당백화점에서 시민들을 상대로 통일문제에 대한 강연회를 열었다. 4월 항쟁 이후 달라진 정세에서 강연회의 열기는 뜨거웠고 '암장'은 부산의 진보적 청년들의 많은 관심을 받게 된다. 그리고 민민청의 핵심 중 한 명인 최종근은 동생 최종국을 통해 '암장' 성원들의 역량과 훈련 과정을 듣고, 서울에서 활동 중인 '암장' 성원들에게 민민청 서울맹부 참여를 요청한다.

'암장'은 특별한 규약을 명시한 것은 아니지만, '암장' 성원의 활동은 그동안 전원회의에 보고되고 토론과 검열을 지속하여 왔다. '암장' 성원들은 민민청의 요청과 강령 등을 세밀히 검토한 끝에 조직의 규율과 이론적 통일을 고려하여 개인적으로 민민청에 참여하기로 한다. 이들은 당장 '암장' 조직을 해소하는 대신에 '암장' 성원 일부를 민민청 서울맹부에 파견하기로 결정한 것이다.

이 결정에 따라 '암장' 성원 세 명은 민민청 서울맹부에 공식적으로 파견되었다. 민민청 서울맹부 간사장 김금수, 투쟁국장 박중기, 조직국장 박영섭은 민민청 서울맹부의 핵심을 맡아 민민청 조직 확대뿐만 아니라 민자통을 추동하고 학생민족통일연맹을 지원하는 일에 집중한다. 한편 '암장'의 주요 활동가인 이수병은 서울지역의 민민청의 공간보다는 학생 신분을 유지하며 당면한 통일운동의 학생조직 활동에 주력하기로 하였다.

4. 민족통일운동의 첫 걸음

통일운동에 눈뜨는 학생들

 1960년 2학기를 맞아 학생운동 진영은 7·29 총선에서 보수 세력의 압승, 혁신 세력의 참패, 그리고 계몽운동의 한계를 극복하면서 전열을 정비하였다. 그리고 학생들은 달라진 정세에서 통일문제의 불분명한 태도가 혁신계 진영 총선 패배의 하나임을 깨달았다.

 휴전을 조인한지 7년이 지난 세월은 남북한이 통일을 이루지 않고서는 자립경제와 정치적 민주화를 달성하기 어렵다는 것을 보여주었다. 민족분단은 이승만 정권 같은 반민족세력의 이데올로기 기반으로 작용하여 언제든지 극우파쇼체제의 폭압정치를 가져올 수 있다. 그리고 차관과 원조에 의존한 경제 식민지는 민중의 생존에 커다란 위협을 주었다. 이제 통일은 막연한 소망이 아니라, 민족의 운명을 짓누르는 절박한 현실의 문제로 인식되기에 이르렀다.

 2학기 개강을 하면서 각 대학에서 시국토론회, 강연회를 통해 민족문제에 대한 새로운 시각을 정립한 대학생들은 11월 1일 서울대학교 학생들의 민족통일학생연맹(민통련) 발기를 시작으로 통일운동의 포문을

였다. 11월 5일 부산대학교 법대 학생 100여 명도 시내에서 '학생의 통일론을 공산당시하지 말라'는 플래카드를 들고, 통일의 당위성에 대한 선언문과 결의문을 발표하였다.

이어 11월 18일 서울대학교에서는 정식으로 민통련 결성대회를 열어 통일방안을 모색하고 일반인의 통일운동 의식을 높여나가기로 결의한다. 서울대학교 민통련은 학생운동이 이제 단순한 반독재 민주화운동이 아니라, 민족통일운동으로 방향을 바꾸는 이정표임을 다음과 같이 제시하였다.

> 굴종과 예속의 구별 없는 연면한 타율의 역사에 종언을 고하고 빈곤과 기아의 질곡을 벗어나 다시는 외세에 의하여 분단되지 않는 나라, 참으로 배고픈 사람이 없는 통일독립 국가를 건설하자. 국토 분단과 그것이 가져온 민족적 비극을 통렬히 비판하고 제국주의자와 독재자에게서 물려받은 소라껍질 속의 안일을 청산함으로써 민족자주역량을 확대하고 승리의 그날까지 전진하자

경희대 민족통일연구회 결성

이수병은 이러한 정세의 흐름 속에서 학생운동 세력이 통일운동에 적극 참여해야 한다는 생각으로 평소 학내에서 진보적 의식을 가진 학생들과 접촉한다. 같은 경제학과 동급생인 전기호를 비롯하여 유양상, 임병권, 우기택, 박용직 등과 만나 민족통일 문제를 연구할 서클을 조직하기 위해 바쁘게 움직였다.

마침내 11월 6일, 이수병은 이들을 중심으로 경희대 민족통일연구회를 결성한다. 민족통일연구회는 장학생들이 중심이 된 소수의 회원으로 출발하지만, 이수병은 장차 이 조직을 강화하여 통일운동에 헌신하고자 다짐하며 회장을 맡는다. 그리고 전기호는 대의원 의장으로 선출된다.

 경희대 민족통일연구회는 11월 25일 소강당에서 통일문제 대강연회를 개최하였다. 이수병의 사회로 진행된 이날 강연회는 강당을 꽉 메운 학생들의 열띤 관심과 호응을 받는다. 강연은 조동필 교수의 〈한국경제와 통일문제에 대하여〉, 이범호 교수의 〈전쟁과 평화에 관한 중소(中蘇)간의 논쟁〉, 주홍모 교수의 〈통일의 긴절성(緊切性)과 그 구체적 방법〉, 홍성면 교수의 〈통일문제에 관하여〉 등의 내용과 순서로 진행되었다.

 이러한 민족통일연구회의 활동이 학생들로부터 관심을 모으고 열기가 확산되자 이를 견제하려는 학교와 총학생회의 마찰도 있었다. 그러나 이수병은 총학생회에 대하여 통일운동의 논리적 당위성을 당당한 자세로 설득하여 학내의 갈등을 극복해 나갔다.

이수병 선생이 받은 사월혁명상 상패
(의에 죽고 참에 살자)

그리고 이 강연회를 계기로 이수병은 통일운동의 전면에 나선다. 이후 이수병은 학교의 민족통일연구회 대표 자격으로 대외 활동에 주력하고, 각 대학 민통련 관계자와 민자통을 비롯한 혁신계 단체 사람들과도 폭넓게 만난다.

민족자주통일협의회(민자통) 결성

3·8선 마(魔)의 장벽 가로 막아도
민족의 핏줄은 끊지 못한다
사대의 노예들이 춤을 추어도
정의에 사는 나라 대중 나라 지킨다
일어나라 동포여 대열에 나서라
줄기찬 투쟁으로 통일을 하자

이 당시 민족통일을 염원하는 사람들이 부른 '통일행진곡'이라는 노래다. 학생뿐만 아니라 사회에서도 통일운동의 관심이 높아지자 그 열기를 하나로 흡수할 대중적 통일조직 건설이 시급하였다. 민민청을 비롯한 단체들이 지역 단위에서 실시하는 강연회나 여론조사 같은 개별적인 선전, 계몽활동으로는 통일운동을 힘차게 펼칠 수 없었다. 특히 이들은 혁신정당의 참패와 분열을 목격하면서 기존의 정당운동을 통해서는 민주화와 민족통일의 성취가 어렵다고 판단하였다.

민자통은 초기에는 민족건양회(民族建陽會)를 중심으로 독립운동가,

혁신정당인, 학자, 종교계 원로가 모여 통일문제를 토론하는 단체였다. 그러나 민자통은 1960년 12월 말, 경북민족통일연맹6) 간부 김성달, 장상호와, 지방조직이 건실한 사회당 세력이 합류하면서 단순한 협의체에서 범민족적인 통일운동전선체로 발돋움하였다.

이어 민자통은 핵심세력인 사회당과 민민청, 통민청의 젊은 세대가 간부를 맡고 실무를 담당하면서 더욱 통일운동의 활기를 띠었다. 한편, 이들은 사회변혁론에 대한 의견의 일치를 보기 위해 활발한 토론을 벌여나간다. 그 결과 민자통의 핵심 세력은 현 단계에서 '민족모순과 계급모순은 분리할 수 없는 동맹자적 관계에서 고려하며' 한국사회에서 민족자주성이 중요하다는 점에 인식을 같이 한다.

마침내 이들은 민족해방운동의 사회변혁 성격을 뚜렷이 한 '민족 자주' 강령을 발표하며 민자통 결성대회를 가진다. 1961년 2월 25일, 천도교 대강당에는 전국에서 온 1천여 명의 대의원들의 열기가 뜨거웠다. 단상 양쪽에는 '뭉치자 민족주체세력, 배격하자 외세의존세력'이란 커다란 현수막이 대회를 빛내고 있었다. 민자통의 결성은 한국전쟁 이후 최초의 대규모적인 민족통일운동 조직으로 안팎의 관심을 받게 된다.

민자통 결성 후 민통련의 주요 지도자인 이수병은 혁신계 진영 지도자들로부터 많은 관심과 기대를 받는다. 이수병은 민자통 결성 후 2월 28일, 진명여고 삼일당에서 열린 혁신계의 '3·1운동 강연회'에 학생대표로 참석한다. 강연회는 사회당의 유병묵 선전위원장, 학계의 조동필 교수, 혁신당 고정훈 당수, 민자통의 함석희, 민민청의 도예종이 참석하였다. 특히 이수병은 이날 강연회에서 주체의 문제와 통일문제를 가지고 논리 정연한 이론을 전개하여 참석자들로부터 호평을 받는다.

객관적인 것과 주관적인 것은 일치합니다. 그러나 중요한 것은 주체입니다. 따라서 남쪽은 남쪽대로 역량을 키워야 합니다. 고추 한 포기가 자라는데 태양과 비료, 물 등의 객관적 조건도 중요하지만 무엇보다 씨 자체가 실해야 하는 것입니다.

강연이 끝나고 참석자들은 경북민족통일연맹의 부위원장 출신의 김성달이 주최한 회식에 참여한다. 김성달은 '지금의 통일운동은 과거의 항일운동을 하는 것이나 다름없다'라는 취지 하에 자신이 운영하던 금성골덴 공장을 팔아 민자통 운영에 필요한 재정을 충당하고 있었다.

회식 중에 있었던 강평에서 참석자들은 나이 어린 이수병의 정연한 논리를 칭찬하면서 장래에 민족운동의 뛰어난 지도자가 될 것이라고 입을 모았다. 이즈음부터 이수병은 학생의 신분을 벗어나 활동가로서 자리를 잡아가고 있었다.

한편 민자통에는 '암장'에서 파견한 박중기가 조직위원회 청년부장과 박영섭이 학생부장을 맡고 있었다. 이수병은 민자통에서 일하는 이들 '암장' 동지와 서울대학교의 이영호, 김용원과 만나며 혁신계와 학생운동 세력 간의 견해 차이를 조율해 나갔다. 이렇게 '암장' 성원들은 자신이 속한 조직에서 활동하면서 수시로 만나 상황을 세밀히 보고하고 토론하며 '암장'에서 공유한 인식을 각자의 영역에서 실천해 나간다.

민족일보 공채 합격

　이러한 통일운동의 열기가 뜨거워지는 가운데 1961년 2월 13일 진보적 일간지 〈민족일보〉가 창간된다. 민족일보는 사시(社是)를 통해 민족의 진로를 가리키는 신문, 부정과 부패를 고발하는 신문, 근로대중의 권익을 옹호하는 신문, 양단(兩斷)된 조국의 비원(悲願)을 호소하는 신문을 표방하였다. 특히 '민족일보가 가장 열렬히 정력을 바치려는 대상이 통일문제'라는 사장 조용수의 헌신적 노력으로 민족일보 창간의 결실을 맺게 된다.

　민족일보는 조용수[7] 사장 이외 사회당의 최근우[8], 통일사회당의 서상일, 윤길중, 혁신당의 고정훈, 민민청의 이종률 등 혁신계와 진보적 언론인들이 대거 모여 민족 언론의 정론지를 자임하였다. 혁신계의 대변지 역할을 하는 민족일보는 내부 갈등과 조총련 자금 유입설, 인쇄중단, 일본 지국 설치 불허 등 언론탄압을 딛고 민족통일 운동의 든든한 후원 세력으로 성장한다. 그리고 민족일보는 당시 최대 일간지에 버금가는 하루 발행부수 3만 5천부를 찍으며 국내외 언론계에 커다란 영향을 주었다.

　이수병은 3월 바쁜 와중에서도 민족일보 공채 시험에 응시하였다. 단 한 번의 공채 시험에는 민족지에 대한 청년들의 높은 관심으로 500명이 넘게 응시하였다. 이미 민족일보에는 사시를 보고 자진해서 입사한 민족의식이 투철한 젊은 기자들이 많았다. 이들은 동지로서의 결속감이 강하였고 기자로는 김자동, 전무배, 이재문, 장석구 등이 격동기의 파고를 앞장서서 전하는 비판적 언론인으로 활동하고 있었다.

30대의 젊은 사장 조용수는 공채 시험에 '케네디 연두교서를 평가하는 문제'를 꼭 출제하라며, 이것도 모르는 사람은 무조건 떨어뜨리라고 지시하였다. 한국에 사는 진보적 의식을 가진 청년으로서 미국의 움직임에 관심을 가지지 않는 것은 기본적으로 문제가 있다고 보았기 때문이었다.

이수병은 공채 시험에서 수석 합격하여 견습기자로 민족일보와 인연을 맺으며 혁신계와 언론계의 주목을 받는다. 그리고 민족일보 입사는 뛰어난 이론을 갖춘 활동가로서 이수병의 이름이 자주 오르내리는 계기가 되었다.

5. 자주, 민주, 통일운동의 깃발

자주화, 한미경제협정 반대운동

1961년 보수 세력의 분열 아래 장면 정권은 실정을 거듭하면서 4월 항쟁의 계승이라는 민중의 열망을 따르지 못하였다. 장면 정권은 제도 정치권 내에서만 이승만의 반대 세력이었을 뿐, 그 뿌리나 친미 반공 노선에서는 조금도 다를 바 없었다.

장면 정권은 정치적·경제적 난국을 타개하기 위해 한일예비회담을 준비한다. 1961년 1월에 일본 30개 상사(商社)대표로 구성된 일본경제시찰단이 국내에 들어오기로 하자 혁신계는 물론 보수진영도 강력히 반대하여 일본 경제인들의 입국을 무산시킨 바 있다. 국민들은 북한과의 교류를 거부하면서, 과거 한국을 강점한 일본의 자본도입을 기도한 장면 정권에 실망하기 시작하였다.

이어 2월 8일에 장면 정권이 체결한 한미경제협정은 사회의 큰 반발을 가져왔다. 장면 정권은 이승만 정권이 끝까지 버텨 온 환율 변경과 원조자금의 지출에 관한 미국의 직접 감독권을 받아들이는 한미경제협정을 체결한 것이다.

한미경제협정을 반대하는 학생들은 이 협정을 한국의 주권을 무시하는 굴욕적인 불평등 조약으로 규정하였다. 혁신세력도 한미경제협정을 제2의 을사조약이라며 협정의 폐기를 촉구하였다. 이수병은 연일 학생지도자들을 만나 대응방안을 논의하며 '전국학생 한미경제협정 반대투쟁위원회'를 결성하였다.

마침내 2월 14일 학생지도부는 파고다공원에서 반대성토대회를 열며 본격적인 반대투쟁에 들어간다. 그리고 2월 18일에는 '2·8 한미경제협정 반대공동투쟁위원회' 주최로 서울 시청 앞에서 2천여 명의 시민이 모여 한미경제협정을 반대하는 투쟁을 전개하였다.

그러나 한미경제협정 반대투쟁은 국회에서의 법안 통과를 막지 못한다. 그럼에도 이 투쟁은 한국전쟁 이후 최초로 나타난 집단적 반미운동이자 민족자주화운동으로서 상징적 의미를 가진 싸움이었다.

한미경제협정 반대투쟁은 분단구조 하에서 계속 심화되는 남한의 대미 종속에 대한 비판과 저항으로서 이수병은 민족일보 2월 24일자 '상아의 광장'란에 다음과 같이 기고하였다.

> 학생은 상아탑 속에서 관념(觀念)만을 파먹고 살 것이 아니라 상아의 광장에서 냉혹한 현실에 직접 접해야 한다는 것은 너무도 당연한 사리(事理)일진데 현하(現下) 굴욕적인 한미경제협정을 반대하는 우리 학생들을 방해하는 세력이 있다면 그들은 바로 민족의 피를 뽑는 매판(買辦)자본세력이든가 특권층일 것이다. 그들은 민족의 발전을 위해 반성있기를 촉구한다. …… 우리는 미국인민이나 미국

에 대하여는 아무런 감정이나 의혹을 갖고 있지 않다만 예속성(隸屬性)을 강화시키려는 양국의 특권세력과 협정을 반대하는 것이다. 우리 장(張)내각은 민족의 장래를 위하여 우리들 학생의 반대투쟁 대열에 함께 나서기를 바란다.

한미경제협정 반대투쟁은 세계 유일의 반미(反美) 무풍지대인 남한에서 분단 구조를 옹호하는 미국의 실체를 인식하고, 이후 학생들이 통일운동으로 나아갈 수 있는 다리를 놓았다.

민주화, 2대악법 반대운동

민자통의 결성, 학생들의 반미투쟁이 벌어지며 본격적인 통일운동의 조짐이 보이기 시작하였다. 3월 1일 대구 두류산 공원에서는 민자통 경북협의회 주최로 통일촉진궐기대회가 열렸다. 30만 대구 시민 중 5만여 명이 참석한 이 대회에서 시민들은 '실업자의 일터는 통일에 있다'라는 구호를 걸고 시가행진을 벌였다.

그러자 장면정권은 3월 8일 국가보안법을 보강한 반공임시특별법과 데모규제법을 제정한다고 발표한다. 이어 3·4월 위기설을 대비한다는 명목으로 '비둘기 작전'이라는 육군의 폭동진압훈련을 실시하였다.

이에 정당, 사회단체뿐만 아니라 각 언론과 학생운동 진영도 일제히 반대 의사를 표명하고, 4월 항쟁 이전으로 돌아가려는 장면정권 규탄투쟁에 나섰다. 이들은 민자통을 중심으로 '반민주악법반대 공동투쟁위원회'를 구성하여 본격적인 2대악법 반대투쟁에 돌입한다. 서울의 각 학생단체 대표들도 3월11일 모임을 갖고, 한미경협 반대투쟁으로 다져진 조직을 기반으로 '2대악법 반대 전국학생 공동투쟁위원회'를 결성하였다. 통민청, 민민청 등 청년단체들도 공동투쟁위원회를 조직하고, 4월 항쟁 정신으로 돌아가 결사적으로 투쟁할 것을 선언한다.

3월 18일과 21일 진보운동의 뿌리가 깊은 대구지역에서 시민궐기대회를 시작으로 악법 반대투쟁이 본격적으로 시작되었다. 이어 3월22일 서울시청 앞 광장에서는 '악법반대 시민성토 대강연회'가 열렸다. 시청 앞에는 3만이 넘는 인파가 모여 4월 항쟁 이후 최대 규모의 대중투쟁이 전개된다.

트럭 두 개를 이어서 만든 연단 앞에는 각 단체의 생동하는 수십 개의 플래카드가 나부꼈다. '피로서 찾은 민권, 악법으로 뺏길소냐.', '반공이란 이름 밑에 생사람 잡지마라 4월의 피는 통곡 한다.'

연단에는 장건상, 최근우, 김달호 등 지명도가 높은 혁신계 인사 70여명이 대중의 열기를 높이며 악법을 성토하였다. 이수병도 학생공동투쟁위원회 대열 앞장에 서서 투쟁의 열기를 북돋았다.

오후 2시부터 시작한 대회는 7시까지 계속되었다. 대회를 마치자 시민들은 구호를 외치면서 횃불시위에 들어갔다. 시청 앞 광장을 출발하여 한국은행 앞을 지나 을지로, 종로, 광화문으로 행진을 이어나가던 시위대는 경찰과 충돌하고, 장면의 사저(私邸)가 있는 혜화동에서는 경찰백차가 불타며 투석과 최루탄이 난무하였다.

장면 정권은 시위대를 폭력으로 진압하였다. 그러나 투쟁의 불길이 4월까지도 대구, 부산, 마산, 전주, 광주 등 전국으로 이어지자 장면 정권은 결국 2대악법의 회기 내 국회통과를 포기한다는 성명을 발표한다.

조직은 투쟁 속에서 힘을 키워나갈 수 있다. 민자통 등 진보세력과 각 대학 민통련을 주축으로 한 학생운동 진영은 한미경협반대투쟁과 2대악법 반대투쟁을 통해 자신감을 갖고 자신의 조직역량을 강화시켜 나간다. 그리고 민주당 정권의 보수반동화 경향에 환멸을 느끼던 일반 대중들도 혁신정당과 결합하기 시작하였다. 학생들도 작은 승리에 만족하지 않고 그동안 다져진 역량을 통일운동으로 전환시키기 위해 총력을 기울여 나갔다.

통일, 4월 항쟁 정신의 계승

1961년 4월, 대학생들은 개학을 맞이한다. 학생지도부는 4월 항쟁 1주년이 돌아오자 집회를 갖고, 남한 사회 모순의 근원을 분단으로 인식하며 통일운동에 박차를 가했다. 겨울방학 기간 동안 내부토론을 가진 학생운동 지도부는 서울대학교 학생들이 발표한 4·19 제 2선언문을 시작으로 '통일운동'을 공식적으로 천명한다.

서울대 민통련도 시국선언문을 발표한다. 이들은 시국선언문을 통해 민주화운동에 머문, 4월 항쟁 당시의 학생운동을 '자유의 연가(戀歌)'라고 혹독하게 비판하였다. 그리고 '통일운동'을 학생운동의 한 노선이 아니라 민족혁명을 이룩하는 실천의 방도로 설정한다.

이제 학생들은 남한사회의 민족과 반민족의 대립이 현실적으로 통일세력 대(對) 반통일세력의 모순으로 드러나고 있어 민족의 살길은 오로

지 분단 타파를 통한 근본적 사회변혁에 있다는 것을 역설하였다. 그리고 그 주요 실천 운동의 하나로 남북 학생회담 추진 의사를 밝힌다.

4·19 1주년 기념행사는 격렬한 데모 없이 질서정연하고 조용하게 지나갔다. 학생들은 널리 유포된 4월 위기설을 의식하여 의도적으로 과격한 행동을 자제하였다. 실제로 5·16 쿠데타 세력은 4·19 1주년 기념일에 대학생들의 대규모 시위가 일어날 경우, 장면 정권의 군대 동원을 역이용하여 쿠데타를 일으키기로 계획을 세워 놓았다.

기념행사가 끝난 뒤, 서울대학교 학생들은 4월 항쟁 당시 학생들이 밟은 길을 따라 침묵시위를 벌인다. 학생들은 이날 시위에서 '이 땅이 뉘 땅인데 오도 가도 못하느냐', '실업자의 일터는 통일에 있다', '이남 쌀 이북 전기', '남북학생 판문점에서 만나자' 같은 구호가 적힌 플래카드를 앞세우고, 앞으로 통일운동을 적극 전개할 것을 강한 메시지로 전달한다.

이수병은 4·19 기념식을 마친 뒤 민자통, 민민청 등 관계자들과 남북학생회담 추진 방향 문제를 논의하며 바쁜 나날을 보낸다. 또한 이수병은 민통련의 전국적 조직 건설을 위해 각 대학 민통련 관련자를 만나 적극 참여할 것을 설득하였다.

특히 당시 학생운동의 역량 관계로 보아 서울대학교의 중요성을 인식한 이수병은 서울대 민통련 지도부들과 자주 만나며 전체적인 보조를 맞추기 위해 노력한다. 서울대 민통련 지도부들은 처음에 이수병에게 경계심을 보이지만, 만남을 거듭할수록 이수병의 정연한 이론전개와 뛰어난 정세분석 그리고 지도적인 품성으로 인해 서로간의 신뢰를 쌓아간다.

남북학생회담

5월 5일 어린이날, 서울대학교 문리대 구내 다방에서는 전국 18개 대학과 경북고등학교 민통련 등 30여 명의 대표가 모여 역사적인 '민족통일 전국학생연맹 결성 준비대회'를 가진다. 위원장 선출 안건이 상정되자 당시 서울대 민통련을 이끌던 윤식을 비롯하여 이영일, 오병철, 서정복 등이 이구동성으로 이수병을 추천하였다. 그러나 이수병은 이를 다음과 같은 이유로 사양한다.

> 여러분! 능력이 모자라는 저를 추천해 주셔서 고맙습니다만 현재의 객관적 상황과 대외적 이미지를 고려하여 주요 역량인 서울대에서 대표가 나오는 것이 우리 조직을 위해서 바람직하다고 봅니다. 제 생각으로는 기왕에 서울대 민통련을 책임진 윤식 동지가 민통전학련 결성을 책임지고 추진하는 데 적격의 인물이라고 봅니다.

이수병이 이렇게 고사한 것은 서울대의 역량을 평가한 데도 있지만, 혁신세력과 자유로운 접촉을 염두에 두었기 때문이다. 이들은 서울대의 윤식을 준비위원장으로 선출하고 각 부서의 책임자를 정하였다. 그리고 지난 5월 3일 서울대 민통련에서 제기한 남북학생회담을 적극 지지할 것을 결의하고, 다가오는 5월 20일에는 민족통일전국학생연맹(민통전학련) 결성대회를 갖기로 합의하였다. 남북학생회담 제안은 그동안 선전과 계몽운동 차원에 있던 통일운동의 목표를 제시하고, 대중을 동원하는 구체적인 실천으로의 전환을 의미하였다.

이날 준비대회에서는 공동선언문과 5개 항의 결의문을 채택하고, 이를 5월 7일자 민족일보에 게재한다. 학생들은 공동선언문을 통해 세계사적 현 단계의 기본적 특징이 '식민지·반식민지에 있어서 민족해방투쟁의 승리'라고 규정하고, 통일운동의 의의를 다음과 같이 천명하였다.

금일 우리 사회에는 이러한 구조적 여건을 반영하는 하나의 모순현상이 존재하고 있다. 그것은 바로 매판관료세력과 대중간의 모순인 것이다. 이 두 세력의 모순은 현실적으로 통일세력 대 반통일세력간의 모순으로 나타나고 있으며, 이들 간의 격화하는 대립은 4월혁명을 계기로 하여 급격한 힘 관계의 역전을 시현하게 되었다. 4월혁명은 이러한 우리의 사회구조와 지배관계에 있어서의 모순의 대립이 그 극치점에 도달하였을 순간 폭발적으로 현상화된 역사의 객관적 운동법칙의 당연한 전개였다.

동시에 그 순간은 민족해방과 자주독립 이라는 평화공존의 세계사의 조류가 우리 사회에도 적용되기 시작한 변혁의 순간이었다. 4월 혁명을 계기로 하여 민족·대중세력은 매판관료세력을, 통일세력은 반통일세력을 압도하게 되었다. 인간의 기본권을 쟁취하기 위하여 파쇼적 테러정치를 타도한 이 땅의 대중세력은 다시 목전의 빈곤을 탈피하기 위하여 통일을 갈망하게 되었고, 통일을 달성하기 위하여 그들의 무한한 잠재력을 이제는 반통일세력으로서의 외세 의존적 매판세력의 타도에 집중하고 있는 순간인 것이다.

이수병은 다음날인 5월 6일 장충단공원에서 열린 실무자회담에 학생 측 대표로 참석한다. 이날 회의에서 민자통과 민민청 주요 간부들은 학생회담을 위해 가능한 모든 방법을 동원해 지원하기로 결정하였다. 그리고 5월 13일 민자통 주최로 서울운동장에서 '남북학생회담 환영 및 민족자주통일 촉진궐기대회'를 열기로 한다.

이러한 학생들의 통일운동에 장면 정권은 협박으로 응수하였다. 이미 4월 21일 장면 국무총리는 '용공통일보다는 남북분단을 택하겠다'며 남북교류 주장의 배후를 조사 중이고, 유엔 정치위원회에서 북한 측 대표와 동석(同席)을 거부하겠다고 밝혔다. 그리고 만약 학생들이 판문점으로 향하는 일이 있다면 전원을 체포할 것이라고 밝혔다.

그러나 학생들은 조금도 굴하지 않고 판문점에서의 남북학생회담 강행의사를 거듭 표명한다. 준비위원회는 구체적인 실무 작업에 들어가 학생회담에 파견할 대표단 인선과 환송단 구성, 판문점까지의 행진 방법 등을 협의하였다. 그리고 5월 11일에는 비무장지대 출입을 통제하는 유엔 측에 공개질의서를 보내고, 5월 20일로 계획한 민통전학련 결성대회를 마친 뒤 판문점을 향한 행진을 개시할 것이라고 발표한다.

가자 북으로! 오라 남으로!

이수병은 남북학생회담이 옳으냐 그르냐 하는 단선적인 문제의식을 넘어 민족통일운동의 승리를 이끌기 위한 혼신의 힘을 다한다. 그리고 '암장' 동지들과 자주 만나 학생회담의 추진 시기와 방법 문제에 대해 진지한 토론을 벌인다. 이수병은 당당하고 직설적인 말로 좌중을 이끌며 낙관적인 전망을 제시하였다. 이수병은 이들과 토론하며 남북학생회 담을 적극적으로 벌이되, 이 모든 투쟁을 주체역량 강화로 귀결시키기 위해 의식적인 노력을 기울이기로 합의하였다.

남북학생회담의 정식 제안을 받은 북한은 5월 5일 지지성명을 발표하고, '조선학생회담 준비위원회'를 구성하며 본격적인 학생회담 준비에 들어간다. 이수병도 역사적인 남북학생회담이 구체적으로 진행되자 학생 대표로 고민하지 않을 수 없었다. 정세의 주도적인 흐름을 장악하여야만 남북학생회담을 성공적으로 이끌 수 있을 것이다. 따라서 이수병은 민통전학련에서 합의되고 결정된 내용을 누구보다 앞장서서 밀고 나가기로 하였다.

남북학생회담을 둘러싸고 통일 열기가 시민들 사이에서 점점 뜨거워졌다. 민자통이 계획한 5월 13일 서울운동장의 '남북학생회담 환영 및 민족통일 촉진 궐기대회'는 전 국민적 관심을 불러일으켰다. 이미 사회당을 비롯한 혁신정당과 민자통은 '남북학생회담은 조국통일의 서막이다'라며 적극적인 지지 성명을 발표하였다.

민자통은 그동안 통일의 방안으로 철저한 외세의 간섭 없이 남북한 당사자 간의 협상을 통해 평화통일을 이끌어야 한다고 주장하여 왔다. 그리고 '실업자의 일터는 통일에 있다', '이남 쌀, 이북 전기'라는 구호에서 나타나듯이 민자통은 남북의 경제교류를 통한 남한의 빈곤과 통일문제를 연결시켜 대중적 지지를 얻어내고 있었다.

사실 통일운동은 원조로 지탱하는 남한의 경제적 자립을 위해서도 절실히 필요하였다. 통일만이 남한의 심각한 실업문제나 경제 불황, 해마다 닥치는 보릿고개를 해결할 수 있을 것이다. 민자통에서는 이미 지난 1월에 '경제자립이 없는 곳에 정치적 자유 없고, 정치적 자유 없는 곳에 국가의 독립이 없다'고 천명한 바 있었다. 따라서 민자통에서는 학생들의 남북학생회담이라는 구체적인 실천을 통해 민족통일의 돌파구를 열 수 있을 것이라 커다란 기대를 하였다.

그러나 궐기대회를 얼마 남겨 놓지 않고 이수병은 민통전학련 주요 간부들을 설득하느라 바쁘게 뛰어다녔다. 서울대 민통련을 비롯한 학생들은 남북학생회담의 파문이 커지자 학생운동의 순수성을 내세워 민자통이 주최하는 서울운동장 대회 참여를 주저하고 있었다.

이수병은 학생회담이라고 해서 학생의 힘만으로 되는 것이 아니라 진보적 정당, 사회단체들과 적극 연대해서 범국민적 지지를 받아야 실현할 수 있다고 설득하였으나 결국 민통전학련은 5월 13일 민자통이 주최하는 서울운동장대회에 불참한다는 결정을 내린다. 통일로 가는 길은 순탄치만은 않았다. 하지만 이미 출정을 각오한 이수병에게 흔들림은 없었다.

학생대표 연사로 이수병이 내정되고 대회를 알리는 전단이 서울 곳곳에 뿌려졌다. 그리고 이수병은 5월 13일 서울을 비롯하여 14일 대전, 17일 전주 순으로 짜인 민자통 주최의 연설일정을 수락한다. 민자통은 학생들의 남북학생회담과 판문점 행진을 지지하기 위해 총력을 기울여 전국 주요 도시에서 환영대회를 열기로 한 것이다.

마침내 궐기대회 당일 서울운동장 육상경기장에는 3만이 넘는 인파가 운집하였다. 분단 이후 통일의 열망에 가슴이 맺힌 시민들이 물밀

듯이 모여든 것이다. 주최 측의 예상을 뛰어 넘는 시민들의 참여로 대회 분위기는 점점 뜨거워졌다. 마침내 민자통 사무총장 박진의 개회사로 대회가 시작되었다. 이어 사회당의 유병묵, 혁신당의 장건상, 민자통의 박상순, 실업자대책위원회의 황관손, 사회대중당의 선우정, 민민청의 이영석, 통민청의 김영광 등이 격앙된 어조로 연설을 이어나갔다.

연사들은 자주적이고 평화적인 남북통일을 이룩하는 지름길은 남북협상이고, 남북학생회담은 남북한 정당과 사회단체 간 협상의 물꼬를 트는 것이라고 하였다. 청년대표로 나온 연사들은 계속해서 정부와 보수 세력은 의식적으로 통일을 기피하고 분단의 영속화를 꾀하는 반민족 세력이라고 비난하며, 민족 모두가 힘을 합쳐 학생회담을 지원하자고 주장하였다.

시민들의 열렬한 환호 속에 등단한 이수병은 그 어느 때보다도 자신에 찬 목소리로 외쳤다. 이수병은 우리 4월 항쟁을 이끈 학생들이 먼저 통일의 돌파구를 먼저 열어갈 것이고 어느 외세건, 어느 정부건, 어느 개인이건 남북학생회담의 권리를 뺏지 못할 것이며 만일 남북학생회담의 길을 막는 자는 역사의 심판을 면치 못할 것이라 주장하였다. 그리고 통일운동은 탁상공론이나 호소로 이루어지는 것이 아니라, 오직 행동 투쟁으로만 이루어질 수 있는 것이라고 열정을 뿜어내며 연설을 하여 시민들로부터 우레같은 박수를 받는다.

또한 이수병은 단상에 돌아서서 시민들에게 자신의 등을 직접 보여주며 자신의 배후가 없음을 재치 있는 행동으로 보여줌으로써 분위기를 한층 고조시켜 나갔다.

장면 정부는 학생운동 뒤에 무슨 배후가 있다고 하는 데 제 등을 보십시오, 아무것도 없지 않습니까? 학생회담으로 가는 길에 지지 성원의 박수로 다리를 놓아 주십시오.

열광과 환호, 통일을 절규하는 구호로 가득한 서울운동장 대회장은 말 그대로 감동의 도가니였다. 마침내 이수병은 혼신을 다하여 구호를 선창하였다.

가자 북으로! 오라 남으로! 만나자 판문점에서!
이 땅이 뉘 땅인데 오도 가도 못하느냐!
배고파서 못 살겠다 통일만이 살길이다!

대회를 마친 뒤 시민들은 선도차를 앞세우고 두 개의 대열로 나뉘어 격문을 살포하며 수십 개의 피켓과 플래카드를 앞세우고 시가행진에 들어갔다. 선도차 확성기를 통한 선창자의 외침에 따라 시위에 참여한 시민들은 구호를 외쳤다. 제1대의 종로 방향과 제2대의 을지로를 거쳐 서울역 앞 광장에서 집결하기로 한 시위대는 연도의 시민들로부터 힘찬 박수를 받으며 밤늦게까지 행진을 하였다.

통일을 향한 이수병의 힘찬 발걸음은 여기에서 멈추지 않았다. 전국 순회강연에 오른 이수병은 이튿날인 5월 14일 대전 목척교 아래 백사장에서 열변을 토하였다. 민자통 충남협의회 주최로 열린 통일촉진 시국강연회에는 약 7,000여 명의 시민이 운집하여 통일에 대한 열망을 보

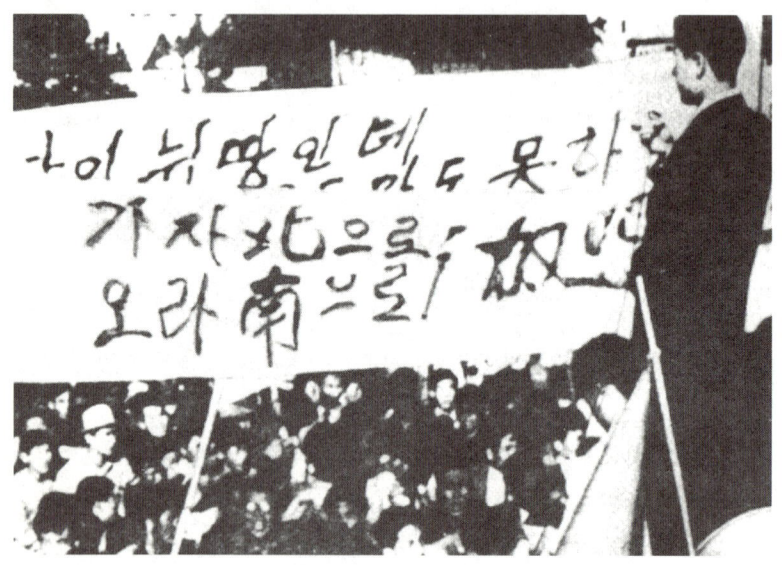

5월 13일 민자통 주최 서울운동장 대회를 마친 뒤 거리시위

여주었다. 사회당 선전위원장 유병묵과 민자통의 박상순 등과 같이 연사로 참석한 이수병은 '남북한 학생회담을 환영한다'는 제목으로 통일운동의 당위성과 남북학생회담의 필요성을 역설하였다.

서울에서 달아오른 열기를 지방으로, 지방에서 다시 서울로 민족의 힘을 집결해가는 통일대장정의 선두에 서서 이수병은 한 치의 흐트러짐 없는 발길을 재촉하였다. 그러나 5월 16일 서울에서 대전으로, 대전에서 다시 전주로 통일의 징검다리를 놓으며 가던 이수병의 발걸음을 멈추게 하는 군사 쿠데타가 일어난다.

꺾인 통일의 꿈

분단으로 인해 남한 사회의 억압과 궁핍, 그리고 부자유(不自由) 속에서 살아야 하는 민중들에게 통일은 절체절명(絶體絶命)의 과제다. 4월 항쟁을 계기로 민중은 스스로 힘이 있는 세력으로 성장하여 우리 사회의 역사적 과제를 '민주화와 통일'로 선명하게 각인하였다. 그러나 통일운동은 반공냉전 체제 아래 기득권을 누려온 분단 세력과 미국에게 공포와 불안감을 심어주었다. 군사 쿠데타 세력은 이를 이용하여 미국의 비호 아래 더 강력한 반공 독재정권을 수립하고자 군사정변을 일으켰다.

이수병과 일행은 민자통 순회강연의 도정을 재촉하던 중 쿠데타 소식을 듣고 대대적인 검거선풍을 예감하였다. 물론 전주에서 가질 예정인 궐기대회는 무산되었다. 이수병은 일단 자세한 상황을 파악하기 위해 서울에 올라가 동지들의 연락을 받고 서울역 앞 무궁화 다방으로 나갔다. 서울역 앞 도로에는 전차의 기관총구가 하늘을 향하고 몇 발의 공포 총소리가 하늘에서 들려왔다. 라디오에서는 일체의 옥외집회와 3인 이상의 집회를 금지한다는 포고령이 계속 흘러나왔다.

혁신계는 4월부터 군사 쿠데타의 음모가 미국의 정보기관과 한국 군부 내에서 진행되고 있다는 정보를 가지고 있었다. 따라서 혁신계 일부에서는 이에 대한 대응으로 분열된 혁신정당을 하나로 모으고 진보적 청년단체인 민민청과 통민청의 통합도 시급하다고 보았다. 그리고 민자통도 단순한 협의체에서 더욱 강력한 통일전선 운동체로 발전시킬 계획을 가지고 있었다. 따라서 내부적으로 통합 논의가 진행되고 있는 가운데 군사 쿠데타가 발생하자 혁신계는 당황하지 않을 수 없었다.

자리에는 최근우, 김정규 등 사회당 원로를 비롯하여 우홍선, 김배영,

조용수, 김세원 등 젊은 동지들이 모여 향후 대책을 숙의하고 있었다. 혁신계 초급 당원들 중 일부는 군통수권자인 미국의 조정과 민족주의의 허울을 쓴 쿠데타 세력에게 기대를 하였다. 그러나 대부분의 혁신계와 학생운동 지도자들은 대대적인 탄압을 예상하고, 일단 피신 후 상황을 지켜보자는 데 의견을 같이 하였다.

이수병은 장기 피신을 예감하였다. 따라서 이수병은 피신을 하더라도 건강한 얼굴이라도 한 번 보여드리는 것이 자식의 도리라 생각하여 고향 의령으로 발걸음을 옮긴다. 그러나 이수병은 고향집을 바로 눈앞에 둔 다릿재 고개에서 기다리던 경찰에게 체포된다. 이미 경찰력을 장악한 쿠데타군은 이수병에게 체포령을 내리고 있었다. 도망갈 틈도 없는 기습으로 이수병의 두 손에는 어느새 차가운 수갑이 채워졌다.

1) 신흥대학교는 신흥무관학교의 후신이다. 일제강점기 이회영 일가가 전 재산을 처분하고 만주로 망명하여 1911년 서간도에 경학사 산하의 신흥강습소를 세우는데 이것이 무관학교의 기원이 되었다. 1913년 합니하의 신흥중학, 그리고 1919년 신흥무관학교로 개칭하여 독립군 무관을 양성하는 독립운동의 기지로 발전하였다. 여기에서 배출한 졸업생들은 1920년대 봉오동전투와 청산리 전투의 독립군 전사로 일본군과 최전선에서 치열한 전투를 전개하였다. 1920년 폐교 후 해방을 맞이하여 6형제 중 홀로 살아남은 이시영이 '신흥무관학교 부활위원회'를 조직하여 1947년 신흥무관학교의 정신과 교명을 이어받아 신흥전문학원을 거쳐 1949년 2월 재단법인 성재학원(省齋學園) 신흥대학으로 개편 정규대학으로 승인받았다.

2) 리영희는 당시 신문기자로 그의 젊은 시절 자서전인 〈歷程〉에서 다음과 같이 증언하였다. '나 자신이 목격한 바와 취재기자들의 말을 종합한 결과, 4·19 피의 화요일 그 많은 사상자는 경찰의 총에 의한 것이기 보다는 육군 특무대, 방첩대에 의한 것이 확실하다. 그날 낮부터 계엄령이 선포되어 신문 검열이 실시되었다. 검열이라 해도 정세의 대세를 반영한 탓인지 웬만한 사태보도 기사는 그대로 통과되었다. 다만 방첩부대의 총격으로 학생이 수없이 죽고 부상한 사실은 모두 삭제되었다. 이것이 훗날의 기록들에 4·19 희생이 모두 경찰의 총격으로 되어버린 배경이다. …… 군대의 특무대, 방첩대는 변혁에 대한 반동세력이었고, 학생들에 대해서 시종일관 원수와 같이 대하였다. 이 나라의 군대, 특히 군대 중의 사상경찰로서의 방첩대, 특무대의 본질을 알게 되면서 나는 소름이 끼쳤다.'

3) 특히 거창군 신원면에서는 한국전쟁 당시 양민학살의 책임을 물어 면장 박영보를 생화장 하는 사건이 벌어졌다. 이 사건이 준 충격으로 진상규명도 활발히 진행되어 5월 16일 산청, 함양 17일에는 문경, 20일 화순, 구례 등지에서 학살만행을 폭로하고 주범을 응징하는 투쟁이 연이어 벌어진다. 이들은 진상규명과 명예회복을 요구하고 피학살자유족회를 결성 민자통에 참여하며 2대악법 반대운동과 통일운동에도 적극 참여한다. 한국전쟁 당시 육군본부 정보국 소속 요원들인 장도영, 박정희, 김종필 등은 쿠데타 직후 이들의 진상규명 노력을 봉쇄하고자 유가족 대표들을 '용공이적단체결성죄'로 긴급 체포하여 대구유족회 회장 이원식에게 사형을 선고한다. 이후 군사쿠데타 정권은 유족회가 세운 추모비를 파손하고 희생자 묘의 이장(移葬), 부관참시 등 반인륜적 만행을 저지르며, 유족과 자녀들을 연좌제의 사슬로 묶어 지속적으로 감시하였다.

4) 장면(張勉:1899~966) 인천 출신으로 수원농림학교 졸업 후 미국으로 건너가 1925년

맨하튼 카톨릭대학을 졸업하였다. 귀국 후 1929년부터 동성상업학교에서 교직생활을 하며 1938년 친일단체인 국민정신총동원 천주교연맹의 발기인과 간사를 맡았다. 창씨명을 다마오까 쓰도무이며 일본 군복을 입고 찍은 사진으로 1960년 정부통령 선거 때 곤욕을 치른다. 해방 후 장면은 1948년 제헌국회의원으로 당선되어 정치에 입문하여, 그 해 12월 유엔 총회 한국수석대표, 1949년 초대(初代)주미대사, 1951년 국무총리로 임명된다. 1955년부터 반(反)이승만 전선에 참여 1956년 민주당 후보로 부통령에 당선되고 1960년 내각책임제 하에서 국무총리로 민주당 정권을 맡는다. 그러나 그로부터 9개월 뒤 군사쿠데타를 맞아 정권을 찬탈당하고 자택에 연금된다. 1962년 6월 이른바 민주당반혁명 음모사건인 이주당(二主党) 사건으로 구속되어 징역 3년 집행유예 5년을 받고 칩거하다 1966년 당뇨병으로 사망한다.

5) 최백근(崔百根:1914~961) 전남 광양 출생으로 10대 때부터 민족해방운동의 길에 들어서 해방 후 건국준비위원회를 거쳐 여운형의 근민당 중앙위원을 지냈다. 이후 남북연석회의에 근민당 대표로 남북을 오가며 통일독립운동자협의회를 조직하고 정당 간의 연락과 중재 역할을 한다. 1953년 경남지방 당재건활동 혐의로 체포되어 복역을 마친 뒤 1960년 4월 항쟁 직후 혁신계 인사들을 하나의 세력으로 통합하려는 목적으로 혁신동지총동맹을 만들어 7·29 총선에 출마한다. 총선 후 근민당 출신의 혁신계를 중심으로 유병묵, 유한종, 문희중 등과 함께 사회당을 결성하여 조직부장을 맡으며 민자통의 핵심 역할을 한다. 혁신계의 대표적 활동가였으나 5·16쿠데타 세력에 의해 체포되어 1961년 12월 21일 민족일보 사장 조용수와 함께 사형을 당한다.

6) 경북민족통일연맹(경북민통)은 4월 항쟁 직후 1960년 5월 경북지역 항일운동가 200여명이 만든 민주구국동지회를 기반으로 한 통일운동단체로 가장 규모가 컸다. 항일운동가와 혁신정당 구성원들은 그 해 10월 경북시국대책위원회를 만들고 학생들의 통일운동이 분출되자 1960년 11월 그 명칭을 '경북민족통일연맹'으로 변경한다. 경북민통 위원장은 안중근 의사의 사촌동생 안경근, 부위원장은 광복군 출신의 권계환으로 항일운동을 평화통일운동으로 계승하였다. 경북민통은 맹원이 1만여 명에 이르고 대구 지역만 아니라 안동, 예천, 영천, 문경, 고령, 청도 등에 조직준비사업을 진행하며 민자통에 합류하였다. 부위원장 김성달은 당시 대구의 방직공장인 '금성골덴' 사장으로 통일운동에 열성적으로 참여 민자통에 공장을 처분하여 기부하는 등 혁신계의 자금원 역할을 하였다.

7) 조용수(趙鏞壽:1930~961) 경남 함안 출생으로 진주중학과 대구 대륜중학을 거쳐 연세대 정외과에 입학하나 한국전쟁으로 중퇴 후, 1951년 전쟁에 참전한 재일동포 학생의용군들이 귀환하는 배를 타고 일본으로 건너가 재일거류민단 주요 간부로 활동

하였다. 도일 9년 만인 1960년 6월, 4월 항쟁의 격동기에 귀국하여 사회대중당 후보로 청송 지역에 출마하나 낙선 후, 일본에 망명중인 조봉암의 비서실장을 지낸 이영근의 후원을 받아 1961년 민족일보를 설립하고 사장에 취임한다. 5·16쿠데타 세력에 체포되어 국제신문협회 등 국제적 항의에도 불구하고 1961년 12월 21일 사형 당한다. 조총련과 북한의 자금원을 제공하였다는 죄명으로 조용수 죽음의 고리 역할을 한 이영근은 박정희 정권의 후원을 받아 통일일보 등 재일교포를 대상으로 하는 신문을 발행하고, 재일교포의 한국방문 공로를 인정받아 노태우 정권으로부터 국민훈장 무궁화장을 받는다. 조용수를 죽음에 이르게 한 간첩에게 훈장을 주는 한국 정부의 모순된 결정은 조용수의 죽음이 곧 군부 쿠데타 정권의 희생양이었음을 반증하고 있다. 조용수는 사형 후 국제저널리스트 협회가 주는 1961년도 국제기자상을 추서 받았으며, 1998년 12월 공식 추도식 이후 전무배 등 당시 민족일보 기자와 언론인이 주축이 되어 진상규명과 기념사업을 추진하고 있다.

8) 최근우(崔謹愚:1892~961) 서울 출신으로 도쿄고상 재학 중 2·8 학생운동 선언에 서명한 조선인 유학생 11인 중의 한 명으로 도쿄궐기 직전 상하이로 망명하였다. 상해임시정부 초대 경무국장 역임 후 유럽으로 건너가 프랑스, 독일 등지에서 수학(修學) 후 조선에 돌아와 여운형과 함께 건국동맹에 참여하였다. 또한 만주 친일조선인 조직 '협화회'에 위장 잠입하여 비밀리에 동지를 규합하고, 해방 후 건국준비위원회 총무부장을 지냈다. 그러나 이후 이승만 정권의 회유를 거절하여 여러 차례 구속되어 고초를 겪는다. 4월 항쟁 후에는 혁신세력을 집결, 사회당을 조직하여 위원장을 지내나 5·16쿠데타 세력에 체포되어 1961년 8월 옥사한다.

제4장 젊은 날, 감옥의 시련을 딛고

1. 투옥과 혁명재판

미국을 의식한 혁신계 탄압

군사 쿠데타 세력은 자신들의 반공적 성격을 보여줌으로써 미국으로부터 쿠데타 승인을 받기 위해 혁신세력, 통일운동 지도자뿐만 아니라 보도연맹 관련자, 노조지도자 등을 대대적으로 체포하였다. 이들은 당시 정보기관이 보유한, 전쟁이 일어나면 자동적으로 체포해야 할 1만여 명의 '리스트'를 바탕으로 전국 각지의 군과 경찰, 헌병대를 통해 명단에 있는 사람들을 체포, 수감하였다. 미국은 이승만 정권을 뛰어넘는 더욱 강력한 친미-반공정권 수립을 요구하였으며, 군사 쿠데타 세력은 이에 호응 미국의 지지를 얻기 위해 혁신계를 대량 검거하여 진보인사 약 3천여 명이 투옥된다.

민족일보도 지령 92호를 끝으로 종간 성명도 없이 폐간되고 조용수를 비롯한 신문사 주요 간부 8명이 구속되었다. 그리고 모든 정당과 사회단체의 해산을 명령하여 통일운동에 앞장섰던 민자통, 민통련은 물론, 5·16 직전 통합 결의를 한 진보적 청년단체인 민민청, 통민청도 해산되었다.

이수병은 의령에서 붙잡힌 뒤 서울의 청량리경찰서로 이송된다. 이곳에는 이미 이수병이 회장으로 있는 경희대 민통련 회원들도 체포되어 조사를 받고 있었다. 민통전학련 회원들도 끌려와 일반 회원들은 고초를 겪고 협박을 받은 뒤 구류에서 풀려났으나 이수병과 윤식(위원장, 서울대), 유근일(대의원총회의장, 서울대), 이영일(공보부장, 서울대), 황건(조직위원장, 서울대), 심재택(동원부장, 서울대), 김승균(연락위원장, 성균관대), 노원태(재정위원장, 건국대), 연현배(외국어대 대표) 등 핵심지도부 9명은 구속된다.

특A급 학생운동 지도자

군사 쿠데타 세력들은 6월 6일에는 국가재건비상조치법을 공포하여 소위 '혁명재판'을 진행하기 위한 법적 근거를 마련한다. 진보세력을 포함한 정치범을 처벌하려는 목적으로 각종 특별법을 만들고, 그 집행기관으로 혁명재판소와 혁명검찰부를 설치한다. 비상조치법에 따라 개설된 혁명재판소는 군사 쿠데타를 합리화하기 위해 만든 권력의 도구에 불과하였다.

혁명재판소의 재판장은 군인이 맡고, 민간인 판사들은 군법무관으로서 심판관이라는 허수아비 역할을 하였다. 특히 심판 2부는 주로 특수반국가사범이라는 이름으로 진행된 민자통, 민족일보, 민통전학련 등 공안사건을 맡으며 역사를 조작하는 일에 앞장선다.

혁명재판은 한층 무더위가 기승을 부리는 7월 28일 열렸다. 법정 입구는 칼빈 소총으로 무장한 해병대원들이 지켰으며 법정 안은 정복을 입은 경찰들로 채워져 삼엄한 분위기가 감돌았다. 1심 공판에서 이수병은 학생운동 지도자 중 특A급으로 분류되어 유일하게 무기징역을 구형받는다. 검거될 당시 소지하고 있던 〈정치경제학 비판〉등 사회과학 책과 가택수색을 통해 '만적론'이라는 원고가 압수된 것도 구형에 크게 영향을 주었다.

〈만적론〉은 지난 봄 울산 서생초등학교 교사로 있는 '암장' 동지 유진곤이 보낸 논문이었다. 고려시대 '만적의 난'을 소재로 하여 계급의식을 고취한 글로 유진곤이 민족일보에 실을 수 있는지 검토해보라는 요청과 함께 보낸 것이었다. 이수병은 이 논문을 이문동 자취방에 잠시 보관하고 있었다. 이수병은 유진곤마저 고초를 겪게 할 수 없다는 생각이 들었다. 이수병은 심문 과정에서 작성자 불명(不名)으로 있는 〈만적

혁명재판소에서 재판을 기다리는 이수병(가운데 팔짱을 끼고 있는 사람)

론)의 원고를 본인 것이라고 밝혀 '암장' 동지에 대한 의리와 지조를 지킨다.

1961년 9월 30일, 선고 재판에 나온 이수병은 오히려 팔짱을 낀 채 환하게 웃음을 지며 동지들을 격려하였다. 이날 혁명재판소 심판 제2부 재판장 김홍규와 심판관 이회창 등은 이수병에게 다음과 같은 이유로 징역 15년을 선고한다. 이회창 심판관은 민간인 판사 신분으로 차출된 두 명 중 한 명으로 혁명재판소 판결에 참여한 것이다.

> 피고인 이수병은 경희대학교 정경대학 경제학과 제 4학년에 재학 중인 자로서 동교 민족통일연구회 회장, 동 조직부장 겸 선전부장, 민족일보 견습기자, 민족통일 전국학생연맹 결성준비위원회 경희대 대표로 있던 자로서 피고인 이수병은 혁신단체에 호응하여 (1) 서기 1961년 5월 13일 민자통 주최로 서울운동장에서 개최된 궐기대회에 연사로 참석하여 한국정부의 시책을 비난하고 남북학생회담을 극구 찬양하며 이를 환영하여야 한다는 요지의 연설을 하고 (2) 동년 5월 14일 민자통 통일촉진 시국강연회에 사회당 유병묵 등과 연사로 참여하여 전시 (1)과 동일 내용의 연설을 행함으로써 …… 반국가단체인 북한괴뢰 집단의 활동을 고무 찬양한 것이다.

이밖에 구속된 다른 민통전학련 관련자 8명에게도 위와 같은 이유로 다음과 같이 선고하였다.

피고인 유근일(구형량 징역 15년) 동 이수병(무기징역)을 각 징역 15년에 피고인 윤식 동 김승균 동 노원태를 각 징역 10년(각 징역 7년)에 피고인 이영일을 징역 7년(징역 7년)에 피고인 황건을 징역 6년(징역 7년)에 피고인 심재택, 연현배를 각 징역 단기 5년 장기 6년(각 징역 단기 5년 장기 7년)에 처한다.

이수병은 물론 공정한 법집행을 기대하지는 않았으나, 선고 형량은 상상을 넘어선 것이었다. 이러한 선고 형량은 이수병이 전국적으로 조직된 민통전학련의 이론과 활동의 핵심 역할을 하고, 혁신계 지도자와 밀접한 관계를 맺으며 민족일보의 수습기자로 일한 점이 크게 작용하였다. 그리고 이러한 중형 선고는 군사 쿠데타 세력에게 가장 강력한 잠재적 저항세력인 학생운동 진영에 상징적인 위협을 주려는 정치적 판결이었다.

2. 앞날을 위한 거름

영광과 좌절의 시간

이수병은 민중의 열망을 안고 4월 항쟁을 계승한 민족통일운동에 앞장선 죄로 감옥에 갇힌다. 25살 청년인 이수병에게 선고된 15년은 결코 짧지 않은 세월로 역사에 대한 굳은 신념과 의지 없이는 견디기 힘든 시간이었다.

그해 겨울, 1961년 11월 21일에는 이수병이 수감 중인 서대문교도소에서 민족일보 사장 조용수와 사회당 조직부장 최백근의 사형이 집행되었다. 군사 쿠데타 세력은 미국의 지지와 자신들의 쿠데타 명분을 위해 대표적인 두 명의 혁신계 인물을 희생양으로 삼은 것이다. 그리고 유치장과 교도소에서의 모진 고문으로 혁신계 원로인 사회당 당수 최근우를 비롯하여 이훈구, 정순종, 김차경 등이 옥사하였다.

1962년 4·19 2주년 기념특사로 민통전학련 사건 관련으로 같이 투옥된 학생동지들 중 윤식, 이영일, 황건, 김승균, 노원태, 심재택, 연현배 등 징역 12년 이하 선고를 받은 7명은 형(刑) 집행 면제처분을 받고 풀려난다. 이제 학생운동의 두목 격으로 이수병과 유근일 두 사람만이 징역의 긴 터널을 걸어가야 했다.

이수병은 동지들의 출소에 반가움도 들었지만 아쉬움도 있었다. 학생 동지들의 통일운동에 젊음과 열정을 바친 시간은 이들 모두에게 소중한 시간이었다. 그러나 반독재 민주화라는 소박한 이념 수준으로는 반외세 통일운동 이라는 역사적 과제에 정면으로 맞설 수 없었다. 또한 민족문제의 관념적 인식이나 열의만을 가지고 통일운동이나 사회변혁운동을 올바르게 이끌 수 없는 일이었다. 옥중의 이수병은 4월 항쟁과 통일운동의 정신을 계승하지 못하고 변절과 좌절의 길1)로 들어선 일부 민통 전학련 동지들을 안타까운 마음으로 지켜볼 수밖에 없었다.

옥중 단식투쟁

서대문구 현저동 서대문 1번지 구치소 생활도 어느덧 일년이 지나갔다. 지난 1년은 체포, 경찰의 취조와 재판 등으로 오고 가는 길이 번거롭고 긴장한 탓에 시간이 빨리 지나갔다. 이수병은 스스로 감옥생활을 핑계로 삼아 시간을 헛되이 보내지 않고, 오히려 밖에 있을 때보다 자신을 엄격히 관리해 나갔다. 부실한 감옥의 식사와 불편한 잠자리에도 이수병은 어린 시절부터 고학과 노동으로 단련된 몸으로 다른 동지들보다 쉽게 적응해 나갔다.

그러나 이제 긴 징역살이를 하기로 다짐하던 때, 이수병은 옥중에서 첫 번째 시련을 겪는다. 서대문 구치소에는 혁명재판으로 구속된 많은 혁신계 인사와 학생뿐만 아니라 부정선거 연루자, 부정축재자, 반혁명 사건 혐의자, 정치깡패 등 많은 정치범들이 갇혀 있었다. 교도소 측은 같은 정치범이라도 자유당, 군인들은 우대하는 반면 특별법으로 연루되어 들어온 혁신계, 학생들에게 차별 대우를 하였다. 특별법 6조 해당자는 판결이 나고도 6개월 이상 이유도 없이 면회가 금지 당하여 가족의 얼굴도 보지 못하고 편지연락도 할 수 없었다.

이런 가운데 1962년 여름 무더위가 기승을 부리는 어느 날 밤, 이수병은 징벌방으로 끌려간다. 같은 교도소에서 복역한 민족일보 논설위원 이상두의 저서 〈옥창너머 푸른 하늘이〉에서는 이수병의 징벌방에 끌려간 사건의 경위를 자세히 기록하고 있다.

> 이군(이수병)이 징벌방으로 끌려가게 된 경위는 대체로 다음과 같다. 심장병을 앓고 있던 강등인(姜鄧仁, 민자통 총무부장)씨가 밤중에 발병, 무척이나 심한듯하여 한 방에 있던 이군이 급히 패통을 쳤다. 형무관이 왔다. 병세가 악화, 위독한 듯하니 의무관을 불러주면 좋겠다고 했다. 그러나 아무리 기다려도 소식이 없다. 또 패통을 치고 형무관을 불러 물었더니 보안과에 보고했으니 무슨 기별이 있을 것이라고 말했다. 환자는 금방 숨이 넘어갈 듯 신음하는데 의무관은 좀처럼 오질 않는다. 할 수 없이 이군이 교감(矯監=간수장)면회를 요청, 얼마 뒤 교감이 나타났다.

이수병은 뒤늦게 나타난 간수장을 향해 "사람을 8천 명이나 수용해 놓고 숙직의사조차 없으니 불안해서 살 수 없다"고 교도소의 무책임한 태도에 강력히 항의하였다. 그동안 열악한 교도소의 환경으로 많은 환자가 발생하기 일쑤였다. 수형자들은 몇 차례나 숙직의무관을 두도록 건의하였으나, 교도소 당국은 여러 가지 핑계로 묵살해오고 있었다. 그러나 나이 어린 학생에게 불의의 일격을 당하여 위신이 상한 간수장은 이수병을 끌어내 징벌방에 집어넣는다.

이수병이 끌려간 징벌방은 좁은 창문마저 없는 깜깜한 방이었다. 환기가 안 되기 때문에 한참 지나면 산소가 부족해지고 의식마저 희미해지는 감방 속의 감방이었다. 이수병은 손이 뒤로 묶여 꼼짝할 수 없었다. 입에도 방성구(防聲具)가 채워져 소리칠 수도 없었다. 밥은 수저도 없이 개처럼 엎드려야 먹을 수 있고, 대소변은 작게 뚫린 구멍으로 간신히 해결해야 했다. 징벌방에 끌려온 사람들은 인간이 아닌 짐승으로, 인간으로서의 권리는 완전히 차단되었다. 그럼에도 이수병은 후회하지 않았다. 이미 몇 날, 몇 달 이라도 버틸 각오를 하고 있었다.

다음날 아침 혁신계 인사들은 지난 밤에 일어난 소식을 듣자 격분을 하며 그동안 교도소 측의 홀대에 불만을 터뜨렸다. 그리고 이들은 혁신계에 대한 모독과 차별대우에 맞서 단식투쟁을 벌이기로 하였다. 사회당의 유한종을 비롯하여 문한영, 박진 등 민자통 관계자를 비롯한 혁신계 거의 모든 사람들이 단식에 참여하였다. 얼마 지나지 않아서는 자유당의 부정축재자, 군관계자들도 단식에 합류하였다.

이군을 즉각 원상복귀 시켜라, 숙직의무관을 두도록 하라, 혁신계에 대한 차별대우를 시정하라 등의 요구조건을 전달하고 이것이 관철될 때까지 단식하겠다고 선언했다. …… 이건호 교수는 마침 이날이 생일이었으나 성찬은 고사하고 그 깡보리 가다밥 조차 못 들고 씁쓸한 표정을 짓고 있었다. 그러나 혁신계의 단식엔 강제급식이 없었다. 그 많은 사람에게 강제급식이란 애당초 불가능한 것이라고 판단한 때문인지도 모른다. 며칠 사이 강경히 반항하여 요구조건을 들으라고 외치던 사람들이 줄지어 버티어선 형무관에 의해 차례로 끌려 나갔다. 사태는 걷잡을 수 없이 악화돼가고 분위기는 살벌해갔다. 경비가 강화되고 감방 밖에서의 세수도 운동도 일체 금지되고 말았다.

단식 5일째 되는 날, 교도소 측은 징벌방 해제와 다른 요구사항에 대해서 책임자의 이행약속을 타협안으로 제시하였다. 단식 주체들은 타협안에 대한 검토와 토론을 거쳐 이를 수용하기로 하였다. 더 강하게 밀어붙이자는 주장도 있었으나 쓰러지는 사람들이 늘어날 것을 우려하였다. 부분적 승리지만 혁신계 인사들은 단식투쟁을 종결하기로 결정하였다. 이수병을 비롯하여 단식투쟁의 과정에서 징벌방에 끌려갔던 재소자들 모두가 돌아오고 감옥은 다시 정상을 찾는다.

그러나 승리의 기쁨도 잠시였다. 며칠 뒤 단식 주동자들에 대한 격리 차원에서 이감(移監)이 진행되었다. 단식투쟁의 재발을 막고자 실시한 이감은 또 다른 징계에 해당하는 것이었다. 송지영, 고정훈, 안신규, 이종률, 문희중, 권대복, 변노섭, 이목, 하태완, 이원식, 곽순보, 유근일, 김상찬, 안잠, 이복영 등 20여명이 불시에 마포교도소로 이감되어 이수병은 이들과 작별의 인사도 못한 채 헤어져야 했다.

天將降大任也 先授災殃 (천장강대임야 선수재앙)

옥중에서 가족에게 보낸 편지에는 이수병의 애틋한 가족에 대한 사랑과 세심한 인간적 감성을 엿볼 수 있는 내용이 가득하다. 다음은 옥중에서 3년 만에 아버지 이정항을 만나고 보낸 편지의 한 구절이다.

> 아버님! 오죽이나 보고 싶으셨으면 천리 길 머나 먼 이곳까지 그렇게 찾아 주셨겠습니까? 고된 추수를 끝내시자마자 고단한 몸을 안 으시고 더욱이나 밤차까지를 타시고서 …… 그러나 아버님! 불효 소자인들 어찌 반갑지 않았겠습니까? 아버님을 뵈옴과 동시에 소자는 그 속에서 할아버지 할머님의 손자 그리는 눈물의 의미를 읽었고, 어머님의 정다운 위로의 뜻을 새기며, 어린 동생들의 오빠의 석방을 염원하는 정성어린 목소리를 들을 수 있었으니 말입니다. 木石(목석)인들 어찌 눈물이 없을 수 있었겠읍니까마는, 三年(삼년)만에 뵈옵는 아버님을 시종 웃음으로 맞아야 했던 소자의 뜻을 충분히 굽어 살펴주시리라 믿습니다. 아버님 용서하시옵소서. ……
>
> (1963년 11월 26일)

또한 이수병은 〈맹자(孟子)〉의 한 구절을 인용하여 큰 임무를 맡고 고난에 처한 자신의 처지를 비유하며 부모를 위로하고 있다.

어머님! 잘 살아보려 이렇게도 허덕이는 백성들에게 하늘은 어찌하여 이처럼 박정한 것입니까? 비가 오지 않아 보리가 자라질 않는데다 파종까지 어렵다니 이 일은 또 누구의 죄란 말입니까?

그러나 어머님! 언제나 할아버지 할머님께서 연만하신 중에서도 만강하시고, 아버님께서도 안녕하시며 동생들도 다 잘 자란다니 이 얼마나 반가운 일입니까?

아버님의 하서와 금자의 편지 다 잘 받았습니다. 기동 형님이 아직 완쾌되시지 않았다니 무척 걱정스럽습니다. 약이라도 좀 사 보내드리려고 부탁해 봤더니 그게 잘 되질 않습니다. 그저 마음만 보내드립니다.

그리고 마을 친구들이 모두 결혼들을 했다고요? 그래서 할머님은 손부가 보고 싶어서 눈물까지 지으시고. 의논해 봐서 아무 처녀나 하나 보내 드리도록 해 봤으면 좋겠습니다. 참 친구들 경사때는, 어련하시겠습니까마는, 소자가 차려야 할 예를 잃지 않도록 해 주십시오.

세회는 찾아 오지 않고, 주정인 세 번이 와서 돈도 500원이나 넣고 갔습니다. 밖에 있으면 좀 도와 줄 것을.

소자는 언제나 건강하고 열심히 책을 읽고 있습니다. 며칠 전엔 양희용이란 친구가 1,200원짜리 책을 사 넣어 주었고 어늘 친구는 또 1,000원이나 넣어 주었습니다. 정말 소자의 일은 조금도 염려마시고 조부모님을 잘 모셔 주십시오. 부모의 심정이 오죽하시겠습니까만, 저도 벌써 나이 설혼이 아닙니까?

그럼 안녕히 계십소서. (집안 어른님들께도 안부를) 4.21

아버님! 어쩔 도리 없는 소생의 위치를 굽어 살피시와 너그러이 용서해 주시고, 할머님 어머님도 잘 위안해 드리시길 바랍니다. 맹자(孟子)에도 「天將降大任也에 先授災殃이라(하늘이 장차 큰 임무를 맡기고자 할 때는 먼저 불행한 변고를 준다)」했으니 한결같이 노력하는 수병의 모든 일엔 안심하시고, 경제적 고통 속에서나마 가정의 행복을 키워나가기에 尊心(존심)하시길 비나이다. ……

(1963년 12월 19일)

이수병은 가정 사정으로 학업을 중단한 여동생 금자에게 옥중에서도 강의록과 사전을 구해주려 하고, 동생에게 작은 일이라도 꾸준히 노력하는 사람으로 성장하기를 격려한다. 또한 서로 만날 수 없는 남매의 안타까운 심정을 편지로 나눈다.

금자야! 세상 사람들이 다 뭐라고 하든, 너만은 이 옥중에 있는 오빠의 말일망정 어김없이 따라줄 것을 의심치 않으련다. 너가 오빠를 그리워하듯 이 세상 어느 누구보다도 너를 가장 아끼는 사람은 바로 이 오빠이리라. 그러기에 너의 마음이 안정을 얻을 때 오빠의 가슴에 평화가 오고, 너가 탈없이 생활해 갈 때 오빠에게 발전이 있을 것이다. 편지마다 「참고 견디어라」라고만 써 보내니, 너는 오빠를 속도 모르는 무정한 사람으로 생각하리라. 그러나 금자야! 너가 오빠의 맘을 바로 읽을 수 있기만 한다면 오빠의 말뜻을 이해할 수 있으련만. 괴로울 적마다 아이스케키 통을 메었던 오빠를 그려보고,

피곤해 졸릴 적마다 감방에 앉아 책을 읽고 있는 이 오빠를 생각하여라. ……

(1964년 5월 22일)

이수병은 수형생활 처음부터 감옥 밖의 사람들이 놀랄 정도의 공부를 해서 나갈 결의를 굳게 다진다. 이러한 결의는 단지 부모님 마음을 편하게 하기 위한 것만은 아니었다. 작은 일도 소중히 하는 투철한 생활철학을 바탕으로 한 이수병의 옥중 계획은 하나 둘 실천에 옮겨졌다. 감옥 안의 삶도 살아 있는 한 인생의 일부이다. 이수병은 그 감옥 안의 생활도 감옥 밖에서 추구한 것처럼 의미 있고 가치 있는 삶을 살도록 그 누구보다도 노력하였다.

3. 수양(修養)과 전망의 시간

다시 일어서는 민주주의

1964년 봄, 담장 넘어 바깥세상은 혼미를 거듭하고 정국의 추이는 예측할 수 없이 흘러갔다. 군사 쿠데타로 정권을 찬탈한 박정희는 군정 연장과 대통령 선거 일자를 늦추며 민중을 우롱하였다. 그러는 사이 중앙정보부를 동원하여 권력기구를 장악한다.

미국은 제3세계 곳곳에서 벌어지는 민족해방운동을 군사쿠데타 등으로 봉쇄하고, 자국의 군사비 부담을 줄이기 위해 군사 지역통합 전략을 추진하였다. 그리고 베트남 전쟁이 확대되면서 미국은 1963년 집권에 성공한 박정희에게 한일국교 정상화를 본격적으로 강요한다. 한국전쟁을 통해 제국주의의 길을 걷기 시작한 일본도 자국의 잉여자본을 해외에 투자할 탈출구를 찾고자 한일국교 정상화에 적극적으로 나섰다.

그러나 분단체제 아래서 한일국교 정상화 교섭은 한·미·일의 공조 아래 북한을 고립시키려는 의도가 분명하였고, 군사 쿠데타 정권의 대일 외교 저자세는 민족의 저항을 불러 일으켰다. 따라서 민족적 양심을 가진 모든 사람들은 모두 거리로 뛰쳐나와 '굴욕적 외교 중지하라!', '제

2의 이완용을 총살하자'라고 규탄하며 과감한 투쟁을 전개하였다.

군사정변 직후 군사쿠데타 지지 시위를 벌인 서울의 각 대학들도 박정희 정권 하의 굴욕을 딛고 새롭게 학생운동의 대오를 갖추었다. 1964년 3월 24일, 학생들은 '제국주의자 및 민족반역자 화형 집행식'을 거행하며 4월 항쟁 이후 가장 격렬한 시위를 벌인다. 이어 5월 20일 서울대학교에서는 '민족적 민주주의 장례식'과 성토대회를 열었다.

학생들은 이날, 군사 쿠데타 세력이 '우리 민족의 불구대천인 일본 제국주의를 끌어들여 대미 의존의 한국경제를 이중(二重)의 예속 굴레를 얽어매고 있다'고 강력히 비난하였다. 그리고 박정희 정권이 내세운 사이비 '민족적 민주주의'를 부정하며 독재정권의 사망을 만천하에 선포하였다. 이어 6월 3일 학생, 시민들이 서울 세종로 거리를 장악하자 비상계엄령을 선포한 군부독재 정권은 군대를 동원하여 시위를 무력으로 진압하기에 이른다.

안양교도소로 이감

밖에서 학생, 시민들의 투쟁의 성과로 국회에서 혁신계 인사와 학생들에 대한 석방결의안이 통과되었다. 따라서 3분의 1 이상 형기를 채운 사람들은 풀려나고, 이수병도 15년 형량에서 10년으로 감형 받는다. 감형을 받은 이수병의 마음은 담담했다. 이미 예상한 일이기도 하였고, 몇 년을 더 살고 덜 살고에 개의치 않기로 마음먹은 터였기 때문이다. 다만 밖에서 석방을 기다리는 분들의 실망과 노고에 죄송스러움이 마음을 아프게 할 뿐이었다.

시위가 절정에 오른 6월 3일 아침, 석방과 감형에 따른 대규모 이감 조치가 뒤따랐다. 정부는 정치범, 특히 혁신계 인사들을 서울 한복판에 집단 수용하는 것이 불안한 탓인지 지방으로 나누어 가두기로 결정하였다. 삼엄한 경계와 불안감이 교차한 가운데 이수병은 이날 이동화, 김달호, 기세충, 윤길중 등과 함께 안양교도소로 이감되었다.

안양교도소는 수형자가 4천여 명에 이르고 10년 이상의 장기수도 500명이 넘어 안양 아카데미 정치범 회원은 웬만한 대학의 학생수를 능가하였다. 안양교도소에는 단식투쟁 후 이감으로 헤어진 20여 명의 동지들이 마포교도소가 폐쇄되면서 먼저 와 있었다. 수인번호 2233번 이수병은 이들과 다시 만나며 안양교도소의 생활은 더욱 활력을 얻는다.

안양교도소에서 출역 중 옥중 동료와 함께(앞줄 왼쪽)

국회 석방결의안이 통과된 후 교도소의 행정도 완화되어 이전과는 달리 혁신계와 학생들을 함부로 대하지 않았다. 공장 출역(出役)이 없는 날은 방문을 따주어 수형자들은 자유롭게 모여 모임을 가지기도 하고, 국경일에는 소풍을 보내주어 기분전환을 시켜주기도 하였다.

이수병이 수감된 4동 상 안에서는 개인 독서는 물론 보리 밥알을 뭉쳐 만든 바둑알로 바둑을 두기도 하고, 나무로 공을 만들어 탁구 경기와 비슷한 '유구'라는 운동을 즐기기도 하며 폭넓은 인간관계를 맺을 수 있었다. 그리고 저녁에는 각 분야별로 뛰어난 사람들을 뽑아 공동 강사진을 만들어 정규적으로 강의를 하였다. 윤길중은 서예와 한시를, 안민생2)은 중국어를 맡았으며 이수병은 우리말과 글을 가르쳤다.

"여러분, 왜 좋은 우리말을 두고 동풍, 서풍 합니까? 마파람, 하늬바람, 금바람 등 얼마든지 아름답고 쓰기 좋은 우리말들이 많습니다."

매일 저녁 15분간 진행한 이수병의 우리말 강의는 우리 민족의 정서와 자부심을 일깨워주는 데 한 몫을 담당하고, 무심코 쓰는 한자어를 우리말로 바꾸는 일에도 많은 관심을 갖게 하였다.

오늘은 글 쓰는 법에 대해 몇 마디 적어보마. 우선 글은 자기의 뜻을 남에게 전하는 것이므로 너무 감정에 치우침 없이 정확해야 하고, 알아보기 쉬워야 하며, 맞춤법이 맞으면 더욱 좋은 법이다.

예를 들면 '구구원문'은 '알고 싶다'로, '방심'은 '안심'으로, '균길'은 '안녕' 등으로 고치면 얼마나 좋으냐? 더구나 '기체후 일양만강' 같은 부적당한 말은 요즘엔 곤란하지. ……

(1964년 8월 27일)

옥중에서의 학습과 사색

 안양교도소 이감 후 이수병은 주변의 도움과 스스로의 노력으로 풍부한 소양을 터득한다. 감옥이 강제하는 규율에 맞서 이수병은 자신만의 규율을 가지며 밖에 있을 때보다 더욱 치열하게 자신을 관리하였다. 이수병은 감옥생활을 핑계로 삼아 시간을 헛되이 보내지 않으려고 노력한다.

 이수병의 수형 생활은 감옥이 상징하는 딱딱함, 메마름이라는 고정관념과는 거리가 멀었다. 옥중에서 이수병은 전혀 못 두던 바둑을 광주 민자통의 기세충에게 배워 짧은 시간에 1급 실력을 보였다. 한국전쟁 당시 인민군으로 참전한 무기수 이창문에게 묵화를 배우는 등 다양한 방면에 관심을 두고 인격수양에 힘을 쏟았다.

 그리고 이수병은 '배운 것은 실천에 옮긴다는' 자세로 공동 학습에서 배운 한시를 직접 짓기도 하였다. 이수병은 윤길중과 안민생에게 배운 한자와 한문 실력을 발휘하여 옥중에서 여동생을 생각하는 애절한 마음을 담은 한시를 지어 여동생 금자에게 보낸다.

月夜思妹(월야사매)

달밤에 누이를 생각하며

寒月三更氣笛鳴(한월삼경기적명)

깊은 밤 찬 달빛 아래 기적은 울고

忽然思妹濁眸明(홀연사매탁모명)

홀연한 누이 생각에 흐린 눈 맑아오네

四年冤謫夢中別(사년원적몽중별)

원통한 사년 옥고 꿈속의 이별 같아

何歲鄕園藤下迎(하세향원등하영)

고향 뜰 등나무 아래서 맞아줄 날 있으려나

孤雁傳言垂熱淚(고안전언수열루)

외기러기 전하는 말에 뜨거운 눈물 흐르고

姮娥慰語倍幽情(항아위어배유정)

달빛처럼 고운 누이 달래는 정 그윽하네

隔居千里心同處(격거천리심동처)

몸은 천리 떨어져 있으나 마음은 같이 있어

點燭砧衣待世平(점촉침의대세평)

촛불 밝혀 다듬질하며 밝은 세상 기다리네

(1965년 2월 6일)

이수병은 혁신계 원로 유한종에게 일본어 회화를, 안중근 의사 집안으로 대구 민자통에서 활동한 안민생에게는 중국어를 배웠다. 특히 일어공부를 할 때는 이수병은 하루 한 시간씩 일어사전을 보고 사전 한 권을 통째로 외우는 놀라운 집중력을 보여준다. 감옥에서 터득한 일본어 실력으로 이수병은 훗날 일어학원 강사로 일하며 학생들을 가르친다.

안양교도소 이감 후 이수병은 주변의 도움으로 더욱 학습에 전념한다. 책바라지는 '암장' 동지들의 헌신적인 지원과 이수병의 부탁을 받고 부산 보수동 헌책방을 찾아다니며 원서를 구해다 준 고향 친구들의 노력도 한 몫 하였다. 그리고 이수병의 인격과 성실성을 높이 산 한 간수[3]는 자기 월급으로 검열에 걸릴 만한 책이나 일본 잡지 〈세계〉를 정기적으로 넣어주었다. 간수들은 가난 때문에 제대로 교육도 못 받고 사회로부터 외면 받는 직업 중의 하나였다. 그러나 간수 중에는 사회운동의 뜻에 공감하여 남몰래 옥바라지나 바깥세상 소식을 전해주는 사람도 있었다.

감옥에서도 이수병은 사회변혁의 열정을 품으며 정치경제학 공부에 주력한다. 간수가 구해준 일어판 〈자본론〉, 이와나미문고(岩波文庫)에서 나온 〈경제학사전〉 전 3권을 탐독하고, 스즈모도(鈴本)가 지은 5백여 쪽의 〈경제학원리론〉을 열 번이나 되풀이 읽었다.

> 경란양! 나는 오늘에사 겨우 「經濟學原理論(鈴本)」이란 책의 십회독(十回讀)을 계획대로 완수했습니다. 500페이지 남짓한 책이니까 남들에게야 대수롭잖은 일이겠지만 둔한 내겐 정말 지나친 고역이 아닐 수 없었습니다. 물론 그러고서도 그 책을 얼마나 깊이 이해했

을는지 극히 의문스러운 일이지만 나의 조그만 지식의 세계를 발전
적으로 해소(解消)시켜 놓은 것만은 분명한 일이기에 나는 혼자서
이것이 곧 옥고 6년이 맺은 수확량이 아닐까 하고 생각하고 있습니
다. ……

(1966년 11월 1일)

  이수병은 이미 '암장' 시절부터 〈자본론〉등을 숙독하는 것을 비롯하여 평생을 경제학 공부의 끈을 놓지 않았다. 이수병은 '난 여기서 보잘 것 없는 것이지만 10년이나 공부한답시고 나의 경제학적 지식으로 풍년에 한숨짓는 우리네 농민들의 기막힌 처지를 속속들이 파헤치고 싶은 마음이 간절하다'며 구체적인 삶 속에 들어있는 역사적 본질을 파악하고, 사회적인 체험과 이론을 유기적으로 결합하고자 하였다. 이수병에게 공부는 학문 그 자체로서 만족하는 것이 아니라, 구체적인 현실을 파악하기 위한 하나의 도구였다. 이수병이 책장을 넘기는 일은 곧 농민이 밭고랑 매는 일과도 같은 것이었다.

  하늘이 푸르다 푸르다 못해 검기까지 한 5월, 보릿고개만 없었던
들 얼마나 아름다운 우리의 하늘이냐! 어젯밤, 가느다란 소나기에
먼 산이 한층 더 푸르러졌는데 그 속에서 너의 몸도 마음도 더 부
풀고 예뻐져야지. 오죽 고단하랴마는 네가 밭 한 고랑의 김을 맬 때
나도 한 장의 책장을 넘길테니 괴롭고 우울할 때마다 책을 읽고 앉
은 오빠를 생각하여라.

(1966년 5월 10일)

감옥이 현실적으로 소외되고 운동 속에서 실천으로 검증하기 어려운 한계도 있다. 그러나 이수병은 감옥에서 이론을 더욱 체계화하면서 그것을 자기 사상의 피와 살로 만들어가고자 몇 배의 노력을 기울인다. 스스로도 고백하듯이 이수병은 '자학(自虐)에 가까울 만큼의 인내(忍乃)로써 쉬지 않고 책갈피를 넘김도 자신의 애착(愛着)'이라고 하였다. 이수병의 치열한 학습은 그만큼 그가 지닌 변혁의지를 한층 풍부하고 깊게 하였다. 또한 학습은 비록 몸은 갇혀 있을지라도 정해진 시간에 학습하고, 그 학습을 계획하고 실천함으로써 자기 존재의 주체성을 확보해가는 일이었다.

이수병은 이러한 학습을 바탕으로 민족에 대한 애정과 역사발전의 필연성을 기초로 해서 장편의 대화체 소설 〈수경선생(水鏡先生)〉을 집필한다. 이 소설은 민족적 시각 속에서 현인들과 몇 사람의 청년들의 대화를 통해 당면한 변혁운동의 정당성과 승리의 필연성을 제기한 글이라고 한다. 또한 군사 쿠데타 세력은 국민의 지지를 받지 못한 파쇼정권임을 밝히고, 경제학 지식을 바탕으로 한국경제를 장악하려는 매판재벌의 문제를 지적하였다고 한다. 그러나 이 대화체 소설은 1974년 체포당할 때 압수된 후 유실되어 아쉬움을 더해주고 있다.

4. 인간 이수병

따뜻한 인간애

　이수병의 곁에는 늘 많은 사람이 모여들었다. 호탕한 성격과 편벽됨이 없는 성격은 많은 사람들에게 호감을 주어 감옥에서도 늘 주목을 받았다. 그리고 어른들 앞에서의 겸허하고 공손한 태도, 부모에 대한 지극한 효심, 절제된 생활, 분명한 자기주장은 많은 사람들에게 공감을 주었다.

　특히 상대적으로 자유로운 안양교도소에서 이수병은 수원범혁신동지회의 김을수, 민자통의 문한영, 사회대중당의 김달호 등과 교분을 맺으며 폭넓은 인간 관계를 맺어간다.

　그리고 이수병은 1차 인혁 사건으로 투옥중인 대구지역의 뛰어난 조직운동가 도예종을 선생으로 깍듯이 모시고, 그로부터 변혁운동의 이론과 실천의 자세를 배운다. 두 사람은 운동 시간도 잊은 채 방 안에서 나오지도 않고 토론에 열중한 적이 한 두 번이 아니었다. 감옥은 이수병에게 갇혀 있다는 수동적 의미를 넘어 검열된 활동가를 만나고, 이를 통해 자신을 성장시키는 진정한 학교였다.

이수병은 동지들 간에도 상대방의 특성과 의식에 맞는 내용의 대화를 나누며 그들에게 자신감을 불어 넣어주었다. 초등학교 중퇴 학력의 김을수에게는 레포트를 제출하는 방식으로 글을 깨우치도록 도와주고, 광주 민자통의 안병철에게는 멕시코 혁명가 사빠따4)의 생애를 들려주면서 용기를 북돋아 주었다. 이수병의 민족민주혁명의 필연성에 대한 차분하고도 논리적인 대화는 감옥의 동지들을 감화시켰다. 몇 시간에 걸친 이야기에서도 중복되거나 논리적인 모순은 거의 찾을 수 없었고, 그 내용은 체계적이면서도 알아듣기가 쉬워 많은 사람들의 기억에 오래도록 남았다.

이수병은 가족뿐만 아니라 교사 시절의 제자, 고향의 어른과 친구, '암장' 동지들과 면회와 편지를 주고받으며 인간적 교류를 이어나간다. 감옥에서 편지는 사회로 열린 유일한 대화의 통로이자 호흡이었다. 이수병은 편지를 받는 즉시 바로 그 자리에서 답장을 쓰는 습관과 폭넓은 인간관계로 옥중에서 그 누구보다 많은 서신을 주고받았다.

또한 이수병은 좋은 책을 접할 때는 동료들과 같이 나누어 읽어 그 사상과 정신을 공유하려고 노력하였다. 특히 갑오농민전쟁과 4월 항쟁의 정신을 노래한 신동엽의 대서사시 〈금강(錦江)〉을 읽었을 때는, 그 감동을 함께 나누고자 옥중에서도 시집을 구해 밖에 있는 지인(知人)에게 보내기도 하였다.

가족에 대한 사랑

이처럼 두루 미치고 있는 인간애의 밑바탕에는 늘 '내 가족에 앞서

내 민족에 더 큰 마음을 쏟아야 한다'는 이수병의 말버릇처럼 늘 우리 민족과 민중에 대한 애정이 담겨있었다. 그러나 의지와 신념에 불타는 이수병도 가족의 따뜻한 사랑 앞에서는 번민하지 않을 수 없었다.

옥중에서 여섯 번째로 맞는 추석을 한 열흘 앞두고서 불초 소자는 온갖 감회에 젖어봅니다. 제사 때마다 참례(參禮)치 못함도 그 죄 어찌 가벼운 것이겠읍니까마는, 진정(眞正) 대중을 위한다는 뜻만 지니면 개인적으로는 부모님께 불효를 저질러도 좋을 것인지 의문스러울 뿐입니다. ……

(1966년 9월 16일)

이수병은 국경일마다 라디오 앞에 앉아 특사(特赦)를 기다리며 늘 아쉬움을 달래야만 하던 부모님을 그리며 웃음 속에 눈물을 감추어야 했다. 1966년 말 특사를 기대하고 안양교도소까지 올라왔으나, 사면에서 제외되어 고향으로 홀로 내려가는 아버지를 그리며 보낸 서신이다.

한양 천릿길도 멀다 않으시고 이 못난 아들을 맞으려 교도소를 찾으셨다가 실망만을 한아름 안고서 되돌아가신 아버님의 가슴 속에 남몰래 고여들었을 숨은 피눈물의 뜻을 생각하며 소자는 이렇게 붓을 들었습니다. 조금이라도 아버님을 위로해 드리려고 울음을 웃음 속에다 감추고 있었던 소자의 심정도 어찌 편안한 것일 수 있었겠읍니까마는 혼자서 돌아오신 아버님을 맞으시는 할아버지와 할머님, 어머님과 동생들, 그리고 집안의 여러 어른님들의 그 눈물겨운 정경을 상상해 볼 적에 소자의 가슴은 정녕 갈갈이 찢어지는 것만 같습니다. ……

(1966년 12월 28일)

이수병은 석방 전 모범수로 일주일간의 귀휴(歸休)를 받는다. 서울의 '암장' 동지들과도 재회하고 옥중에서 모은 영치금으로 어머니께 드릴 금반지와 동생들의 선물을 마련하여 고향 집을 찾는다. 이수병은 돌아와서 그 때의 정경을 이렇게 그리고 있다.

아버님! 편찮으신 몸이신데도 청년들 틈에 끼어 드서서 즐거이 춤을 춰주시던 할머님의 모습이 눈에 선합니다. 기쁨과 서름에 겨워 눈물지우시던 할아버지와 어머님, 오열(嗚咽)에 몸을 떨던 금자를 생각하면 새삼스레 가슴이 메워지는 것 같습니다마는 건강한 몸으로 할아버지, 할머님을 뵈옵고 옴으로써 저에 관한 여러 가지 걱정을 조금이나마 들게 해 드릴 수 있었으리라 믿어져 마음 한결 가벼워지기도 합니다. ……

(1968년 2월 1일)

마침내 또 한번의 감형을 받은 이수병은 1968년 4월 17일 굳게 닫힌 철문을 열고 7년 만에 자유의 몸이 된다.

1) 4월 항쟁의 좌절과 변절의 길은 군사 쿠데타가 일어난지 일주일도 안 되어 나온 서울대학생회의 5·16 지지선언문(1961.5.23)과 군사정권의 공존이 전제된 서울대 향토개척단 발대식(1961.6.24)으로 일찌감치 자기부정의 수모를 겪는다. 민통·전학련의 윤식, 이영일 등은 재판과정에서부터 이미 노선과 이념에서 극명한 인식의 차이를 드러내었다. 이들은 상소이유서에서 자신들의 노선은 반미가 아니라고 주장한 반면 이수병 등은 한·미간의 불평등협정을 지적하며 비자주성을 분명히 지적하였다. 이후 민통·전학련의 주요간부는 1970년대 조국근대화라는 명분으로 체제참여를 기도하고, 1972년 10월유신 지지선언을 계기로 박정희 정권에 참여한다. 그리고 1980년대는 자신들의 정치 진출의 계기를 마련해준 10월유신 까지도 부정해가면서 전두환 정권의 제5공화국 통치이데올로기를 창출하는 역할을 맡는다.

2) 안민생(1911~?) 안민생은 안중근의 오촌 조카로 만주에서 독립운동을 하던 중 만주군에 붙잡혀 양 발끝을 작두에 잘리는 고문을 당하는 수난을 겪는다. 해방 후 고국에 돌아와 평화통일운동을 전개하였으나 1961년 경북민족통일연맹과 민자통 운동으로 안경근과 같이 투옥되어 10년형을 선고 받는다. 1968년 가석방되었으나 독립유공자로 선정되지 못한 채 교통사고 등으로 말년에 불우한 생활을 하던 중 행방불명으로 비극적 생을 마감한다.

3) 이수병의 인격에 감화를 받아 옥바라지를 한 익명의 간수는 간수직을 그만둔 뒤 넝마주이들과도 함께 생활하다 불교에 귀의한다. 관악산 한 사찰의 주지스님이 된 이 간수는 출옥 후에도 이수병의 든든한 후원자 역할을 자임한다.

4) 사빠따(?~1919) 에밀리아노 사빠따(Emiliano Zapata)는 멕시코 농장 노동자 출신의 멕시코 중남부 지역 혁명가다. 사빠따는 가난한 농민을 중심으로 게릴라를 조직하여 마데스와 함께 멕시코의 독재자 디아스 정권을 타도하고 혁명정부를 수립한다. 그리고 대농장을 접수하여 토지를 마을 공동체에 분배 공동경작이라는 농업혁명을 실시하여 러시아혁명과 다른 멕시코 방식의 자주관리운동을 펼친다. 이후 사빠따는 게릴라 지도자로서 중앙권력에 맞서 투쟁하지만 40여 세 젊은 나이에 피살된다. 그러나 사빠따는 멕시코의 전설적 인물을 넘어 오늘날 제3세계 민중의 저항인 사빠띠스타 정신으로 부활하여 제3세계 혁명의 한 형태로 공감을 얻고 있다.

제 5 장 시련을 딛고서

1. 모색의 시간

고향에 내려와서

7년 만에 출옥한 이수병은 가족이 기다리는 고향 의령으로 내려간다. 오랜 감옥생활로 지친 몸과 마음을 달래고 변화된 사회에 적응하기 위해서는 정양(靜養)의 시간이 필요하였다. 고향에 다시 내려온 때는 봄이 한껏 무르익어 한창 바쁜 농사철이었다. 그리던 고향에 내려온 이수병은 집 안 일을 조금씩 거들면서 몸과 마음의 자유를 다시 찾아간다. 옥중에서도 작은 밭을 일구어 흙냄새를 맡으면서 농민의 아들임을 늘 잊지 않던 이수병에게 고향은 어느덧 징역생활의 고달픔을 잊게 하였다.

그러나 농촌의 생활은 귀거래사(歸去來辭)를 읊을 만큼 여유 있거나 한가한 삶은 아니었다. 해마다 닥치는 보릿고개를 견디지 못하여 농민들은 굶주림에 신음하고, 희망을 갖지 못한 사람들은 살길을 찾아 하나 둘 고향을 등졌다. 게다가 1968년 그 해 여름은 남도지방에 비 한 방울 내리지 않는 가뭄이 들어 애를 써서 가꾼 논밭이 대부분 갈라졌다. 대식구를 거느린 아버지와 이수병의 몸과 마음도 함께 타들어갔다.

어느덧 해가 바뀌어 고향에 내려 온지도 일년여 시간이 흘렀다. 하지만 고향에서의 생활은 커다란 꿈을 가진 이수병을 더 이상 잡아놓을 수 없었다. 고향은 이수병에게 또 다른 전진을 위해 잠시 머물러야 하는 곳이었다. 삶은 때로는 상황에 따라 달라질 수도 있고 패배도 각오해야 한다. 이수병은 '더욱 단단하게 몸과 마음을 무장'하여 다시 일어서리라 스스로 다짐하고 있었다.

이수병은 휴식을 취하면서도 예전의 동지들과 연락을 취하였다. 출감 후 동지들과 회포도 풀지 못하고 고향을 내려왔지만, 이제는 감옥에서 생각해오던 일을 더 이상 뒤로 늦출 수 없었다. 하루 빨리 동지들 곁으로 돌아가야 했다. 이 땅의 민주변혁과 통일을 위해 박정희 군사파쇼 정권과의 투쟁을 멈출 수 없었다.

한국전쟁 후 새로 지은 선생의 생가

이수병은 고향을 떠날 것을 결심하고 인사차 안상록을 찾았다. 어느 덧 칠십을 바라보는 나이지만 안상록은 이수병이 고향에 머무는 동안 그를 자주 불러 격려를 아끼지 않았다. 안상록이 민족을 위해 일할 큰 일꾼으로서 이수병에 거는 기대는 여전히 컸다. 1969년 봄, 이수병은 가족과 다시 헤어져야 하는 아픔을 뒤로하며 서울로 향한다.

역류하는 시대

이수병이 고향에 머무는 동안 군사독재 정권의 폭압정치로 민족의 운명은 점점 역사의 흐름에 역류하였다. 국민을 기만하여 선거를 통한 재집권에 성공한 군사 쿠데타 정권은, 범죄와 부패를 자행하며 불법적인 권력을 노골화하기에 이르렀다. 그리고 제3세계로부터 미국의 용병이라는 비난을 받으면서까지 월남전에 군사를 파병하여 청년들의 목숨을 달러와 맞바꾸었다. 이제 남한은 이승만 정권 시기와는 다른 강력한 친미반공을 기반으로 하는 거대한 병영국가로 자리 잡았다.

그러나 박정희 정권은 1967년 대통령선거와 6·8 국회의원 선거[1]에서 민심의 이반을 가져왔다. 특히 3선 개헌의 분수령인 국회의원 선거 승리를 위해 온갖 수단과 방법을 다 동원하여 국민들의 강력한 저항을 받았다. 부정선거로 권력을 재창출한 박정희 정권은 이제 순리와 상식으로는 권력을 더 이상 유지할 수 없다고 판단한다. 따라서 중앙정보부는 진보적 지식인과 반정부 저항을 억누를 목적으로 1967년 7월부터 수차례에 걸쳐 동백림 사건과 서울대 민족주의비교연구회 사건을 조작 발표한다.

그리고 이듬해 1968년 8월에는 통일혁명당, 남조선해방전략당[2] 사건 등 비합법 전위조직을 지하당, 간첩 사건으로 발표하면서 진보적 지식인들을 대대적으로 탄압하였다. 이후 박정희 정권은 수시로 간첩단 사건을 발표하면서 국민들에게 불안감과 공포감을 심어주고, 학생들의 시위 배후에는 항상 '좌경용공불순분자들'이 있다고 믿게 하였다.

박정희 정권은 오직 반공을 외쳐야만 군사파시즘 체제를 유지할 수 있었다. 그리고 그 체제 유지를 위해 예비군 창설, 대학 내의 군사훈련, 국민교육헌장 선포와 반공교육을 강화하여 저항 세력의 예봉을 꺾어 나갔다. 이제 남한은 입이 있어도 말을 못하고 펜이 있어도 쓸 수 없는 동토(凍土)의 제국으로 변하고 있었다. 그리고 그 폭압적 정치 속에서 박정희 정권의 치부(恥部)와 잔인성은 늘 감추어져 있었다.

동지들의 투쟁, 1차 인혁 사건

4월 항쟁 이후 담 밖에서 '암장' 동지들과 변혁운동의 새로운 세대들은 조직 활동을 멈추지 않았다. 반면에 일부 학생들과 지식인들은 5·16 군사 쿠데타 정권에 타협을 하며 제도권 정치로 들어갔다. 그러나 4월 항쟁을 외세의 억압적 모순을 깨트리는 민족민주운동과 통일운동으로 계승한 진영에서는 이후 더욱 굳건하게 변혁운동을 지향하였다.

이수병이 감옥에 갇혀있는 동안 4월 항쟁을 겪은 남한의 진보운동 주역들은 위험을 무릅쓰고 동지들을 묶어 조직 활동을 이어나간다. 4월 항쟁 시기 민자통을 중심으로 뭉친 이들은 한국전쟁 이후 소멸되고 단절되어가는 변혁운동을 계승하고, 성장하는 민중의 주체역량을 올바르게 결집하기 위한 핵심 지도조직을 만들었다. 1962년 1월 수배중인 우홍선과 도예종 등 민민청, 통민청, 사회당 동지들은 서로 연락을 취하며, 군사정권에 반대하고 평화적 통일운동을 추진하기 위한 비공개조직을 결성한 것이다.

그러나 한일회담 추진 중 강력한 민족적 저항에 부딪친 박정희 정권은 그 위기를 타개하고자 1964년 8월 14일 이른바 '인혁당' 사건을 터뜨린다.

당시 중앙정보부3)는 혁신계 인사와 한일회담을 반대하는 학생운동 지도자를 묶어 '북의 지령에 따라 도예종, 정도영, 박현채를 중심으로 4·19와 같은 항쟁을 일으켜 현 체제를 타도하려 기획하고, 한일회담을 반대하는 순수한 학생운동을 배후에서 조종하였다'는 내용의 인혁당 사건을 조작 과대 포장하여 발표하였다. 박정희 정권은 한일회담 반대운동의 절정인 6·3 항쟁을 북한의 배후조종에 의한 불순세력의 음모로 부각시키고, 진보 세력을 탄압하겠다는 의도에서 41명을 국가보안법으로 구속시킨 것이다.

그러나 이러한 중앙정보부의 조작은 사건을 맡은 서울지검 공안부 검사들에 의해 무산된다. 검사들은 중앙정보부가 발표한 소위 '인혁당'은 고문에 따라 조작된 허구적 내용으로 기소할 가치가 없다고 거부하면서 관련 피의자들에 대한 불기소 의견을 내세웠다. 이들은 권력내부의 분열이 일어나자 반발하여 사표까지 제출한다. 또한 도예종, 정도영, 전무배 등이 극심한 전기고문과 물고문을 받아 여론의 지탄을 받으며 인혁당 고문 사건이 정치적 문제로 비화되자, 결국 검찰은 반공법으로 바꾸어 12명만을 기소하였다.

이렇게 기소된 사건 관련자들에게 재판부는 도예종과 양춘우만 실형을 선고하고, 모두에게 무죄선고를 내려 사실상 중앙정보부의 의도는 좌절되었다. 그러나 2심에서는 도예종 3년, 양춘우에게 1년의 실형을 선고하고, 1심에서 무죄선고를 받은 나머지 피고들에게 징역 1년이나 집행유예의 판결4)을 내린다.

그러나 중앙정보부에서 처음 인혁당 사건의 전모를 발표했을 때, 국민들이 받은 충격에 비하면 사건 처리는 용두사미로 끝나고 말았다. 인혁당 사건으로 '암장' 동지들도 관련자로 구속당하거나 조사를 받는다. 서울에 올라온 박중기, 김금수, 이영호, 박영섭 등이 기소되거나 조사를 받고, 이들 중 박중기와 김금수는 실형을 선고 받는다.

결혼, 소중한 보금자리

1969년 봄, 서울에 올라온 이수병은 우홍선, 서도원 등과 만나면서 3선 개헌으로 치닫는 정국과 암울한 현실을 타개하기 위한 방도를 모색한다. 그리고 안양교도소에서 오랜 기간 같이 수형 생활을 한 김달호, 조중찬 등 혁신계 어른들과도 자주 만나며 정치적 현안을 논의하였다.

1968년에는 무장 게릴라 사건, 월남 파병, 통혁당 사건 등 냉전적 분위기로 사회·정치 분위기가 극도로 위축되었다. 그러나 1969년에 접어들자 박정희 정권의 3선 개헌과 장기집권 음모가 드러나면서 반독재 민주화 투쟁이 활발히 전개된다. 전국 각 대학, 고등학교에서는 3선 개헌을 반대하는 시위가 하루도 그칠 날이 없었다. 4월 항쟁 시발지인 대구지역에서는 대학생과 고등학생의 시위가 가장 격렬하여 경북대학교에서는 '황소 파시즘' 화형식을 거행하기도 한다.

이수병은 우선 '암장' 동지들을 다시 규합하기 시작하였다. 서울에서는 김금수와 박중기가 마포구 홍대 앞에서 건축물 자재를 취급하는 대산목재를 운영하며 이미 합법적인 근거지를 마련하고 있었다. 서울에 올라온 이수병은 김해교육청에 근무하는 '암장' 동지 유진곤에게 연락하여 서울 상경을 요청한다. 유진곤은 조직활동에 참여하기 위해 1969년 4월 말 서울에 올라와 대산목재를 인수한다.

이수병은 이 당시 조선일보에 들어와 논설위원으로 같이 일하자는 송지영[5]의 제안을 받으나 동지들과 상의하여 일언지하(一言之下)로 거절한다. 민족일보 사건으로 안양교도소에서 이수병과 함께 감옥생활을 한 송지영은 1969년 출감하여 조선일보에 복직하고 있었다. 당시 중앙정보부의 언론탄압과 특히 권력유착이 심한 조선일보[6]에서 올바른 정견을 쓰기는 불가능하였다. 출옥 후 이수병은 단절된 변혁운동 조직 건설이 무엇보다 중요하다고 생각한 것이다.

이수병도 조직 활동을 위해서는 생활 근거지가 필요하였다. 1969년 여름, 이수병은 결혼을 준비하면서 서대문구 녹번동 시장에 작은 지물포를 차린다. 지물포 운영은 '암장' 동지들과 초등학교 동창인 친구 문재권의 도움으로 시작할 수 있었다. 특히 초등학교를 마치고 일찍부터 장사를 시작하여 사업 경험이 풍부한 문재권은 '암장' 동지들에게 커다란 경제적 도움을 주었다.

지물포 가게는 의령의 특산품인인 한지 등 다양한 지물(紙物)을 취급하는 서너 평의 작은 상점에 불과하였으나, 이수병에게는 무척이나 소중한 공간이었다. 이수병의 지물포 개업은 요시찰 인물이라는 감시의 눈도 피하고 생활 근거지를 마련하기 위한 하나의 방편이었다.

한편 서울에 정착한 이수병은 그 어느 때보다 안정된 가정을 원하였다. 집안의 장남임에도 늦어지는 결혼을 불효의 심정으로 여겨온 이수병에게 결혼은 절실하였다. 이런 사정을 안 동지 김금수와 박중기는 대산목재에서 일하는 이정숙을 소개하여 부부의 인연을 맺어준다.

이정숙은 교도소에서 귀휴 나왔을 때 잠시 이수병의 모습을 본적이 있었다. 작은 키에 다부진 모습으로 부드러우면서도 강한 인상을 주었다. 검은 바바리코트에 구레나룻 자욱이 선명하고 두 눈은 나이와 달리

1970년대 초 이수병의 가족사진(이정숙 여사, 왼쪽 동우, 오른쪽 동주)

깊고 맑았다.

　이정숙은 '그 사람과는 나이 차이도 많고, 더구나 뜻이 큰 사람인데 내가 잘 내조할 수 있을까' 상념에 잠기지만 결국 놓칠 수 없는 사람이라고 생각하였다. 둘의 마음은 곧 하나가 되었다. 두 사람은 저녁이면 한강 모래사장으로 갔다. 한강의 흐르는 물줄기를 따라 걸으며 나누는 대화 속에 두 사람의 사랑은 깊어 갔고 서로 맞잡은 두 손으로 미래를 약속하였다.

　그러나 결혼으로 이어지기까지의 길은 결코 쉽지 않았다. 초등학교 교장인 이정숙의 아버지 이상철은 딸의 장래를 위하여 쉽사리 허락을 하지 않았다. 이수병 호적에는 이미 빨간줄이 올라 있고, 열 살의 나이 차이로 생활의 굴곡이 많을 것이라는 이유로 반대하였다. 이상철은 안심이 안 되었는지 그 길로 딸을 데리고 고향 안성으로 내려간다.

　이상철은 맏딸인 이정숙에게 이수병과 다시는 만나지 않겠으며 두 사람이 결혼을 하면, 부녀의 정을 끊겠다는 각서까지 받는다. 그러나 다시 서울에 올라와 이수병을 만난 이정숙에게 각서의 의미는 별 의미가 없었다. 이정숙은 이수병을 만나 지물포 가게를 준비하며 결혼을 약속한다. 이렇게 결혼을 반대하는 장인에게 이수병은 당당하게 자신의 소신을 말하였다.

　"장인어른, 따님을 제게 주십시오. 절대로 고생시키지 않겠습니다. 아버님이 저희 결혼을 반대하시는 이유는 압니다. 그러나 그건 잘못된 편견입니다. 먼저 제 신원 사항에 문제가 있다고 하나 그것은 제가 죄를 짓거나 나쁜 짓을 해서 그런 것이 아닙니다. 오히려 참되고 용기 있게 살려는 저를 그렇지 못한 자들이 핍박하는 것입니다. 그리고 따님과 제가 나이 차가 있다고 하나 제가 두 번 장가가는 것도 아니고 따님이 시집가지 못할 나이도 아니라고 생각합니다. 외람되지만 이미 두 사람은 결혼을 위한 모든 준비를 끝냈습니다. 그러니 아버님이 허락해주시기 바랍니다."

이때는 이미 결혼 날짜로 잡은 날이 불과 일주일 남아 있을 뿐이었다. 우여곡절 끝에 두 사람은 1969년 9월 21일 대학 은사인 이석륜 교수의 주례로 세운상가에 있는 세운예식장에서 결혼식을 올린다. 일주일 전 박정희가 국회 별관에서 3선 개헌안을 날치기로 통과하여 어수선한 정국이었지만, 이날의 결혼식에는 '암장' 동지를 비롯하여 많은 인사들이 모여 두 사람의 앞날을 축복하였다.

결혼 후 이들은 녹번동 지물포의 좁은 공간에 신혼살림을 차린다. 부엌조차 없이 가게 한 쪽을 막아 만든 방이지만, 이들 부부에게는 더 없이 행복한 보금자리였다. 결혼을 반대했던 장인 이상철도 믿음직한 사위를 차츰 이해하고, 가끔씩 찾아오는 사위에게 몇 년 묵은 뱀술을 꺼내주는 자상함을 보여준다. 이따금 장모도 손수 담근 술을 가져왔다. 이런 날이면 이수병은 '암장' 동지들을 불러내 함께 마시며 즐거운 시간을 가졌다. 서른세 살, 이수병이 생활의 기반을 다지며 새로운 출발을 준비하는 동안 1960년대도 저물어가고, 격동의 70년대가 눈앞에 다가오고 있었다.

2. 다시 일어서는 산하

격화되는 독재 체제의 모순

　박정희 정권은 3선 개헌으로 영구집권의 길을 마련하지만, 70년대에 접어들면서 안팎으로 체제의 모순에 직면하였다. 밖으로는 베트남 민족해방운동 세력의 승리가 굳어지자 미국은 1969년 7월, 탈(脫) 아시아 정책인 닉슨독트린을 발표한다. 닉슨 독트린은 미국의 단기적인 정책 변화지만 이에 따른 주한미군의 철수는 그동안 반공과 미국의 방위력에 의존한 박정희 정권에게 위기감을 가져다 주었다.

　박정희 정권은 군사 쿠데타로 집권 후 한일회담, 월남파병 등 미국의 정책을 충실히 수용하며 독재정권을 유지하여 왔다. 그러나 미국이 중국과 국교를 맺는 등 국제적 유화국면이 형성되어가자 이에 대한 새로운 대응을 하지 않을 수 없었다. 따라서 박정희 정권은 보다 체계적이고 강고한 권력을 기반으로 하는 일인(一人) 영구집권을 위한 유신체제를 구상한다.

　위기감은 안에서도 폭발적으로 드러나기 시작하였다. 고도성장을 구가하던 국내경제는 1969년을 고비로 60년대 수출주도형 경제개발의 모순이 한꺼번에 터져 나왔다. 매판자본과 정치권력의 긴밀한 유착 속에서 이루어진 고도성장은 마침내 국제수지 악화와 차관기업의 부실을 가져왔다. 이러한 경제적 위기는 군사독재 정권의 물질적 기반을 무너뜨리는 것이었다. 박정희 정권은 이러한 차관기업의 부실을 타개하기 위해 1972년 사채동결(私債凍結)이라는 초법적 8·3 긴급경제조치로 국민들의 재산을 빼앗아 그 위기를 모면한다.

이후 박정희 정권은 만성적 자본 부족의 해결을 위해 차관 대신 외국자본의 직접 투자와 수출정책을 더욱 전면에 내세운다. 외국자본은 수출자유지역이라는 독재정권의 특혜와 노동3권 무풍지대에서 경제성장의 알맹이를 빼돌렸다. 국내 독점재벌들도 출혈 수출 속에 노동자의 저임금과 장시간 노동을 통해 이윤을 축적하였다. 그것은 민중의 희생을 통해서만 가능한 일이었다. 자본의 독점적 축적이 집중되는 만큼 자본주의의 그 내적 필연성으로 더 큰 규모의 빈곤이 다시 만들어지고, 그것은 더욱 비참하고 폭력적인 모습으로 나타났다.

깨어나는 민중들의 투쟁

1970년 11월 13일, 서울 청계천변 평화시장 앞길에서 한 청년 노동자가 자신의 몸에 석유를 끼얹고 분신자살을 하였다. 노동자가 비참하게 착취당하는 현실을 목격하고 노동조건의 개선을 요구하면서 평화시장 노동자 전태일이 분신자살한 것이다.

'근로기준법을 준수하라!', '우리는 기계가 아니다!'

병원에 실려 가면서도 '내 죽음을 헛되이 말라'고 부르짖던 전태일의 죽음은 당시 노동현실을 단적으로 드러낸 충격적인 사건이었다. 박정희 개발독재 아래서 노동력의 착취는 기업의 유일한 경쟁력이었다. 박정희 정권은 노동자를 산업역군으로 왜곡하고, 임금인상이나 노동조건의 개선을 요구하는 노동자들의 요구를 체제(體制) 위협으로 간주하였다.

전태일의 죽음은 낮은 임금, 열악한 작업환경, 짓밟힌 인권을 개발독재 시대의 숙명적 상황이라고 여겨온 수많은 노동자에게 저항의 정신을 일깨워주었다. 11월 20일 학생들도 추도식을 갖고 노동열사 전태일을 죽인 정부, 어용노총, 지식인과 모든 사회인을 고발하며 항의 시위를 벌였다. 학생들 스스로 '인간부재(人間不在)의 사이비 근대화 정책을 막아내지 못하고 지식인의 비열한 현실도피주의를 시정하지 못한' 자신들도 냉철히 비판하였다.

전태일의 죽음은 이후 노동운동이 벌어지는 중요한 계기가 되고 민중의 생존권 투쟁에도 커다란 영향을 주었다. 1971년 8월에는 신진자동차 노조 900여 조합원과 가족 1천여 명이 대규모 파업농성을 벌이고 9월에는 파월 노동자 400여 명이 대한항공 빌딩 옥상방화 농성을 벌였다.

1971년 8월 10일에는 서울시 판자촌 철거조치에 따라 광주대단지(현재 성남시)로 밀려난 주민 3만여 명이 대규모 시위를 벌였다. 서울시는 청계천 일대를 비롯한 판자촌을 철거하면서 서울의 빈민들을 경기도 성남으로 강제 이주시켰다.

그러나 정부는 이들을 황무지에 쓰레기를 버리듯이 내팽개쳤다. 정부의 무모한 이주정책과 굶주림에 분노한 성남 주민들이 시위를 전개한 것이다. 오랜 세월 패배의식에 사로잡힌 민중들이 떨쳐 일어선 가장 큰 규모의 시위였다.

이렇게 70년대 초부터 터져 나오는 노동자, 도시빈민 등 기층 민중의 생존권 투쟁은 60년대 말 무기력감과 좌절에 빠진 학생과 지식인들의 양심을 크게 두드렸다. 학생들이 노동현장에 들어가기 시작하고, 반정부투쟁을 주도하던 학생과 지식인들도 민중의 투쟁에 결합한다. 또한 이들은 사회의 구조적 모순에 대한 비판적 눈을 뜨면서 민족민주운동의 새로운 방향을 모색하기 시작한다.

전태일의 죽음은 이수병에게도 충격을 주었다. 하나 밖에 없는 목숨을 바쳐 비참한 노동자의 상황을 개선하기 위해 붉은 불덩이로 산화한 노동자의 영상이 눈앞에 어른거렸다. 그것은 새로운 세계에 대한 열망이었다. 이수병의 가슴도 분노를 넘어 뜨겁게 불타고 있었다.

1971년 혁신계의 선거 전술

1971년은 대통령 선거와 국회의원 선거가 맞물린 주요한 시기였다. 1969년 3선 개헌을 물리적으로 통과시킨 박정희는 4·27 대선에서 모든 수단과 방법을 다하여 승리를 획책하고 있었다. 야당에서도 군사독재로 이반되는 민심을 모아 40대 기수론과 진보적 공약을 내세우며 정권교체의 기치를 내세웠다. 진보진영에서도 1967년 대통령 선거를 경험으로 선거를 통한 민주혁명의 가능성은 희박하지만, 선거는 여전히 변혁운동 선상에서 중요한 의의를 가지고 있기 때문에 올바른 전술 수립에 힘썼다.

이수병을 비롯한 동지들은 선거를 앞두고 이러한 변혁노선과 선거

전술 문제를 놓고 밤을 새우며 토론하였다. 이들은 선거는 혁명을 보조하는 계기와 수단으로 간주하고, 민중의 의식화와 노동운동의 규모와 추세를 감안하여 장기적 안목에서 통일전선 조직을 강화하는 데 역점을 두어야 한다고 보았다. 따라서 이수병은 일반 대중에게 변혁의 힘이 체화(體化)되지 않으면 현실적 힘을 갖지 못하는 한계를 지적하고, 일반 대중들의 의식화와 전위조직의 조직방법에 대해 논의를 거듭하였다.

그러나 변혁적인 노선의 입장을 지지하는 동지들도 합법적 공간을 배제한 선거전술에는 반대하였다. 오히려 혁신세력은 3선 개헌으로 고양되기 시작한 보수야당 세력의 반정부투쟁을 주목하고 이들과의 연대를 신중히 고려하였다.

1971년 대통령 선거를 앞두고 윤보선, 박기출[7], 장준하 등이 중심이 되어 국민당[8]을 창당하여 청년 학생들에게 영향을 미쳤다. 1970년 1월, 박정희 정권에 타협적인 유진산이 신민당 당수로 선출되자 윤보선과 장준하 등이 선명(鮮明) 야당을 표방하며 신민당을 탈당하였다. 이들을 중심으로 보수 세력의 각 정파와 혁신계 인사도 참여하여 대통령선거를 앞둔 1971년 1월 국민당을 결성한 것이다.

이수병과 동지들은 국민당의 한계를 인정하면서도 장준하 등 국민당 창당 주역들과 동지적 유대를 맺는 것이 바람직하다고 보았다. 특히 사회대중당 출신의 김달호[9]는 국민당의 진보적 인사들과 긴밀히 접촉하여 혁신계의 입장을 대변하였다. 혁신계 인사들은 국민당 주역들과 3선 개헌 반대투쟁을 거치면서 이미 반파쇼전선의 동지적 정서를 가지고 있었다. 혁신계에서 국민당 창당 과정에 관심을 보이자 윤보선 측에서는 비서직을 제의하였으나 이수병은 이를 거절하였다.

진보세력은 당시 정치적 대립을 보수 대(對) 혁신으로 보지 않고 민족세력 대(對) 외세의존의 반민족세력으로 보았다. 반공과 냉전의 이데올로기 공세로 학생과 지식인들은 한일회담에서 표출된 민족적 요구를 더 이상 발전시키지 못하고 있었다. 학생운동의 슬로건도 반외세 통일의 슬로건 보다 반독재 민주화로 낮추어진 상황이었다. 따라서 반독재 민주화의 상징적 인물인 국민당 장준하와의 연대는 중요하였다.

1960년대 초까지도 장준하는 냉전시대의 자유, 반공이라는 이분법적 사고에 젖어 있었다. 학생들의 통일운동과 민통련의 발기 모임을 '학생들의 단편적인 지식과 소박한 애국 정열만을 가지고 구국을 외치지만, 그것은 학생들이 국가이익을 돌보지 않고 국가형태야 어찌되든지 덮어놓고 통일하고 보자는 환상적 논리'라고 비난하였다.

그러나 장준하는 박정희 군사정권과 싸워나가며 반공과 냉전체제의 본질적인 비판이 없는 자신의 민족주의에 한계를 인식하기 시작한다. 또한 장준하는 '통일을 거부하는 이념으로 주장하는 민주주의, 통일과 배치되는 경제발전이 민족적 입장에서 어떤 가치가 있느냐'하는 의문을 가지기 시작하였다.

마침내 장준하는 1970년대 들어서자 친미반공(親美反共)의 테두리 안에서 그동안 자신이 주장한 서구식 자유민주주의가 분단을 고착시키고 있다는 데 통렬한 반성을 하며, 통일을 민족주의라는 큰 틀 아래 포용하는 체제 비판적 민족주의자로 변모한다.

대통령 후보단일화 작업

한편 1971년 4월의 대통령 선거를 눈앞에 두고 국민당 대통령 후보가 윤보선으로 기울자 신민당 김대중 후보와 단일화가 가장 중요한 문제로 떠올랐다. 막상 선거가 시작되자 정치권의 세대교체를 원하는 민심은 수구적 이미지의 윤보선보다 진보적 공약을 내세운 김대중에게 쏠려 있었다.

김대중은 선거공약으로 '정보정치의 지양과 중앙정보부의 개편, 사회보장제도와 의료보험제도의 실시, 정치보복 금지, 지방자치제의 실시, 부의 균분(均分)에 입각한 대중경제(大衆經濟)의 실현' 등 각 분야에서 파격적인 내용을 발표하였다.

진보세력도 여러 달 논의 끝에 선거에 진보적 공약을 반영하고, 향후 통일운동에 연대해줄 것을 전제로 김대중 후보를 지원하기로 의견을 모았다. 따라서 진보세력은 김대중 후보와의 협상에서 열두 가지 사항을 제시하며 선거공약에 반영할 것을 요구하였다. 그러나 김대중은 진보세력의 선거공약 중 미국과 일본 비판에 관계된 다섯 가지 요구 사항이 군사쿠데타를 가져올 수 있다는 이유로 거절하여 협상은 결렬되었다.

이수병은 주로 4·19 세대를 만나며 윤보선의 사퇴와 김대중 후보 지원을 위한 작업을 하였다. 그러나 이수병은 이러한 노력을 기울이면서도 김대중의 낙선을 어느 정도 예상할 수 있었다. 선거 전에 이미 김대중과 협상 중이던 진보진영의 이기홍, 김세원은 프락치의 제보로 중앙정보부에 끌려가 심한 고문을 받았다. 그리고 후보단일화를 위해 국민당과 접촉 중이던 혁신계 인사들 10여명도 중앙정보부에 구금되어 협박을 당하였다. 이미 중앙정보부는 박정희가 당선되지 않으면 선거무효의 구실로 삼기 위해 제2의 진보당 사건 같은 정치조작을 꾸미고 있었던 것이다.

한편 선거가 열흘도 남지 않은 4월 18일, 육군보안사는 재일동포 대학생 서승, 서준식 형제10) 등 학원침투간첩단 사건을 조작 발표한다. 서승은 자신을 당시 야당후보 김대중과 연결시키려는 육군보안사의 공작과 고문에 못 견뎌 자살을 기도하였다.

당시는 학생들의 교련반대와 자유언론을 주장하는 시위가 치열하였고, 4월 14일에는 대학생 대표자들이 모여 '민주주의수호전국학생청년연맹'을 결성하여 공명선거 참여 등 적극적인 행동을 선언하였다.

이 사건으로 대학가의 학생운동은 북한의 사주를 받은 것처럼 일반 국민들에게 선전되고, 며칠 뒤의 대통령 선거에 치명적인 영향을 주었다. 이러한 간첩단 사건의 정치공작과 엄청난 규모의 선거자금 살포11), 그리고 노골적인 부정선거로 야당과 민족민주세력은 박정희의 재집권을 막아내지 못하였다.

3. 핵심 지도조직을 준비하며

조직 활동의 원칙

이수병은 합법적인 선거전술에 일시적으로 참여하지만, 결혼 후에는 안정된 생활을 기반으로 본격적인 핵심조직 건설에 집중한다. 이수병은 4월 항쟁에서 조직적 역량의 미비, 특히 기본 핵심조직의 부재(不在)가 문제였음을 누구보다 절실히 깨닫고 있었다. 이수병은 이러한 핵심조직 건설을 바탕으로 반독재 민주화 투쟁을 강화하고, 민중의 힘을 혁명적 에너지와 민족통일의 길로 올바르게 이끌고자 하였다.

그러나 출감 후 이수병의 주위에는 언제나 정보기관의 끄나풀이 촉각을 곤두세우고 도청과 감시의 눈길을 늦추지 않아 조직 활동에는 언제나 위험과 어려움이 따랐다. 혁신계를 비롯한 주요 활동가들이 출옥하면, 반드시 이들의 뒤에는 중앙정보부를 비롯한 정보기관의 요원이 배치되었다.

특히 동백림 사건, 통혁당 사건 등 조직사건의 탄압으로 활동가와 학생운동가들 사이에서는 조직 기피증이 널리 퍼져 있었다. 누구도 쉽게 조직운동에 가담하려 하지 않고 좀처럼 조직을 만들려고 하지 않았다.

이러한 엄혹한 시기에 이수병은 다음과 같은 활동원칙을 준수하고 적의 감시를 따돌리며 조직 결성에 나선다.

 일을 수행할 때는 자기의 모든 것을 바치자.
 조직의 핵심(核心)이 개량화되고 기회주의로 빠져서는 대중을 지도할 수 없고 대중이 따르지도 않는다.

 이수병은 대중의 지도를 위해 핵(核)은 위험하지만, 불같은 원칙을 지켜야 한다며 조직 활동가로서 우회적(迂回的)인 자세를 거부하였다. 이수병은 실천투쟁을 통하여 더욱 단련되고, 세계에 대한 인식을 더욱 넓히고 깊게 하였다. 실천이야말로 진리의 척도인 것처럼, 이수병은 실천의 장(場)에 있음으로써 생명이 꿈틀거리고 더할 나위 없는 행복감을 느낄 수 있었다.

 이수병은 그동안 민족민주운동의 실패를 거울삼아 혁신계 동지들 중 과학적 인식을 갖고 사상과 운동노선이 맞는 활동가를 규합해 나간다. 이수병은 주로 서도원, 우홍선, 김세원 등과 접촉하며 70년대의 주요 활동 계획과 전망을 논의하였다. 그리고 '암장' 동지와 민민청, 통민청에서 일한 동지들을 중심으로 만나면서 활동의 폭과 깊이를 더한다.

 이들과의 만남은 아직까지 어떤 조직의 틀을 가지는 것은 아니었다. 하지만 이들과의 만남은 민족민주운동을 전진시키기 위한 토론과 모색을 하면서 구체적으로 같이 일할 동지를 모아가는 과정이었다.

인(人)의 정글과 국제정세

1964년부터 박정희 정권은 미국의 요구와 국내의 정치, 경제적 위기를 돌파하기 위해 '용병'이라는 비난을 무릅쓰고 베트남 파병을 시작하였다. 국내의 지식인들은 침묵하고 반전 시위는 찾아볼 수 없었다. 언론에서도 비판적인 기사는 한 줄도 내보내지 않았으며 오히려 미국의 입장을 대변하는 창구 역할을 하였다.

그러나 이수병이 출옥한 1968년부터 베트남 전쟁은 정치적 전환점을 맞이하고 있었다. 남한과 달리 전 세계의 양심은 미국의 부도덕한 전쟁을 반대하고, 베트남 전쟁을 통해 마비된 이성의 힘을 찾고 있었다. 이들은 최신식 무기와 자본력으로 무장한 미국의 공세에 맞서는 남베트남 민족해방전선과 농민들의 연대에 주목하기 시작하였다. 베트남 전쟁은 단순한 공산주의와의 대결이 아니라, 베트남 인민의 민족해방과 자주와 독립을 향한 치열한 전쟁이었다.

베트남 민족해방전선의 승리는 남한의 변혁운동 세력에게도 많은 교훈을 주었다. 이수병은 베트남 전쟁에 대한 정보가 차단된 가운데서도 베트남 전쟁의 올바른 인식과 정확한 정보를 얻고자 노력하였다. 4월 항쟁을 온몸으로 겪은 이수병은 베트남 민족해방전쟁을 지켜보며 주변 사람들에게 입버릇처럼 다음과 같이 말하곤 하였다.

"민족통일을 위해 외세를 물리쳐야 한다. 외세를 물리치고 통일을 이루기 위해서는 우리 스스로 세력이 필요하다. 월남에는 정글이 있지만 우리나라에는 그런 정글이 없다. 따라서 우리는 인(人)의 정글을 만들어야 한다."

인의 정글이란 베트남 등과는 다른 조건에서 싸워야 하는, 우리 사회의 전선을 염두에 두고 말한 것으로 이수병은 사회변혁을 위해 대중들을 집단적인 의식으로 각성시키는 일이 무엇보다 중요하다고 보았다.

한편, 60년대 초부터 시작된 중-소간의 대립 문제는 남한의 변혁운동을 준비하는 활동가들에게 격렬한 논쟁을 불러일으켰다. 사회주의 국가 양대 산맥인 중국과 소련의 대립은 미국을 비롯한 서방세계에 대한 관점과 사회주의 전망의 차이에서 비롯되었다.

변혁운동 세력 간의 중-소 논쟁(中-蘇論爭)은 대립하는 두 국가의 문제에 머무는 것이 아니라 사상·노선·운동관이 일치하는 동지들을 가려보는 하나의 잣대였다. 따라서 중-소 논쟁을 통해 남한의 활동가 내에서도 변혁노선과 투쟁노선의 검증이 자연스럽게 이루어졌다.

중국은 소련을 수정주의(修正主義)라고 비난하면서 미(美)제국주의는 투쟁을 통하여 타격받지 않으면 물러서지 않는다고 보았다. 이수병도 소련의 개량화와 수정주의 노선을 비판적으로 보았으나, 양쪽의 견해를 정확히 이해하기 위해 중국과 소련, 일본에서 나오는 정보자료를 구하여 국제정세를 분석하였다.

이수병은 뛰어난 어학 실력을 바탕으로 해외의 자료를 직접 구하고 빨리 얻을 수 있었다. 따라서 이수병은 이러한 정보를 취합하여 자연스럽게 동지들 간에 국제정세 파악과 교양학습을 맡아 진행하였다.

소련의 평화공존론은 결과적으로 사회주의 진영의 반제(反帝)공동전선의 실패와 분열을 가져오고, 제국주의 세력의 정치적 간섭과 경제적 착취에 능동적으로 대응할 수 없게 만들었다. 반면에 냉전의 완화와 한반도의 통일에 유리한 정세를 조성할 수 있으리라는 기대로 소련의 노선을 지지하는 사회당 출신의 유병묵 교수나 이재문도 있었으나 이들도 나중에는 중립적 자세를 취한다. 그러나 70년대 들어 대부분의 활동가들은 중국이나 소련 어느 한쪽으로 편향되어서는 안 된다고 생각하였다. 이수병과 동지들은 우리 실정에 맞는 노선의 정립과 구체적인 조직 건설에 주력하기로 하며 논쟁을 정리한다.

조직활동가 이수병

5·16 군사 쿠데타 이후 10년간 피어린 수난 속에서 휴식 없이 실천 투쟁을 계속해온 동지들은 많지 않았다. 인혁당, 동백림, 통혁당 등 연속된 조직사건은 이른바 수많은 용공조작을 양산하여 동지들 간의 만남조차 불안한 상황이었다. 우연한 기회에 동지를 만나도 주변을 살펴야 하고 언행에도 조심을 하지 않으면 안 되었다.

분단사회에서 극우적 냉전의식의 영향을 받은 국민들은 북한 사회를 별개의 적(敵)으로 인식하고, 저항적 진보세력 활동가들을 북한과 연계되거나 불온시하도록 교육받았다. 이러한 분단사회와 폭압적 정치상황 아래에서 혁명적 활동을 지향하는 세력들은 비합법 활동을 전개하지 않을 수 없었다.

이수병도 사회당 출신 김세원에게 다음과 같은 충고를 받으며 대인관계에서 신중을 기하기로 한다.

자유토론이 끝난 후 나는 이수병 동지에게 충고했다. 광주의 젊은 친구들이 서울에 상경하여 이수병씨를 만나고 와서는 한결같이 칭찬하고 높이 평가하기에, 안병철, 오택명 등 후배들에게 누구의 견해가 옳다거나 누가 제일 이론이 높더라 하며 거명하여 대표적으로 칭찬하는 것은 바로 그 친구를 정보기관에 준(准)고발하는 것이나 마찬가지라고 엄하게 비판한 바 있는데 요즈음과 같이 험악한 시대에 인기가 상승하는 것은, 그 대표성으로 하여 표적되기 쉬우니 그 점을 고려하여 선별적으로 지방에 있는 후배들과 접촉하라고 했다.

이수병은 4·19 세대 중에서는 뛰어난 활동가중의 한 명으로 인정받았다. 이수병이 옥중에서 보여준 투쟁의지와 신념은 이미 활동가들 사이에서 널리 알려졌다. 그리고 확고한 변혁이론과 포용력은 사람을 움직이게 하는 힘이 있어서 누구든지 한두 번의 대화로도 공감을 느끼고 조직 활동의 뜻에 동의하였다. 따라서 이러한 능력을 인정받아 젊은 세대로는 유일하게 서도원, 도예종 선배 동지들과 함께하는 주요 모임의 핵심인물로 참여한다.

이수병은 70년대 초반을 거치면서 안팎으로 많은 변화를 겪는다. 이론과 실천에서 조직 활동가로서 지도력을 인정받아 두터운 신뢰를 받는 동안 집안에서도 좋은 일이 잇달아 일어났다. 1970년에 큰아들 동우가 태어나고 1971년에는 둘째아들 동주가 태어나 이수병을 더없이 기쁘게 하였다. 아내 이정숙은 밤늦게까지 밖으로 다니는 남편의 몫까지 일하여 이수병의 큰 힘이 되었다. 그 어느 때보다 두 사람에게는 행복하고 평화로운 시절이었다.

1) 1967년 6·8 국회의원 선거는 선거 과정뿐만 아니라 투개표과정에서도 3·15 부정선거를 연상할 정도였다. 공화당은 헌법 개정에 필요한 117석을 훨씬 웃도는 130석, 신민당은 44석, 대중당 1석으로 야당은 총선을 무효로 선언하고, 재선거를 요구하며 6개월 간 국회 등원을 거부하였다. 학생들도 부정선거를 규탄하는 시위를 격렬히 벌이자 박정희 정권은 전국 31개 대학과 163개 고등학교에 휴교령을 내린다.

2) 남조선해방전략당은 권재혁, 이일재 등이 중심이 되어 만든 조직을 중앙정보부에서 붙인 이름이다. 이른바 '전략당'은 민족자주통일의 노선으로 외세탈피, 자주독립국가 건설을 지향하는 서클 수준으로 현장 노동자를 기본으로 하는 조직이었다. 통혁당과 통합하던 중 통혁당 사건과 연루되어 관련자 대부분이 체포된다. 당시 책임자 권재혁은 경남 산청 출신으로 서울대 사회학과 졸업 후 미국에서 경제학 박사 과정 중 4월 항쟁 소식을 듣고 귀국, 육사 교관과 건국대 경제학과 교수를 지내다 '전략당' 사건으로 유일하게 사형 당한다.

3) 1961년 6월 10일 중앙정보부가 공식적으로 출범하여 쿠데타 주체인 육사 8기생을 중심으로 폭력의 전문가들이 총집결한다. 중앙정보부 요원들은 방첩대, 정보국, 첩보부대, 헌병대, 경찰 등 수사기관에서 차출하였다. 이들의 전직은 사찰계 형사, 헌병하사관 심지어 일제 강점하의 조선인 헌병과 밀정도 포함되었다. 중앙정보부는 1964년에 이르면 4만여 명의 부원을 거느리며 국민들과 지역의 동태를 감시하고 무역회사 등으로 위장하며 정보를 수집하는 한편 여론을 오도하는 공작을 벌인다. 중앙정보부는 당시 박정희 정권의 부정부패의 총본산으로 폭력과 행정력 동원, 자금을 무한대로 사용하여 국민들의 공포와 원성의 대상이 되었다.

4) 1965년 5월 29일 한옥신 검사의 항소로 서울고등법원 형사 항소부에서 선고공판이 열렸다. 1심에서 13명 중 무죄를 받은 11명에게 유죄판결을 내려 1심을 뒤엎는 정치적 판결을 내린다. 최종선고로 도예종에게 징역 3년과 양춘우, 박현채, 정도영, 김영랑, 김한덕, 박중기는 징역 1년 그리고 이재문, 전무배, 김경희, 김병태, 임창순, 김금수는 징역 1년 집행유예 3년의 실형을 받는다.

5) 송지영(宋志英:1916~1989) 평북 박천 출생으로 1943년 중국 난징 중앙대를 졸업하였다. 해방 후부터 동아일보, 국제신문, 태양신문 등에서 주필 겸 편집국장과 1958년 조선일보 편집국장을 지냈다. 1961년 민족일보 사건으로 사형구형과 무기 선고를 받으나 7년 복역 끝에 1969년 출감하여 조선일보에 복직한다. 이후 1981년 민정당의 국회의원으로 들어가 전두환 정권의 나팔수 역할을 하며 1984년 한국방송공사

이사장, 광복회 부회장을 지냈다.

6) 1969년 조선일보는 박정희 정권이 베푼 특혜에 힘입어 신문사 건물과 코리아나 호텔 건물을 짓기 위해 대일 청구권 자금으로 들어온 상업차관을 언론사로서는 처음 받는다. 당시 차관은 연 금리 7~8%로 당시 국내 금리 연 26%에 비교하면 엄청난 특혜로 차관을 도입한 측에서는 정권에 30~40% 정도를 정치자금으로 내놓는 등 차관 비리가 많았다. 이 당시부터 언론은 사옥을 확장하는 등 급격히 이윤을 창출하는 기업으로 상업성을 추구하며 과거의 비판적 정론지 역할을 포기한다.

7) 박기출(朴己出:1909~1977) 부산 출신으로 동래고보와 일본 구주대학 의대를 졸업한 의학박사로 부산에서 개업의사로 일하였다. 부산에서 진보적 청년단체 성민학회 등을 이끌며, 1956년 조봉암과 함께 진보당을 결성하고 부위원장을 맡았으나 1958년 진보당 사건으로 구속당한다. 제 7대 국회의원에 당선되고 1971년 윤보선이 사퇴한 국민당 후보로 대통령선거에 출마하였으나 군소후보로 전락하자 사퇴한다. 1973년 일본으로 건너가 벽촌지역 보건소에서 의료 활동을 하였으며 귀국 후 1977년 별세한다.

8) 국민당은 1970년 신민당을 탈당한 윤보선, 장준하를 중심으로 조한백 등 7명의 현역의원과 신한당의 신태악, 민주당계의 조중서, 혁신계의 정화암, 이동화 등이 참여하면서 1970년 5월 민주통일국민회의를 거쳐 1970년 6월 발기대회를 갖는다. 이듬해인 1971년 1월 6일 국민당 창당대회가 열려 제3당의 지위를 갖게 되나, 대통령후보 출마를 앞두고 대통령후보 단일화를 두고 논란을 거듭한다. 윤보선 후보에 대한 사퇴 압력, 박미출의 단독 출마 선언 등 혼미를 거듭하다 1971년 3월 장준하의 국민당 탈당으로 당세가 축소된다. 이후 국민당은 명맥만 이어오다 1973년 6월 해체된다.

9) 김달호(金達鎬:1912~1979) 경북 상주 출신으로 광주학생운동 등 항일운동에 참여한다. 일본 요코하마 법대 재학 중 한 연설에서 '조선을 침범한 군인을 살인노동자'로 규정하여 퇴학당한다. 1933년 동경 중앙대 재학 중 사법고시에 수석으로 합격하여 판사 생활을 하였으나, 1940년 독립애국지사를 대량 무죄 방면하여 사직 당한다. 해방 후 검사, 변호사를 거쳐 1954년 민의원에 당선되고, 1958년 진보당 부위원장을 맡았으나 진보당 사건으로 구속당한다. 4월 항쟁 이후 사회대중당 당수로 활동하나 1961년 군사 쿠데타 세력에게 체포되어 이수병과 같이 안양교도소에서 7년간 수형 생활을 하던 중 1968년 출감한다.

10) 박정희 정권은 당시 재일교포 대학생 서승(27세, 서울대 사회학과 대학원 2학년), 서준식(24세, 서울대 법대 3학년) 형제를 주범으로 하는 50여명의 대조직으로 이루

어진 학원간첩단 사건을 만들어내 이를 수개월에 걸쳐 라디오와 텔레비전에서 반공드라마로 선전하였다. 특히 무자비한 고문에 분신으로 맞선 서승은 다음과 같이 당시의 절박한 상황을 증언한다.

"심문은 말 그대로 무자비했다. 몽둥이로 맞고 바닥에 구르면서 고문을 이겨낼 수 없다는 절박한 공포감에 사로잡혔다. 만약 이 각본을 받아들인다면? 무서운 자문이었다. 4·19 이후 강물처럼 피 흘리며 이루어온 민주화와 통일을 향하는 학생운동은 커다란 타격을 받는다. 민중의 군사독재 타도 열망과 미래를 향한 희망도 물거품이 되고 만다. 입이 찢어져도 각본을 받아들일 수 없다. 죽어도 그럴 수는 없다. ......"

결국 동생 서준식은 징역 7년 선고를 받고 복역을 마쳤으나, 1978년 형기 만료 후 사상전향 거부로 보안감호 10년을 추가 받아 1988년 석방되어 국내에 남아 인권운동가로 활동한다. 서승은 무기형 선고를 받아 19년만인 1990년에 출감하여 현재 일본 릿츠메이칸대 교수로 재직하며 인권운동을 전개하고 있다.

11) 1971년 국가예산은 5천2백42억원이었는데, 박정희는 이 선거에서 국가예산의 10%가 넘는 600~700억원으로 현재 기준으로 따지면 조(兆)단위를 넘는 엄청난 돈을 사용하였다. 박정희 정권은 막대한 대선자금을 쓰고자 한국에 진출해 있는 미국계 기업들에게서 약 850만 달러를 거두어들였다. 여기엔 거대 석유기업인 칼텍스사가 제공한 4백만 달러와 걸프사가 제공한 3백만 달러가 포함되어 있다. 이들은 1971년 당시, 박정희에게 정치헌금을 내고 한국의 석유산업을 사실상 장악한다.

제6장 어둠 속의 횃불

1. 변혁운동 조직의 결성

얼어붙은 시대

1971년 부정선거로 재집권한 박정희 정권에 분노한 학생·양심적인 지식인들은 부정선거 규탄과 학원수호, 민주주의 수호를 내걸고 줄기차게 투쟁을 벌였다. 비판적 지식인과 시민들은 선거기간 동안 결성된 반(半)합법기구인 '민주수호국민협의회'를 중심으로 공개적인 재야운동을 시작한다. 학생들도 4·27 대선이 끝난 뒤 선거 무효화 투쟁을 벌이고 2학기부터는 다시 교련철폐운동을 전개하였다.

학생들은 학원의 군사훈련이 '민족안보'를 위한 것이 아니라, '정권안보'를 기도하는 '병영국가적 통치의 일환'으로 규정하였다. 따라서 학생들은 교련철폐운동을 '한반도 내의 긴장 상태를 처리함에 있어 민족상잔(民族相殘)의 군사적 대결 방식을 지양하고, 정치적 해결의 방식을 가능케 하는 평화운동'으로 그 역사적 의의를 두었다.

10월 5일에는 대학에 군인들이 난입하자 학생들의 학원수호 시위는 더욱 격렬해져 10월 12일과 14일에는 1만여 학생들이 거리로 나와 시위를 벌였다. 이들은 부정부패 척결과 군인들의 학원 난입을 규탄하고,

중앙정보부의 해체를 요구하였다. 이에 박정희 정권은 10월 15일 위수령을 발동하고 서울 8개 대학에 무기휴업령을 내린다.

서울대 등 주요 대학들에는 위수군이 진주하면서 1,889명의 학생들이 연행되었다. 그리고 전국 23개 대학에서 177명의 학생이 제적되어 강제 징집 당하였다. 정부에 비판적인 학생서클은 해체되고 학생운동은 긴 동면(冬眠)에 들어간다. 이어 박정희 정권은 11월 12일 서울대생 조영래 등 4명을 내란예비음모 혐의로 구속하고, 이듬해에 있을 유신선포를 위한 정지 작업으로 1971년 12월 6일에는 국가비상사태를 선포한다.

이러한 폭압정치는 선거에서 나타난 민심 이반과 장기집권의 위기감에서 비롯하였다. 그리고 12월 27일에는 본격적인 강권통치를 실시하기 위해 국민의 기본권을 제약하는 '국가보위(國家保衛)에 관한 특별조치법'을 내놓았다. 야당도 박정희에게 광범위한 비상대권을 부여하는 이 법을 '독일 히틀러 시대의 수권법(授權法)', '군국 일제의 국가동원법'과 유사하다며 비판하였다.

이러한 비상사태선언과 특별조치법의 시행은 파쇼정권이 1970년을 시작으로 고조되는 노동운동을 비롯한 사회운동 세력을 제거하기 위해 만든 제도적 장치였다. 이러한 초헌법적 대응은 형식적인 의회민주주의마저 전면 부정하는 것이었다. 이제 민주주의는 박정희 파쇼통치와 정면으로 맞서 피 흘리며 싸우면서 성장할 수밖에 없었다.

경락연구회 결성

박정희 장기집권의 야욕이 표면화되고 외세의 비호를 받는 파쇼권력의 탄압이 가중되면서 이수병과 동지들은 변혁운동의 에너지를 제대로 담아낼 수 있는 조직의 필요성을 더욱 절실히 느꼈다. 박정희 재집권으로 혁신세력은 더 큰 위기감과 함께 이 어려움을 뚫고 싸워나갈 새로운 조직 결성에 곧바로 들어간다.

건설될 조직은 이미 동지들 내부에서 논의한 것처럼 과거의 전철을 밟지 않을 새로운 조직 방법이 필요하였다. 새로운 조직은 과거에 한번도 경험하지 못한 형식으로, 노출되더라도 파괴당할 위험이 없으며 현재의 엄혹한 조건과 실정에 맞아야 했다.

우선 각 지역별로 고립된 변혁세력을 파악하고 지역의 핵심 인물이 참여하여 전국에 걸쳐 하나로 묶어낼 조직이 필요하였다. 서울의 핵심 동지들은 선거가 끝난 뒤 전국을 아우르는 조직건설에 착수하기로 합의하고 동지들을 찾아 나선다.

1971년 5월 하순, 우홍선(우동읍)이 광주에 내려왔다. 고문 받은 몸이 어떤가 걱정되어 왔다고 한다. …… 그리고나서 그는 본론을 꺼냈다. 전국 규모의 회사를 설립해도 괜찮은 시기인가, 어떤 형태의 회사가 우리에게 적합할까, 설립이사는 몇 명으로 누구누구와 하는 게 좋을까 하는 구상을 하다가 김형과 상의하러 내려왔다고 얘기했다. 나는 그 어떤 어려운 시기일지라도 그 시기 상황에 맞는 사업체가 반드시 존재해야 한다고 주장하고 다만 회사 설립에 필요한 발기인이나 이사(중역)을 맡을 사람이 있느냐가 문제라고 말했다.

우홍선은 1971년 4월 27일 대통령 선거를 계기로 동업자들의 경력과 근황을 검토해본 바로는 야간업체 회사의 이사역을 맡길 수 있는 친구는 10명 미만으로 보인다고 했다. 나는 이렇게 어려운 시기에 더욱이 초창기에는 이사 수가 많은 것은 좋지 않고 5명 정도가 적당하다고 보았다.[1]

1971년 9월, 종로 1가에 있는 청진동 청진여관에는 이수병을 비롯하여 전국에서 올라온 조직활동가 다섯 사람이 모였다. 대구에서의 서도원, 부산의 이영석, 광주의 김세원 그리고 서울의 우홍선과 이수병 다섯 사람은 굳은 악수를 나누고 전국 조직 결성을 위한 구체적 논의에 들어간다.

대구의 서도원은 민민청 활동으로 징역 7년 선고를 받고 복역 중 1963년 석방된, 연륜과 경험이 풍부한 활동가였다. 부산의 이영석은 50년대부터 부산의 진보적 운동을 시작으로 민민청에서 활동하고, 1964년 1차 인혁 사건에 연루되어 고초를 겪으며 부산에서 한의원을 운영하고 있었다. 빨치산과 육군 대위 출신이라는 경력이 말해주듯 파란 많은 세월을 겪은 김세원은 전남·광주지역의 사회당과 민자통에서 조직 활동을 하였다. 우홍선은 통민청과 민자통의 핵심 인물로 4월 항쟁 후 비공개조직운동을 전개하며 전형적인 혁명지도자로 신뢰를 받고 있었다. 그리고 이수병은 4·19 세대로서의 경험을 살려 학원과 문화 쪽을 담당하기로 하였다.

이미 다섯 사람은 모임의 취지와 목적, 운영방침에 대해 사전(事前) 협의를 하고 모였다.

회사의 목적은 민족전통의학과 자연건강요법의 범(凡)민족건강화 교양사업으로 전민족의 보건을 획기적으로 향상시킨다는 요지로 할 것에 합의했다. 전민중이 과학적인 인식과 민족전통의학으로 건강해지기 전에는 민족모순을 극복할 수 없다. 전통의학과 자연건강에 대한 민족교육 간부양성을 우선사업으로 한다. 영업은 각자의 능력에 따라 각자의 책임 하에 하되 원리원칙에 관한 문제는 반드시 이사회 결정에 따르기로 한다는 등의 회사설립 취지와 목적, 운영방침에 관해 그동안 논의해서 합의한 요지를 재확인했다.

잠시 자유로운 토론시간을 가진 후, 우홍선의 사회로 회의를 시작하였다. 이어진 회의에서는 서도원을 좌장으로 뽑고 회사(모임)의 명칭은 '경락연구회(經絡研究會)'[2]로 부르기로 하였다.

경락은 신체의 신경조직을 말하는 것으로 온 몸을 조정하는 역할을 할 뿐만 아니라, 이를 타고 흐르는 기(氣)는 눈으로는 관찰되지 않는다. 경락연구회는 형식도 물증도 남기지 않는 점조직으로서 폭압적 정치 상황에서 조직을 보위하는 적절한 방식이었다. 더구나 한방의학을 방편으로 합법적인 모임을 가장(假裝)할 수 있었다. 5인 모임의 전원회의는 년 2회로 하고 서로 다른 지역의 모임인 3인 회의는 3개월에 1회, 2인이 만나는 것은 월 1회로 정하였다.

다섯 사람은 이 모임을 '모든 것에 우선하고 모든 것의 우위로 하여 우리의 희망이 성공할 때까지 전력을 다하여 발전 번영시킬 것이며 조직의 결실이 맺어질 때까지 발전 강화할 것'을 다짐하였다. 비록 소수의 모임이지만, 이들은 민족의 자주와 통일 그리고 억압의 사슬을 끊기 위해 온 몸을 바칠 것을 맹세하였다.

이들 중 가장 나이 어린 이수병의 참석은 4월 항쟁 이후 새로운 세대의 지도자로 이수병에게 거는 기대를 암묵적으로 말해주었다. 조직의 지도자는 누구보다 경험이 풍부하고 정력적이어야 한다. 그리고 그 지도력은 우연히 나오는 것이 아니라 역사 과정에서 객관적인 필연으로 등장하는 것이다. 이수병은 새로운 승리를 위해 그 누구보다 앞장설 것을 다시 한번 다짐하였다.

경락연구회 활동

경락회 전체회의 진행은 전통의학 연구발표라는 식전(式前)행사로 시작하였다. 서도원은 침술을 조금 할 줄 알았고, 우홍선은 지압술을 했으며, 이영석은 동양전문대학(후신 경희대학교 한의학과)을 나와 부산에서 개업하고 있었다. 김세원은 단방약(單方藥) 공부를 하였고, 이수병은 일본어판 한의학 서적을 번역하였다.

이어 이들은 각 지역·부문 사업별로 보고하고 검열을 받았다. 그리고 국내외 정세, 사업계획, 후보위원 심사 등을 차례로 검토하였다. 이러한 경락식 조직 방식은 신속한 지시나 정확한 활동 검열에는 문제가 있었으나, 엄혹한 시대 상황과 장기적 전략에 맞게 '창조된' 방식이었다.

한편 경락연구회는 각 지역회원 아래에 민자연(민족전통의학 자연건강연구회-민족자주통일운동연합)을 각각 구성하여 비밀리에 운영하였다. 민자연은 철저한 삼불(三不)원칙-문서로 남기지 않는다(不文), 조직에 관한 불필요한 말을 하지 않는다(不言), 기구나 개인 명칭을 쓰지 않는다(不名)-에 의해 운영되었는데, 민자연의 자세한 사항은 경락회원 사이에서도 밝히지 않고 '우리지역 1급 몇 명, 2급 몇 명'식으로 보고하였다.

1급은 민자연 동지들이며, 2급은 다시 하부 조직 단위의 구성원으로 상당히 널리 퍼져 있었다. 그리고 각 지역의 부문조직에서 필요한 인원 요구가 오면 조직원을 파견하여 선(線)을 넘겨준 다음, 그 후의 활동에 대해서는 일체 관여하지 않았다.

경락회 변혁노선은 첫모임에서도 논의하지 않았다. 이들에게 노선은 논쟁을 통해 이론화된 것이 아니라, 해방공간과 한국전쟁 등 역사의 격변기를 온몸으로 치르며 당위적(當爲的)으로 체득한 것이다. 자주(반제) 민주(반파쇼) 그리고 통일로 8·15 해방 이래 일관된 노선이며, 이러한 변혁노선은 그간에 조직한 민자통이나 민민청·통민청에서도 합의한 노선이었다. 강령도 민자통의 강령을 그대로 한다는 묵시적인 합의가 있었다. 여기에 선거전술과 중·소 논쟁 등을 통하여 검열된 동지들이 모였기 때문에 별다른 이견이 없었다.

경락회는 상부통전(전위당)과 하부통전(기층운동조직)이 결합할 때를 대비한 소수정예, 예비 지도조직으로 출발하였다. 각 지역에서 영향력을 가지며 구체적으로 활동하던 변혁운동가들은 이제 경락회를 통해 느슨하나마 각지의 정보를 교환하고 통일된 대오를 형성할 수 있었다.

학원, 문화 사업

 경락회원들은 지역에서 각자 맡은 사업을 진행하였다. 이수병이 맡은 학원과 문화 사업은 변혁운동의 주요 동력이 될 수 있다는 점에서 경락연구회에서도 비중이 큰 사업이었다. 10년 후로 예상되는 전위당과 기층조직의 올바른 결합을 위해서 이른바 '민족간부' 육성은 매우 중요한 사업이었다.

 특히, 폭압적인 군부독재 세력과 정면으로 대응할 만한 조직은 학생 세력이 거의 유일하기에 경락회는 학원사업에 큰 기대를 걸었다. 전국의 대학은 민족 간부를 양성하는 주요공간이면서 사회운동을 위한 훈련의 장(場)이었다.

 그러나 학생운동은 역량이 큼에도 불구하고 노출이 심한 운동이기 때문에 비밀을 유지하기 힘들었다. 따라서 학생들과 접촉하기 위해서는 고도의 기술이 필요하고, 학생운동의 지도는 2중 휴즈의 점선으로 연결하는 간접지도가 원칙이었다. 따라서 학원관계는 이를 지도할 청년간부의 교양에 국한할 뿐, 구체적인 활동에 관여하는 것은 금기로 하였다. 더구나 파쇼정권과 대결국면으로 치닫는 시기에 학생들과의 접촉은 한층 더 세심한 주의와 배려가 필요하였다.

 1972년 3월 초순 김종대는 종로구 청진동에 삼락일어연구소를 연다. 김종대는 '암장' 동지로 1956년 부산사범학교 졸업 후 경남 진영지역에서 초등학교 교사로 일하였다. 그러나 1971년 이수병의 요청을 받고 서울에 올라와 유진곤, 김달수, 박중기 등과 함께 영등포구 방화동의 건재상에서 일하고 있었다.

이수병은 김종대가 학원을 열면서 삼락일어학원의 강사로 일한다. 어학원은 우선 다양한 사람들을 쉽게 만날 수 있는 열린 공간이었다. 그리고 학원에서는 학생들을 직접 만나 교양과 학습을 할 수 있는 장점이 있었다. 그리고 이수병은 시간이 나는 대로 일본어로 된 진보적인 서적을 번역 보급하여 학습 수준을 더욱 높이고자 하였다.

수강생은 대부분은 대학생들이 많았고 일반인이나 술집에 나가는 여자들도 간혹 있었다. 주로 새벽반과 고급반을 맡은 이수병은 항상 열성적으로 가르치고 강의를 재미있게 진행하여 수강생들에게 인기가 높았다. 수강생들은 수수하고 진실해 보이는 이수병을 좋아하고 많이 따랐다.

특히 어려운 환경에서 살아가거나 술집에서 일하는 나이어린 여성들이 많이 따랐다. 이수병은 단지 강의만 하는 것이 아니라, 수강생들의 삶에 대해 같이 고민도 나누고 일상 생활까지 자상하게 들어주곤 하였다. 그러나 공부에 대한 엄격함과 진지한 자세는 예전이나 마찬가지였다. 일본인 기생관광단을 받기 위해 일본어를 배우는 여성일지라도, 이수병은 이들이 가진 흐트러진 자세나 의식에 대해서는 심하게 꾸짖기도 하였다.

"공부를 하러 오는 사람의 모양새가 어찌 그러냐. 공부는 글자를 깨치는 것만이 아니라 사람됨을 배우는 것이다. 그런 자세로 배워서 어찌 사람답게 살 수 있겠는가? 계속 학원에 나와서 공부를 하려면 단정한 차림으로 나오도록 해라."

일어학원은 경락회의 조직은 아니었으나, 이수병을 만나기 위해 자연

삼락일어연구소 파라뫼 회원들과 야유회(왼쪽)

스럽게 혁신계 인사들이 자주 드나들게 되었다. 이수병은 윤길중, 김달호 등 안양교도소에서 같이 지내던 사람들이나 대구의 유한종, 서도원 등 선배 동지들이 찾아오면 학원 지하에 있는 '야자수 다방'으로 내려가 이야기를 나누곤 하였다.

우홍선, 황현승, 이창복 등은 이수병의 경제학 강의를 받기도 하였다. 이들은 새벽에 학원의 문을 닫고 일어로 된 〈경제학 교정〉을 교재 삼아 토론을 벌이곤 했다. 그리고 이수병과 김종대는 학원에 다니는 대학생을 대상으로 독서회 서클을 조직하여 학습을 지도하였다. 서클 이름은 '푸른 산'이라는 뜻의 순우리말인 '파라뫼'로, 당시 숙명여대 학생회장 김숙자 등 약 30명 정도의 회원이 초보적 수준의 규약을 갖고 〈모순론〉, 〈실천론〉 등 철학과 사회과학 학습을 진행하였다.

서울지역 모임

이수병은 학원, 문화 사업 이외에도 우홍선과 함께 서울지역 모임에도 참여한다. 서울지역의 핵심인 우홍선은 이성재, 전창일, 박중기와 함께 서울지역 조직과 이수병의 사업을 지원하였다. 해방공간부터 일해 온 활동가인 이성재는 구속과 수배를 받으면서도 젊은 활동가들의 후견인 역할을 하였고, 민자통에서 통일운동을 한 바 있는 전창일은 극동건설 상무로 합법적인 공간에서 일하고 있었다. '암장' 동지 박중기도 이수병의 요청을 받아들여 운영 중인 제지공장을 정리하고 경락회 서울지역의 일을 맡는다.

이들 다섯 사람은 장기적으로 민족민주 역량을 노동자, 농민, 교사 등 각 부문 조직으로 재집결하여 발전시킬 전망을 세웠다. 경락회원들은 부문 조직을 체계화하고 노동과 교사조직을 개척하기 위해 직접 나섰다.

특히 이수병은 노동운동을 하는 동지와도 자주 만나 이론적 통일을 추구하고 현장에 투신하는 학생운동 출신 활동가들이 지녀야 할 자세에도 비판의 충고를 아끼지 않았다.

"노동자계급이 있는 곳으로 들어가는 것만으로는 부족하다. 인텔리의 취약점은 바로 돌아갈 곳을 만들어 놓는다. 퇴로를 차단하여야 한다. 노동자와 더불어 살고 노동자와 같이 죽을 수 있는 각오를 끝까지 가질 수 있어야 한다."

한편 우홍선과 교대로 다니는 지역 점검은 주요한 활동이었다. 이수병은 강의를 하는 시간 이외에 동지들을 규합하기 위해 대구·광주 등 지방을 오가며 바쁜 나날을 보냈다. 그러나 이수병이 움직일 때는 정보기관의 감시가 심하여 항상 일거리를 만들고 알리바이를 짜놓아야만 했다. 대구에 내려갈 때는 자주 아내와 아이들을 데리고 갔다. 대구는 고향에 갈 때 지나는 곳으로 여관에 하룻밤을 묵어야 했다. 이수병은 아내와 아이들이 잠든 새벽에 여관을 빠져나와 대구 범어동에 사는 서도원이나 성담동에 사는 하재완을 방문하여 조직 활동을 점검하였다.

2. 영구집권 음모

7·4 남북공동성명 발표

 이수병과 동지들이 경락회를 중심으로 바쁜 나날을 보내고 있을 때 한반도에는 예기치 않은 폭풍이 몰아쳤다. 1972년 7월 4일 아침, 이수병은 학원 사무실에 출근하여 하루 일을 점검하고 있었다. 그때 방송에서 정부의 중대발표가 흘러나왔다. 7·4 남북공동성명이 서울과 평양에서 동시에 발표된 것이다. 남북이 합의한 남북공동성명은 모두들 바라던 통일이 당장이라도 이루어질 것 같은 환상마저 가져다주었다.

 첫째, 통일은 외세에 의존하거나 외세의 간섭을 받음이 없이 자주적으로 해결해야 한다.
 둘째, 통일은 서로 상대방을 반대하는 무력행사에 의하지 않고 평화적 방법으로 실현하여야 한다.
 셋째, 사상과 이념, 제도의 차이를 초월하여 우선 하나의 민족적 대단결을 도모하여야 한다.

남북이 합의한 자주·평화·민족대단결 등 조국통일 3원칙은 역사적인 사건이었다. 남북한이 한국전쟁 이래 최초로 남북한 정부 당국자들이 각자 상대방을 인정하는 조건 속에서 긴장완화와 통일문제를 협의한 사실만으로도 충격이었다.

혁신계나 민자통에서 활동한 동지들은 '고통의 뿌리인 분단이 철폐되고 통일만 된다면 소원이 없다'며 기쁨을 감추지 않았다. 국민들의 통일 열기를 바탕으로 민자통 재결성의 움직임도 일부에서 제기되고, 동토의 시대에서 움츠리던 사람들도 활동을 재개하였다. 정권의 의도와는 상관없이 통일논의는 국민들 사이에 빠르게 퍼져나가고, 평화적 통일운동은 민족의 통일 지표로 확고히 자리 잡았다.

이수병은 그동안 일본을 통하여 들어오는 신문과 방송을 들으며 통일을 대비한 북한문제 연구도 게을리 하지 않았다. 이수병도 처음에는 남북공동성명 발표에 기대를 가졌다. 그러나 남북의 쌍방합의가 어떻게 가능하고 숨겨진 내막과 음모는 없는지 신중하지 않을 수 없었다. 공동성명 내용만으로는 박정희 정권에게 유리한 점이 없으며 그동안의 일관된 반공정책과는 명백히 모순되었다.

국민 모두가 기쁨에 겨워 들떠 있을 때, 다음날 국무총리 김종필은 '7·4 남북공동성명은 초보적 단계로서 환상은 금물이며, 반공법과 국가보안법은 폐지하지 않는다. 공동성명이 북한과의 공존을 뜻하는 것은 아니다. 북한은 불가침선언을 체결할 대상이 될 수 없고 유엔 주둔군은 외세가 아니다'라고 공동성명과 위배되는 정부의 입장을 천명하였다. 그리고 박정희 정권은 남북공동성명을 발표한지 9일 뒤인 7월 13일에는 유럽거점 간첩 사건으로 사형언도를 받은 전 공화당 국회의원 김규남의 사형을 집행하였다. 그리고 7월 28일에는 박노수를 사형 집행하는 것을 비롯하여 이 시기를 전후로 30여 명의 사상범을 처형한다. 한쪽에서는 평화통일협상을 하면서 다른 쪽에서는 통일운동가들을 사형시키는 박정희 정권의 기만과 음모가 겉으로 드러나기에는 그리 오랜 시일이 걸리지 않았다.

두 개의 한국과 유신 쿠데타

북한의 조국통일 3원칙이 대부분 관철된 7·4 남북공동성명은 동시에 미국의 정책 변화를 반영한 것이었다. 미국은 베트남 민중의 저항으로 아시아에 있어서 힘의 균형이 무너지자 1969년에 닉슨독트린이라는 새로운 동북아 전략을 수립한 바 있었다. 이러한 정책 변화에 따라 미국은 해외기지 정리의 일환으로 미군철수를 시작하면서 북한으로 하여금 한반도 긴장완화의 참여를 유도한다. 동시에 미국은 주한미군 철수의 보상으로 박정희 정권에 군사비 지원 약속과 함께 남북대화를 종용하였다. 미국은 한국과 일본의 군사력 증강을 전제로 하는 '두 개의 한국정책'을 구체적으로 추진한 것이다.

한반도의 영구분단을 의미하는 '두 개의 한국정책'은 한반도를 남과 북의 두 나라로 승인하여 군사분계선을 국경선으로 바꾸고, 남북의 재통일을 포기하게 하려는 의도가 숨어 있었다. 박정희 정권도 국내의 정치적 위기를 모면하려는 의도와 미국의 종용으로 남북대화를 받아들인다.

그러나 남북대화로 인한 긴장완화는 그동안 냉전논리와 안보 이데올로기를 통해 정당성을 찾아온 박정희 군사파쇼 정권에게는 커다란 위협이 되었다. 따라서 박정희 정권은 남북화해로 인해 냉전구조 와해와 함께 필연적으로 터져 나올 수밖에 없는 민중들의 반외세 민족통일 논의와 운동을 막아야 했다. 박정희는 마침내 1972년 10월 17일, 통일문제를 정권 안보에 이용하여 제2의 쿠데타인 '10월 유신'을 일으킨다.

10월 17일 '대통령 특별 선언'으로 국회는 해산당하고 정당과 정치활동은 중단되었다. 이로부터 열흘 뒤인 27일에는 유신헌법을 의결하고, 계엄령 하에서 국민투표를 실시한다. 박정희 정권은 조국통일을 위해 유신헌법을 만들었고, 만약 헌법이 통과되지 않으면 통일을 원하지 않는 것으로 간주한다며 국민들을 협박하였다.

마침내 12월 23일, 통일주체국민회의 체육관 선거로 박정희는 1년 5개월 만에 다시 대통령에 취임한다. 불법과 강압으로 추진한 유신헌법으로 국회는 국정감사권을 박탈당하고 사법부는 행정부의 시녀로 전락하였다. 마침내 박정희는 3권을 장악하여 실질적인 총통제 영구집권의 발판을 만든다.

3. 반유신 민주화 투쟁

서울지역 지압시술소

　유신체제의 철저한 사회 통제로 민주주의는 후퇴하고 시대는 더욱 암흑의 수렁 속으로 빠져 들어갔다. 박정희의 유신통치로 야당과 재야도 숨을 죽였고, 학생운동도 깊은 침묵으로 빠져들었다. 그러나 이수병은 박정희 군사파쇼 정권과의 투쟁을 멈출 수 없었다. 이수병은 박정희 철권통치의 시대에 그의 신변을 걱정한 동지들이 휴식을 권유하기 위해 찾아오지만 단호히 이를 거절한다.

　유신체제로 접어든 1973년, 경락회는 정상적인 체계를 잡아나가고 내부사업들도 꾸준히 발전시켜 나간다. 이수병은 '파라뫼'를 더욱 체계적이고 높은 수준으로 끌어올리기 위해 학생들의 학습과 토론을 강화하였다. 또한 경락회 동지들이 각 분야에서 운동을 지도해낼 수 있는 수준으로 높이기 위해 교양 교육도 실시하였다.

　이제 이수병과 동지들은 장기적인 전략 속에 경락회를 꾸려나가기로 한다. 박정희 파쇼정권과의 대결은 단기간에 끝나는 싸움이 아니라 길고도 지루한 싸움이 될 것이라고 보았다. 조직은 더욱 긴장감과 책임감

이 요구되고 자기희생 없이는 불가능한 고도의 비밀활동이 필요하였다.

1973년 가을, 서울지역 모임에서는 튼튼한 근거지를 마련한다. 이수병과 동지들은 자금을 출자하여 경락회의 근거지로 서울 충무로 건물 지하에 지압시술소를 개설하였다. 지압시술소는 경락회의 외부사업으로 파쇼진영의 눈에 의심받지 않고 자연스럽게 활동할 수 있는 공간이었다. 지압시술소는 경락회의 중심 역할을 하는 서울지역 모임의 비밀회합 장소로 사용되고, 지압시술소 운영에서 나오는 수익을 활동자금으로 쓸 수 있었다. 이들은 이러한 장점을 최대한 고려하여 사업을 벌였고, 운영은 지압기술을 가진 이성재가 책임을 맡았다.

지압시술소를 차리는 데는 이수병의 자금 조달이 큰 비중을 차지하였다. 평소 폭넓은 인간관계를 바탕으로 부산이나 대구, 서울 등에는 이수병을 믿고 이끌어주는 사람들이 많았다. 자금이 필요하여 요청하면 두말없이 사오십 명이 자금을 대주었다. 그러나 이들은 한결같이 이수병을 신뢰하기 때문에 돈의 사용처를 묻지 않았다.

그 대표적 인물로 1960년 국회의원 선거에서 이수병이 지원 유세한 사회대중당 후보 강무갑은 든든한 후원자였다. 강무갑은 죽기 전 이수병에게 뜻있는 일에 쓰라며 광산을 처분한 재산을 내놓는다. 강무갑이 기탁한 돈은 170만원으로 이는 서울 중심가에 웬만한 집 한 채를 살 수 있는 거금이다. 이수병은 이렇게 동지들이 보태는 자금 말고도 필요에 따라서는 자신의 유일한 재산인 집을 담보로 은행대출을 받아 활동자금을 조달하였다.

반유신 민주화 투쟁

유신체제가 들어섰으나 정국은 겉으로 평온을 유지하였다. 국민들은 그 내용의 충격으로 관망하고 사분오열된 야당도 저항을 포기하였다. 학생들도 움츠러들고 민주화 운동 진영도 투쟁을 결집하지 못하였다. 그러나 거짓이 영원히 세상을 지배할 수는 없으며, 폭력과 압제가 사람의 양심과 진실을 틀어막을 수는 없는 것이다. 남한의 양심세력과 민중들은 점차 유신파쇼 정치를 끝장내고 민주정부를 수립하기 위한 대의를 찾아나선다. 학생들도 비공개적으로 내부학습과 수련회 등을 통해 내적인 역량을 축적하며 반독재 민주화투쟁을 준비하였다.

1973년 8월, 일본에서의 김대중 납치사건을 고비로 하여 유신체제의 폭압성이 드러나자 정국은 술렁거렸다. 마침내 1973년 10월 2일 서울 문리대 학생들의 시위를 시작으로 전국적인 반(反)유신투쟁의 불길이 타오른다.

학우여! 자유와 정의 그리고 진리는 대학의 생명이다. 오늘 우리는 너무도 비통하고 참담한 조국현실을 직시하며 사회에 만연된 무기력과 좌절감, 불의의 권력에 비굴하게 목숨을 구걸한 모든 패배주의, 투항주의, 무사안일주의와 모든 굴종의 자기기만을 단호히 걷어치우고 의연하게 악과 불의에 항거하여 이 땅에 정의, 자유, 그리고 진리를 기어이 실현하려는 역사적인 민주투쟁의 첫 봉화에 불을 붙인다.

학생들은 '국민의 기본권을 보장하는 민주체제를 보장하라', '중앙정보부를 즉각 해체하라', '김대중 납치사건의 진상을 규명하라' 등의 구호를 외치며 유신체제 이후 최초의 공개시위를 감행하였다. 이렇게 시작된 반독재 민주화 투쟁은 대학가를 중심으로 지칠 줄 모르고 계속 되어 대학생들은 2학기 내내 시위와 동맹휴학, 시험거부로 유신체제에 맞서 싸워나갔다.

이러한 학생들의 반유신 투쟁은 언론계와 종교계에 충격을 주었다. 재야 세력은 유신헌법 개정이라는 구체적 목표를 내세우고, 12월에는 범국민적 '개헌청원 1백만인 서명운동'으로 발전하였다. 12월 24일 장준하, 백기완을 중심으로 시작한 서명운동은 열흘 만에 30만 명을 넘어서고, 1974년 신년 벽두부터 양심적인 문인 61명이 개헌 지지성명을 발표하기에 이른다. 이에 불안을 느낀 박정희 정권은 다음날인 1974년 1월 8일 전국에 긴급조치 1·2호3)를 선포하여 민주화 운동을 본격적으로 탄압하였다.

유신체제 후 첫 번째로 발동한 긴급조치는 초헌법적 내용으로 가득 찼다. 유신헌법을 부정, 반대, 비방하는 행위뿐 아니라 개헌을 주장하거나 청원(請願)하는 행위마저도 금지하였다. 긴급조치 선포 후 일주일 만에 장준하, 백기완이 구속되고, 종교인 학생들에 이어 2월 25일에는 '문인, 지식인 간첩단' 사건을 조작하여 임헌영(현 민족문제연구소 소장) 등을 구속하였다. 그리고 비상 군법회의를 열어 긴급조치 위반자에 대한 가차 없는 탄압을 자행하였다.

학생운동과의 연대

　1974년 새해가 밝았다. 이수병은 삼락일어학원 강사로 일하면서 김용원과 함께 대학가 학생운동의 투쟁과 방향을 예의 주시하였다. 4월 항쟁의 뼈아픈 경험에서 보듯이, 학생운동은 단순한 정의감이나 젊은 혈기만으로 성공할 수 없었다. 민족민주정부 수립은 모든 민주 역량이 결집하여 올바른 전술과 연대를 추구할 때만 가능한 일이었다. 특히 과학적인 사상으로 다져진 지도 조직이나 아래에서부터 체계적으로 조직된 민족민주세력의 결합 없이는 궁극적인 변혁운동으로 발전할 수 없는 것이다.

　1973년 12월 말에 경북·대구지역의 학생운동 지도자 여정남은 서울에 올라와 삼락일어학원에 여익환 이라는 이름으로 등록한다. 여정남은 경북대학교 학생회장 출신으로 1964년 한일회담 반대 투쟁, 3선 개헌 반대투쟁 등으로 두 번의 구속과 제적을 겪으며 학생운동을 지도하고 있었다. 특히 여정남은 대구지역의 서도원, 하재완, 이재문 등과 만나며 민족자주통일과 변혁운동의 대의에 공감하고, 대구지역에서 사회운동과 학생운동의 역량을 튼튼히 다져나가고 있었다.

　서도원, 하재완 등은 이러한 여정남을 앞으로 민족민주운동의 활로를 열어나갈 학생운동의 핵심으로 세우고, 이수병이 있는 삼락일어학원으로 보내 서울에서의 활동을 배려하였다. 이미 학생운동에 일정 정도 영향력을 행사하고 있던 이수병과 동지들은 여정남을 통해 학생운동의 자체역량을 강화하는 한편, 서울과 지방의 연대를 통한 전국적 규모의 학생운동으로 발전시켜나갈 계획을 세웠다.

그러나 요시찰 인물로 정보기관의 감시를 받아 행동이 자유롭지 못한 이수병은 경기여고 교사로 있는 김용원에게 여정남을 소개하고, 서울에서의 지원활동과 교양 지도를 부탁한다. 서울에 머물게 된 여정남은 당시 학생운동을 주도하는 서울대학교의 이철, 유인태, 황인성 등을 만난다. 이들 학생운동 지도부는 논의와 토론을 거쳐 각 대학 내에서 일회적으로 그치는 학생들의 시위를 극복하고, 강력한 반독재 민주화 투쟁을 전개하기 위해서는 강력한 전국적인 투쟁조직이 필요하다고 보았다.

민청학련 투쟁

조기방학과 긴급조치 탄압에 저항하여 학생운동 지도부는 지하신문 발행, 횡적 비밀연계작업을 하며 새 학기에 대비하였다. 겨울방학을 맞이하여 10·2 학생운동을 주도한 학생운동 지도부는 선배그룹과 결합하면서 전국적인 반유신체제 투쟁을 구체적으로 모색한다. 이들 학생운동 지도부는 서울과 지방 대학의 연결선을 복구하고 종교계와 각계 원로를 비롯한 재야세력과도 연대를 가진다. 마침내 이들은 전국적 투쟁기구 성격의 '전국민주청년학생연맹(민청학련)'이라는 이름으로 새 학기 각 대학의 시위를 지원하기로 하였다.

3월 말에 경북대학교 학생운동 지도부는 각 대학의 반유신체제 투쟁을 예비하는 사전(事前) 시위를 자원(自願)한다. 경북대는 지난 1973년 11월 5일 여정남의 지도 아래 지방에서 최초로 시위를 주도하여 유신반대 운동을 성공적으로 이끌었다. 사전 시위는 전국 대학의 전체 시위가 있기 전 학생 대중들의 반응과 정부의 탄압 수위를 살피기 위해 우선 몇 개 대학에서만 선도투쟁을 벌이기로 한 것이다. 경북대에 이어 서강대와 연세대가 사전 시위를 계획하고, 4월 3일에는 서울과 각 지방의 대학에서 일제히 가두시위를 벌이기로 하였다.

마침내 3월 21일 경북대에서 처음으로 반독재 민주화운동의 첫 봉화를 올린다. 이들은 '반독재 민주구국 선언문'을 통해 '국민을 우롱하고 탄압하는 유신독재의 철폐와 매판 자본가의 민중 수탈, 민족정신의 퇴락과 배금주의에 물든 사회의식을 개탄하면서 평화통일, 민주주의 기본권과 노동권 보장을 요구하는 한편, 전국적 민주학생투쟁조직과 범국민적 연합투쟁기구의 조직을 제안'하였다. 그러나 3월 21일, 2백여 명이 참여한 경북대 시위는 정보당국의 사전 시위 탐지와 정부의 강경한 탄압으로 실패한다.

경락회 긴급 전원회의

이수병은 김용원과 함께 여정남을 통하여 새 학기에 들어서서 전개되는 학생들의 투쟁을 보고 받고 이들의 투쟁방향과 준비를 검토하였다. 이수병은 이러한 준비 과정에 결합하면서 더욱 긴장된 나날을 보낸다. 3·4월의 싸움을 넘기고 지배체제가 안정되면 탄압이 더욱 심해져 장기간 동면으로 들어가야 했다. 이수병은 김용원에게 여정남에 대한 지원과 활동 관리를 당부하면서 정부의 탄압에 대한 대책을 마련한다.

3월 22일, 전국협의체인 경락연구회는 서울에서 긴급 전원회의를 연다. 모임은 지난 2월 우홍선이 입수한 중앙정보부의 혁신세력 말살음모

대책을 논의하기 위해서였다. 회원들은 광화문에 있는 청진여관에 모여 회의를 준비하였다. 모두들 긴장한 얼굴이었다.

우홍선이 먼저 보고하였다.

"제가 입수한 정보에 의하면 중앙정보부에서는 지난 6·3사태 때 처형하지 못한 혁신세력을 이번에 학생데모를 구실로 제거하려는 계획을 세워놓고 있답니다. 기관 쪽을 잘 아는 친척으로부터 들은 것이니 신빙성 있는 정보로 평가됩니다. 오늘 이 자리는 이러한 정보에 대한 대책을 내오기 위하여 긴급 제안된 자리입니다."

우홍선은 모임의 취지를 설명하며 1971년 이후 지금까지의 행적을 스스로 검토해보자고 제의하였다. 모두들 실토할 것도 없고 노출된 적도 없으며 물증이나 증거도 전혀 남기지 않았음을 확인하였다. 최악의 경우 경락연구회밖에 나올 것이 없다고 하였다.

먼저 3월 21일, 경북대의 시위를 지켜보고 올라온 서도원이 무겁게 말을 꺼냈다.

"어제 있었던 경북대의 선도투쟁은 실패한 것으로 보입니다. 저들의 대응이 즉각적이었고 미리 준비된 것으로 보입니다. 시위 학생 수가 적고 사전에 정보가 누설된 것을 보면, 학생운동권 내부를 잘 알고 있다는 증거입니다."

광주에서 올라온 김세원이 말을 받았다.

"그렇다면 이번 계획은 일단 중지하는 것이 좋겠습니다. 우리들의 활동은 전혀 물증을 남기지 않았지만, 상식과 논리가 통하지 않는 군사파쇼의 이번 작전은 학생시위를 구실로 우리를 죽이려는 것입니다. 더구나 선도투쟁 결과로 보아 크게 시위가 확산될 것 같지 않습니다. 탄압의 구실로 이용될 소지가 있는 학생들 시위 계획을 중지시키는 것이 옳다고 봅니다."

그러나 서도원은 반대의견을 제기하였다.

"원래 학생들은 배후 지원이 빚을 위험을 알기 때문에 독자적으로 준비를 합니다. 학생들은 이발료를 아끼고 등록금을 털어 운동 계획과 준비에 쓰기 때문에 일단 계획된 시위는 재정상, 조직상 연기나 중단은 불가능할 것입니다. 여기서 후퇴하면 학내 분위기는 식어버리고 현 지도부는 지도력을 상실하게 됩니다."

상황은 쉽게 판단하고 결정할 만큼 간단하지 않았다. 의견은 둘로 갈렸고 나름대로 타당성이 있었다. 서도원이 회원들을 돌아보며 다시 말을 이었다.

"이것은 아주 중대한 일입니다. 저는 이 상황이 독재 권력의 타격투쟁에서 물러설 수 없는 국면이라고 봅니다. 지금은 아주 중요한 시기이면서 의미 있는 싸움이 될 것이라 판단합니다. 앞서 살핀 바와 같이 이번 학생투쟁이 유신독재를 끝장내고 사회변혁을 이룰 수 있는 싸움이라고 생각하지는 않습니다. 그러나 투쟁은 조직을 확대시키는 측면이 있습니다. 일시적인 패배는 있겠지만 금번 싸움은 장기적인 투쟁을 준비할 학생 운동가를 양산시킬 수 있는 기회입니다. 북쪽과 연계된 사업은 실패하지만 자생적인 사건은 잡혀갔다 나오면 오히려 철저한 활동가로 변모시켜주기도 합니다."

그러나 반대의견도 이어졌다.

"지금은 분명히 위기국면입니다. 이런 때일수록 조직지도부를 보존하는 것이 가장 큰 임무라고 생각합니다. 우리가 희생당할 경우 운동의 맥이 끊어지는데, 질적 공고화가 수반되지 않는 양적 확대는 서클주의의 만연을 낳게 되어 통일전선 조직의 재건이 불가능해집니다. 이번 시위는 반드시 축소시키거나 중지시켜야 합니다."

현재의 시기가 전진국면인가 후퇴국면인가에 대한 논란은 계속됐다. 이러한 전술논쟁은 지난 가을 반유신체제 투쟁이 고양되면서 당장 반독재 투쟁으로 나가야 한다는 쪽과, 지금은 준비 단계로서 독재 정권과 대결은 시기상조라는 견해로 나뉘어져 변혁운동가 내부에서도 의견의 일치를 보지 못하고 있었다.

하룻밤을 꼬박 새우고도 결론이 나지 않았다. 회원들은 보안을 위해 부근의 한성여관으로 자리를 옮겨 그 다음날까지 토론을 계속하였다.

"이번 기회를 놓치면 또다시 기나긴 어둠 속으로 빠져들게 됩니다. 계획된 시위는 실행되어야 합니다. 아무리 저들이 비인간적인 정권이라지만 명칭도 조직도 없는 우리를 아무 근거 없이 탄압하지는 못할 것입니다."

이러한 시위 강행 주장에 다시 반대의견이 나왔다.

"저들이 노리는 것은 무슨 증거에 있지 않습니다. 학생시위가 격화되면 저들은 과거 인혁당 사건처럼 학생 연계세력을 싹쓸이 하려고 할 겁니다. 저들은 필요하면 무슨 짓이라도 저지를 살인집단입니다. 사태가 심각합니다. 저들에게 기회를 주어서는 안 됩니다."

이틀에 걸친 격론으로도 명백한 결론이 나지 않았다. 이틀째 밤이 깊어갔다. 계속 이어지는 토론을 지켜보던 이수병은 정리할 시점이 되었다고 판단했다.

"감시는 항상 주변을 맴돌고 있었지만 이번에는 강도가 다른 듯 합니다. 이번에는 사찰 당한다는 것이 피부로 느껴집니다. 얼마 전에도 우홍선 동지와 함께 도피연습을 한 적이 있습니다. 그들은 우리가 만난다는 사실만 알아도 잡아 없애려 할 것입니다. 그러나 지금에 와서 학생데모를 중단시킬 수는 없는 노릇입니다. 학생들이 이발료를 아끼고 등록금을 털어 오랫동안 준비한 것일뿐더러, 설사 중지시키려 해도 이중휴즈로 되어 있어 단시간 내에 통제하기는 어려운 형편입니다. 이번 일은 앞서 주장된 장점과 위험이 함께 있다고 봅니다. 한쪽의 결과만을 강조하기 보다는 현 상황에 알맞은 방법을 찾아봅시다."

회원들은 더 이상 논의해도 일치된 결론이 나올 것 같지 않자 지금까지 나온 얘기들을 토대로 절충안을 내었다. 각자가 맡은 분야와 소임에 대해서는 회원들 스스로 대응한다. 경락회원들은 학생들과 직접적인 연계를 맺었어도 그것은 그 동지의 개별적인 접촉일 뿐 조직의 행위가 아니다. 어떤 경우든 이 원칙을 사수하고 지역의 학생지도부가 그 지역의 회원에게 자문을 구할 경우 중앙정보부의 음모를 알리고 시위 연기를 학원지도자에게 권유하며, 그렇지 않은 경우 학생들의 자율적 판단에 맡긴다. 경락회는 가능한 범위 안에서 전국 대학의 시위를 축소하기로 하며 이틀간의 회의를 마친다.

4. 1974년 4월의 탄압

4월 3일 민청학련 시위

이수병은 일말의 기대감과 우려 속에 3월 말을 보냈다. 그러나 경북대에 이어 3월 28일 서강대와 4월 1일의 연세대의 사전 시위는 엄혹한 시대 상황과 홍보 부족으로 실패하고 말았다. 박정희 정권은 이미 오래 전부터 새 학기 전국적 반(反)유신 투쟁 정보를 입수하여 학생들의 동태를 주시하며 사건 확대를 노리고 있었다. 마침내 3월 중순부터 중앙정보부는 그동안 내사해왔던 학생운동 지도부에 대한 예비검속을 시작하였다. 주요 학생간부 수십 명을 기습적으로 연행하고, 학생지도부에 대한 검거와 수배에 들어갔다.

민청학련 학생운동 지도부는 전국적인 투쟁의 승부는 이미 끝났다고 판단하였다. 그러나 서울에서 예정한 시위는 강행하기로 결정한다. 4월 3일 서울대, 성균관대, 이화여대, 고려대, 서울여대, 감신대, 명지대 등에서 일제히 '민중·민족·민주선언' 등 선언문을 발표하며 시위에 들어갔다.

바야흐로 민중 승리의 새날이 밝아오고 있다. 공포와 착취, 결핍과 빈곤에서 허덕이던 민중은 이제 절망과 압제의 쇠사슬을 끊고 또다시 거리로 나섰다. …… 소위 유신이란 해괴한 쿠데타, 국가비상사태와 1·8 조치 등으로 폭압체제를 완비하여 언론을 탄압하고 학원과 교회에 대한 억압을 더욱 가중시킴으로써 비판을 원천적으로 봉쇄하고 있다. 비판할 수 없는 정치, 이것이 과연 한국적 민주주의인가? …… 남북통일이 오로지 그들의 전유물인양 떠들면서 폭력정치와 민중수탈 체제를 더욱 공고하게 할 때 통일의 길은 더욱 멀어지고 있다. 자유와 평등이 보장되는 진정한 민주주의 승리만이 통일의 지름길임을 모르는가?

보라! 자유를 박탈하여 노예상태를 강요하는 자들 깡패 집단들!
보라! 호화방탕을 일삼으며 민중의 살과 뼈를 삼켜 살찐 저 도둑 무리들을!
보라! 이 땅을 신식민주의자들에게 제물로 바친 저 매국노들을!

그러나 이러한 결의에도 불구하고 시위는 실패하고 박정희 정권은 이날 밤 긴급조치 4호를 발동한다. 긴급조치 4호는 민청학련에서 계획한 4월 3일의 봉기를 겨냥하여 선포한 군사독재의 일대 폭거였다. 유신체제를 반대하는 어떤 세력도 남겨두지 않겠다는 상식을 뛰어넘는 초법적(超法的)인 내용이었다.

민청학련과 관계되는 제 단체를 조직하거나 가입, 고무, 찬양하는 일체의 행위, 정당한 이유 없이 출석과 수업의 거부, 그리고 집회, 시위, 성토, 농성 등 일체의 개별 또는 집단 행위를 금하며 이 조치를 비방하는 자는 5년 이상의 유기징역에서 최고 사형까지 처한다.

민청학련을 반국가단체로 규정함은 물론 이를 돕거나 동조하는 행위까지 사형에 처하며, 이를 위반할 때는 폐교와 치안유지를 위해 병력까지 출동시키겠다는 것이었다.

동지들과의 작별

이수병은 민청학련 사건이 걷잡을 수 없이 커지고 상황이 급격히 달라지자 동지들과 긴밀히 연락을 취하며 대책을 논의하였다. 신변을 정리하고 물증이 될만한 것은 모두 없애버렸다. 그리고 가까운 동지들 외에는 연락을 끊고 비상시 피신할 곳을 다시 확인하였다.

다음날 상황을 엿보며 이수병은 가까운 곳으로 몸을 숨긴다. 중앙정보부는 민청학련 학생 지도부를 잡기 위해 혈안이 되었지만, 자수자를 뺀 주요 학생 지도자들은 아직 검거되지 않았다. 이수병과 동지들은 몸을 숨기고 있는 것이 오히려 적들의 의심을 살 수 있다는 판단에 다시 집과 직장으로 돌아온다.

그러나 중앙정보부는 이미 국민들에게 민청학련을 '인민혁명을 수행하기 위한 반국가 지하조직'으로 발표해놓고 있었다. 따라서 배후를 만들어 그림표를 그려내려고 학생 지도부 체포에 경찰력을 총 집중하였다. 전국에 걸쳐 지명수배를 내리고 이철, 유인태, 강구철 등에게는 최고 2백만원의 현상금이 붙었다. 간첩보다 더 큰 현상금에 시민들은 놀라고 비상 반상회가 열리며 거리의 검문검색은 전시(戰時)상황과 흡사하였다. 결국 4월 14일 포위망에 쫓기던 유인태가 검거되고 여정남도 16일 경찰에 체포되어 남산의 중앙정보부로 끌려갔다.

이제 더 이상 망설일 틈이 없었다. 4월 17일 저녁, 이수병은 김용원, 김종대, 유진곤 등 가까운 동지와 밤늦게 피신을 논의하였다. 여정남의 체포로 어떤 상황이 전개될지 예측할 수 없었다. 그러나 여정남에 대한 믿음도 있고 더구나 철저한 점조직으로 운영한 조직체계이기에 밑 선에서 정리될 수 있다는 생각도 있었다.

그러나 중앙정보부의 혁신세력음모가 사실이라면 아직 적들의 움직임이 없어도 방심할 수 없었다. 적들은 이미 민청학련을 미끼로 과거 혁신계를 포함한 활동가들을 싹쓸이 할 만반의 준비를 다하고 그 계획을 급속히 진행하고 있었다. 운명의 시간은 조금도 기다려주지 않았다.

4월 18일 김용원, 김종대와 점심을 먹고 나온 이수병은 김용원과 헤어져 학원으로 돌아온다. 학원에 온 이수병은 김종대와 사무실에 앉아 시국 상황을 논의하고 점검에 들어갔다. 그 때 술에 취한 듯한 삼십대의 남자 한사람이 사무실 문을 열고 들어섰다.

"여기 이수병씨가 누구입니까?"

김종대가 자리에서 일어나며 물었다.

"어떻게 오셨습니까?"

"아, 예! 경기여고에서 왔습니다. 김용원씨가 전해 달라는 얘기가 있어서요."

"제가 이수병입니다만, 무슨 이야기입니까?"

"중요한 이야기이니 아래로 좀 내려가실까요?"

이수병은 김용원이 긴급한 사정으로 보낸 사람으로 생각하고 지하다방으로 내려갔다. 그러나 아래에서 기다리고 있는 사람들은 중정요원들이었다. 이들은 기다렸다는 듯이 이수병에게 수갑을 채우고 준비한 검은 세단 차에 태웠다. 상황을 미처 파악하기도 전에 이수병은 체포되어 유신정권의 포로가 된다.

1) 경락연구회의 조직 결성 과정은 전남, 광주지역의 사회당, 민자통, 남민전 등에서 활동한 김세원의 수기 〈어느 통일운동가의 육필 수기:비트〉에 상세히 기록되어 있다.
2) 경락연구회의 명칭이 조직 내에서 공식적으로 불리었는지에 대해서는 이견이 있으나 당시 변혁운동을 지향하는 사람들이 자연스럽게 이 모임을 통해 한방의 '경락' 연구와 변혁운동을 모색하여 나갔다. 경락회원들은 경락을 과학적으로 세밀히 분석하고 그 실체를 밝혀 1960년대 세계적인 관심을 일으킨 북한의 의학자 김봉한의 경락에 대해 일본 서적을 통해 연구하며 모임을 지속하여 나갔다.
3) 긴급조치 1호의 내용을 보면,
    1. 대한민국 헌법을 부정·반대·왜곡 또는 비방하는 일체의 행위를 금한다.
    2. 대한민국 헌법의 개정 또는 폐지를 주장, 발의, 제안 또는 청원하는 일체의 행위를 금한다.
    3. 유언비어를 날조, 유포하는 일체의 행위를 금한다.
    4. 전 1, 2, 3항의 금한 행위를 권유, 선동, 선전하거나 방송, 보도, 출판, 기타 방법으로 이를 타인에게 알리는 일체의 언동을 금한다.
    5. 이 조치에 위반한 자와 이 조치를 비방한 자는 법관의 영장 없이 체포, 구속, 압수, 수색하며 15년 이하의 징역에 처한다. 이 경우에는 15년 이하의 자격정지를 병과할 수 있다.
    6. 이 조치에 위반한 자와 이조치를 비방한 자는 비상군법회의에서 심판, 처단한다.
    1호와 함께 선포된 긴급조치2호는 1호 위반자를 심판하기 위해 설치되는 비상군법회의 구성, 관할구역, 명칭 등을 규정한 것이었다.

제 7 장 부활과 해방의 길목에서

1. '인혁당재건위' 조작 음모

4월의 폭거

 이수병이 체포되는 같은 시각, 동일한 방법으로 경기여고에서 근무 중인 김용원도 중앙정보부로 연행되었다. 김종대는 불길한 예감을 느껴 김용원에게 연락하였으나 전화는 모두 끊겨 있었다. 이미 중앙정보부는 외부와의 연락을 차단하기 위해 경기여고의 전화선을 모두 통제하고 있었다. 김종대의 연락을 받은 유진곤은 곧바로 피신에 들어갔다. 그러나 김종대와 우홍선은 적들의 의심을 피하며 일정한 거리를 두고 일의 추이를 지켜보기로 하였다.
 중앙정보부에 끌려간 이수병은 온갖 고문과 협박을 받으면서도 굳건히 버텨나갔다. 아무런 증거도 없이 붙들려 와서 하루 24시간을 꼬박 고문과 조사에 시달렸다. 정신을 잃는 혹독한 고문 속에서도 이수병은 이를 악물었다. 동지들이 도피할 수 있는 시간이 필요하였다. 그러나 시간이 지날수록 중앙정보부의 야만적 고문과 예상을 뛰어넘는 민청학련 사건 조작은 이수병을 죽음의 수렁 속으로 밀어 넣고 있었다.
 4월 24일, 마침내 수배중인 민청학련 행동총책 이철이 체포되었다.

그 다음날 중앙정보부장 신직수는 미리 준비한 민청학련 사건을 온 신문과 방송을 동원하여 발표하였다.

민청학련은 1974년 4월 3일을 기해 현 정부를 전복하려고 한 불순 반정부세력으로, 이들은 북괴의 통일전선 형성공작과 동일한 4단계 혁명을 통해 노동자 농민에 의한 정권수립을 목표로 했으며, 과도적 정치기구로 민족지도부의 결성을 획책했다. 이 민청학련 지도부에는 과거 공산계 불법단체인 인혁당 조직과 재일 조총련계 일본 공산당, 국내 좌파혁신계가 복합적으로 관련, 학생을 포함한 1,024명이 조사를 받고 이중 253명을 군법에 송치하여 54명이 1차로 기소되었다.

그리고 민청학련의 배후인물로 이수병을 비롯하여 도예종, 서도원, 하재완, 김용원과 재일조총련 비밀 조직원 곽동의와 일본인 기자 2명, 민청학련의 여정남을 지적하였다. 그리고 전 대통령 윤보선을 비롯하여 지학순 주교, 박형규 목사, 김지하 시인 등이 정부전복을 격려하거나 거사 자금을 대주었다는 혐의로 군사재판에 회부되었다. 전직 대통령과 각계 지도자까지 공산주의자 내지는 동조자라는 발표에 국민들은 이해하기 힘들었으나, 비상식적인 파쇼권력의 총칼 앞에 침묵하지 않을 수 없었다.

4월 25일, 1차 발표 이후 중앙정보부는 본격적인 혁신계 말살음모를 시도한다. 민청학련 관련 주요 인물이 체포된 이후 중앙정보부는 4월

28일 대구의 송상진을 비롯하여 5월 1일부터 김종대, 전창일, 우홍선 등을 집과 직장에서 체포한다. 이들은 4월 25일 1차 발표를 보고도 민청학련과 인혁당 사건과는 자신들과 무관하다고 여기며 피신하지 않은 것이다. 대구에서도 과거 혁신계 계열의 사람들이 영문도 모른 채 무더기로 끌려갔다. 그리고 이창복, 김한덕, 황현승, 이성재 등도 진보적 성향의 인물이라는 이유로 검거 당하였고 이재문은 수배되었다.

'인혁당재건위' 조작

5월 12일과 16일 두 번에 걸쳐 이수병은 김종대와 조사대기실에서 만난다. 짧은 시간이었지만, 이수병은 "모든 걸 부인(否認)하고 보자. 별일 없을 것이다"며 김종대에게 말했다

그러나 검찰은 하재완에게서 나온 '조선 노동당 제5차 전당대회' 필사본과 강무갑의 후원금을 빌미로 북의 지령과 공작자금을 받은 지하당 사건으로 조작하여 몰아갔다. 김종대가 자신을 공산주의자로 만드는 것에 항의하자 당시 수사관은 다음과 같이 내뱉었다.

"이 새끼야, 우리가 지금 너를 공산주의자로 만드냐? 이수병을 빨갱이로 만들려 하는거지!"

김종대는 조사를 받으며 아무래도 이수병이 잘못될 거라는 불길한 느낌을 받았다. 조서의 내용이 이수병을 중심으로 꾸며지고 있었다. 1972년경 이수병이 받은 강무갑의 후원금은 유진곤과 김달수에게 맡겨 대산목재 경리장부에 정상적인 사업 자금으로 처리되었다. 그러자 중앙정보부 담당 과장은 유진곤을 은밀히 불러 회유하였다.

"그 돈이 목선(간첩선)타고 북에서 내려왔다고 한마디만 종이에 써라. 그렇게 하면 당장 석방시켜 융자도 해주고 사업을 크게 할 수 있게 도와주겠다."

그러나 북에서 내려온 공작금으로 간첩단을 만들어 국민에게 허위보도 하려고 한 중정의 계획은 유진곤의 부인(否認)으로 실패한다. 중앙정보부의 회유를 거부한 유진곤은 가혹한 고문을 받아 온몸이 만신창이가 된다. 이 때 받은 고문으로 유진곤은 출감 후 1988년 고문후유증으로 병사한다.

5월 17일경부터 새로운 조서작성이 대대적으로 시작되었다. 이미 중앙정보부는 '그림표'를 다시 만들고, 조작된 그림표를 중심으로 민청학련의 배후로 인혁당재건위원회(인혁당재건위)를 만들어 청와대와 상의하며 사건을 부풀려 나갔다. 박정희는 일주일에 두 번씩 중앙정보부장의 보고를 받으며 사실상 사건을 지휘하였다.

"22명만으로는 국민에게 먹히지 않으니 50명 선으로 만들어라"라는 지시가 청와대에서 떨어졌다. 청와대는 인혁당재건위 관련자가 22명밖에 안되므로 반국가단체로서는 숫자가 너무 적어 국민들이 믿어주지 않을 것 같으니 더 많이 늘릴 계획이었다. 그러나 중앙정보부 수사관들조차 현재의 조작만으로도 힘들고, 그 이상은 불가능하다고 반발하여 실행에 옮기지 못하였다.

1974년은 바로 '1차 인혁당' 사건이 있은 지 꼭 십년이 되는 해였다. 중앙정보부는 10년 전 자신들이 실패했던 인혁당 사건을 이용하여 다시 혁신 세력을 말살하려는 것이었다. 이들은 1964년 1차 인혁에서처럼 고문과 진술 조작을 강요한다. 조서 작성은 폭력적인 고문으로 비정상적인 상태에서 진술을 하든가, 아니면 준비된 내용을 불러주는 방식이었다.

인혁당재건위 사건 조작은 실패한 1차 인혁당에 대한 보복 성격이 강했다. 인혁당재건위 사건을 조작한 신직수 중앙정보부장은 1차 인혁당 사건 당시 검찰총장으로 있으면서 무리한 수사로 후배 검사들에게 수모를 겪은 바 있었다. 이용택1) 중앙정보부 6국장도 당시 5국의 대공과장으로 있으면서 악명을 떨치던 인물이었다. 이들 외에도 인혁재건위 조작 사건을 맡은 대부분의 수사관들이 1차 인혁당 사건에서도 관여한 인물들로 이들은 자신들의 추락한 명예를 되찾기라도 하려는 듯 더욱 포악하게 굴었다.

1차 인혁당 당시 중앙정보부장을 지낸 김형욱은 회고록에서 다음과 같이 증언하고 있다.

> 이용택은 나를 매우 따르던 심복이었으나 한때 밀수관계 부정이 말썽이 되어 나는 재임 후반기에 그를 잘랐다. 그는 실직자가 되어 있었는데 이후락이 중앙정보부장이 되자 그를 다시 채용하였다. 이후락은 중앙정보부를 대폭 개편하여 제6국 총무국을 정치수사국으로 만들고 이용택을 책임자로 임명하였다. 이후락의 중앙정보부장 시절에 개편된 제6국은 북한의 정치보위국에 맞먹는 남한의 정치적 반대자들을 탄압하는 정치전위대였다.
> 1964년 당시 검찰총장이었던 신직수는 1974년 당시 중앙정보부장

이 되어 있었다. 그는 그 후 법무부장관 등의 요직을 거치는 동안 부패하기 시작하여 종내 유신체제를 앞장서 변호하였으며, 정보부장 취임 후에는 유신헌법 체제를 수호하는데 누구보다 선두임을 자처하였다. 박정희와 이후락의 지령을 받은 신직수, 그리고 신직수의 심복 이용택은 10년 전에 문제되었다가 증거가 없어서 석방한 사람들을 다시 정부전복 음모 혐의로 잡아넣었다.

불법 연행된 모든 사람들 중에서 '인혁당재건위'가 무엇인지 아는 사람은 아무도 없었다. '인혁당재건위'는 박정희 정권이 비교적 지명도가

수많은 민주인사가 희생당한 서대문 교도소

적은 이들을 선택하여 급하게 조작한 용공조직이기 때문이었다. 박정희는 '인혁당재건위'의 사람들이 종교계와 연관 관계가 없어 국제적 말썽이 일어날 가능성이 적다는 것을 계산하였다. 따라서 이들을 속죄양으로 삼아 처형함으로써 국민들의 저항을 막으려는 음모를 꾸민 것이다. 박정희 정권은 긴급조치만으로는 더 이상 국민들의 반유신 투쟁을 수습할 수 없었다.

마침내 5월 27일, 박정희 정권은 2차로 민청학련 사건의 전모를 발표한다. 이때부터 이들은 민청학련의 배후로 1차 발표 때와 다르게 '인혁당'이 아닌 '인혁당재건위'를 등장시킨다. 정부는 이날의 발표를 중앙정보부가 아닌 비상군법회의 검찰부에서 발표하면서 동시에 당일 사건 관련자를 기소하였다.

비상군법회의 검찰부는 기소를 한 다음인 6월에 가서야 본격적으로 인혁당재건위 사건을 조사하기 시작한다. 따라서 5월 27일 이후 중앙정보부에서 작성한 피의자 진술조서와 내용도 모두 5월 23일부터 5월 25일 사이로 작성 일자를 앞당겨 기록을 허위로 조작하였다.

살인고문의 희생

이수병은 체포된 후 숱한 고문과 협박에 시달렸다. 여닫는 문에는 고문에 신음하는 육성 녹음테이프가 달려 있어서 문을 열고 닫을 때마다 비명소리가 날카롭게 들렸다. 중앙정보부 남산 지하실은 인혁당재건위 각본을 만드는 지하공장이었다. 이수병은 물고문과 전기고문 그리고 끊임없는 구타와 협박에 온몸이 만신창이가 되었다. 합리적 대응이 불가능한 일방적 폭력에 인간이 가진 주체성은 파괴되고 인격은 무너져갔다.

일년이 지나도 남아있던 전기고문의 흔적은 이수병이 얼마나 모진 고문의 고통에 시달려 있었는지를 보여준다. 핏줄을 뒤틀어 놓고 신경의 마디를 끊어버리는 통증과 비명 속에 이수병의 몸은 부서졌다. 몇 번씩 기절하고 깨어나기를 거듭하며 죽음의 공포도 밀려왔다. 정치적 목표와 대상을 정해놓고 사건 조작을 관철하기 위한 무자비한 고문 앞에서 이수병은 매 순간 생사의 경계를 넘나들었다.

일제 치하에서 수많은 독립운동가들이 고등계 형사나 일제의 앞잡이들의 혹독한 고문으로 불구가 되거나 윤동주나 이육사처럼 옥사하였다. 정치권력의 하수인들은 일제 때 배운 고문을 해방 후 민주 인사들에게 더 가혹하게 써먹었다. 혹독한 고문에 굴복하여 자신의 주체성을 지키지 못하고, 무의식적으로 동지들의 이름을 내뱉을까 스스로 목숨을 끊으려는 동지도 있었다. 죽음을 두려워하지 않는 이수병과 동지들의 저항으로 광주와 부산의 경락회 동지들은 살아남았고 조직도 지켜졌다.

그러나 이수병은 고문과 협박에 시달려 육체적 고통의 한계 앞에서 법정투쟁을 제대로 할 수 없었음을 다음의 상고이유서에서 보여주고 있다.

우리는 삼엄한 긴급조치 하에서 인권보호를 위해 형사소송법이 규정하고 있는 여러 가지 기본권을 완전히 박탈당한 채 편리에 따라 무제한 연장되는 그 악몽 같은 조사기간 동안에 사경을 헤매어야 하는 몸서리치는 고문과 협박 속에서 수사관과 검찰관이 동일 장소에서 행하는 조서 작성 등의 처사에 완전히 정신을 잃고서 그것이 장차 어떠한 결과를 초래하든 간에 자신의 나약함을 통감하면서 당장엔 요구하는 대로 횡설수설치 않을 수 없었고, 사실과는 전혀 다르게 조작된 줄을 뻔히 알면서도 자신의 비굴을 자학하면서 바보처럼 제 손으로 무인(拇印)을 찍어야만 하는 처절한 극한 상황 앞에서 우리는 인권이나 양심이니 하는 따위의 사치스런 개념을 논하기 이전에 결코 더는 버텨나갈 수 없는 체력적 한계에 부닥치고 말았던 것입니다.

(상고이유서 중에서)

다른 동지들도 살인적 고문으로 죽음의 문턱을 넘나들었다. 가장 나이가 많은 도예종은 혹독한 고문으로 수십 차례에 걸쳐 심장병인 협심증을 일으켜 졸도를 거듭하고, 서도원도 다리에 고문 자국이 남도록 고

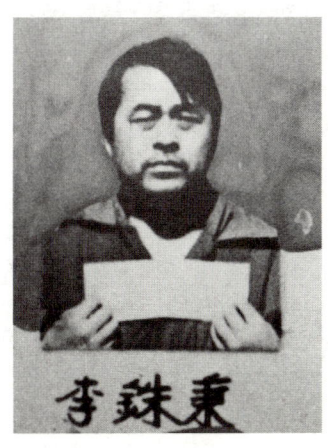

상고이유서 제출당시 이수병 선생

문을 당하였다. 우홍선도 4일 만에 고문으로 하반신을 쓸 수 없어 누워 지내도 좋다는 와허증(臥許證)을 받았으며, 술에 취한 수사관의 고문으로 '3층에서 떨어져 죽고 싶을 만큼' 심장이 파열되는 고통을 겪었다.

특히 하재완은 전기고문으로 탈장과 폐농양이 생겨 기침할 때마다 피가 묻어나오는 등 생명의 위협을 받는 상태에서 진술서를 보지도 못한 채 강제로 지장을 찍어야 했다. 고문의 고통을 견디지 못한 송상진은 동맥을 끊어 자살을 기도하였다. 그리고 박정희의 살인음모를 직감한 여정남도 심한 전기고문과 구타로 다리를 절어야 했다.

이밖에도 죽음보다 더한 고통을 견디고 살아남은 전창일, 김창덕, 황현승은 전기고문과 물고문을 수차례 받았다고 증언하였다. 김종대, 임구호, 이재형, 강창덕, 나경일도 심한 물고문과 구타를 받고 박중기는 전기고문으로 왼쪽 눈이 실명되었다. 그리고 장석구는 수형 생활 중이던 1975년 10월 15일, 가혹한 고문으로 인한 고혈압으로 옥사(獄死)하였으며 전재권, 유진곤도 출옥 후 고문후유증으로 병사하였다.

그리고 이수병의 초등학교 동창생을 비롯한 고향의 친구들도 과거 이수병의 옥바라지나 경제적 후원을 했다는 이유만으로 중앙정보부에 끌려가 가혹한 고문을 받는다. 결국 평범한 시민으로 지물포 가게를 여는 데 도움을 준 이수병의 어린시절 친구 문재권도 고문후유증으로 병사하고, 이종근은 식물인간으로 지내게 되었다.

참으로 인간의 탈을 쓴 악마가 아니라면 저지를 수 없는 독재정권의 만행이었다. 박정희는 이러한 공소시효 없는 반인륜적 행위의 정점에서 사실상 모든 불법행위를 지휘한 범죄자인 것이다.

2. 거짓과 진실 속에서

군사재판

1974년 5월 27일, 긴급조치 1·4호 위반 이외에도 국가보안법, 반공법, 내란예비음모, 반공법 등 어마어마한 죄목으로 기소된 인혁당재건위 조작 사건 관련자 22명의 재판은 비상보통군법회의와 비상고등군법회의에서 일사천리로 진행되었다. 재판은 한 가족 한 명만 방청을 허용하는 어처구니 없는 제한 아래 진행되었으나 그나마 제대로 지켜지지 않았다. 구속 중 면회는 고문으로 조작된 사건의 진실이 폭로될까 두려워 일체 금지되었다.

6월 15일에 열린 민청학련과 인혁당재건위 재판이 비공개로 따로 열렸다. 변호인의 증인 채택도 없었다. 국방부 기자 등 2명만이 취재하는 공개재판이 아닌 사실상 비밀재판으로 방청 내용이 기사화되지 못한 상태에서 군법회의 재판관들은 조작된 증거와 진술서를 바탕으로 사형, 무기징역, 징역 15년 이상을 구형한다.

7월 9일 민청학련의 결심공판에서 '사법살인으로 국민의 저항에 부딪칠 것'2)이라고 변호한 변호사 강신옥은 1주일 뒤 구속당한다. 변호로 인한 변호사의 법정구속으로 사법사상 초유의 일이었다. 7월 13일에는 민청학련 지도부 7명이 사형 선고를 받았으나, 7월 20일 국방부장관 판결 확인 과정에서 여정남을 제외한 이철 등 5명이 2심에서 이현배가 무기징역으로 감형된다.

이보다 앞서 7월 11일 인혁당재건위 사건 관련자 22명의 선고재판이 있었다. 비상보통군법회의 제 2심판부(재판장 육군 중장 박현식)는 이수병 등 7명에게 사형, 유진곤 등 7명을 무기징역, 김종대 등 8명에게 징역 20년을 선고하였다. 그러나 민청학련 학생들과 달리 인혁당재건위 관련자는 국방부장관 판결확인 과정에서 아무도 감형을 받지 못한다.

항소심으로 열린 9월, 비상고등군법회의(재판장 이세호)는 민청학련 학생들과 함께 48명을 좁은 법정에 한꺼번에 집어넣고 인정심문을 실시하였다. 그리고 군법회의는 합법적 절차도 무시한 채 법정심리, 변호사의 반대심문, 변호사의 최후진술을 뺀 채 선고 판결로 들어갔다.

9월 7일 사실심리도 제대로 거치지 않은 채 두 번만 열린 비상고등군법회의 날치기 재판으로 인혁당재건위 관련자 22명과 민청학련 관련자 여정남은 다음과 같은 판결을 받는다.

- 사형 : 이수병(37. 삼락일어학원 강사), 서도원(52. 전 대구매일신문 기자), 도예종(51. 삼화토건 회장), 하재완(43. 양조장 경영), 김용원(39. 경기여고 교사), 우홍선(45. 한국골드스템프사 상무), 송상진(46. 양봉업), 여정남(31. 전 경북대 학생회장)
- 무기징역 : 전창일(55. 극동건설 외공부장), 김한덕(43. 블록 제조

업), 나경일(44. 전 한국나이론 노동자), 강창덕(46. 전 대구매일 신문 기자), 이태환(49. 측량설계사), 유진곤(37. 대산목재 사장), 이성재(50. 지압시술소 경영)

• 징역 20년 : 김종대(38. 삼락일어학원 원장), 조만호(40. 학교도서 보급), 정만진(35. 목욕업), 이재형(36. 가전사 경영)

• 징역 15년 : 전재권(47. 상업), 황현승(39. 광신상고 교사), 이창복 (36. 전 인창고교 교사), 임구호(26. 고려학원 강사)

날조된 공판기록

어이없는 날치기 재판에 이수병과 동지들뿐만 아니라 변호사들도 동반사퇴를 고려할 정도로 재판은 거짓과 기만으로 꾸며졌다. 변호인들이 피고들의 무죄를 주장하기 위해 결정적인 증언을 해줄 증언자를 신청해도 재판부는 단 한번도 받아주지 않았다. 그리고 동지들이 법정에서 고문 사실을 증언하면, 검사들은 위협적인 말로 피고인의 변론권을 원천적으로 막았다. 또한 법정에서 혐의 진술을 부정하면 다시 끌고 가 고문과 집단구타를 하였다.

결정적인 법정진술 내용도 허위로 작성되었다. 이수병과 동지들은 한결같이 인혁당재건위의 존재 자체와 중요한 혐의 사실을 부인하였으나, 공판기록상에는 시인한 것으로 기록되었다. 특히 이수병의 공판조서는 기록 자체가 모순을 안고 있어 허위사실을 더욱 명확하게 입증하고 있다.

이수병은 "피고인은 1973년 9월 일자 불상 오후 2시경 종로구 옥호 미상 다방에서 상 피고인 우홍선을 회합하고 이북에서도 남한의 공산화 혁명은 자체 역량에 의하여 수행해야 되며 혁신세력의 규합이 시급하다. …… 공소 외 이성재, 상 피고인 전창일과 합의키로 한 사실이 있는가?"라는 질문에 "네, 그런 사실이 있습니다"라고 답변을 하고 나서 조금 뒤에 "피고인 등은 민중봉기를 야기시켜 국가기관을 강점 유혈폭동으로 정부를 전복하자는 등 공산폭력 행위를 계획 논의한 사실이 있다는 데 사실인가?"라는 질문에 "그런 사실이 없습니다"라고 답하는 등 상식에 맞지 않는 공판조서가 작성되어 있다.

인혁당재건위 사건이 조작임을 뒷받침하는 증거로는 날조된 공판조서뿐만 아니다. 조직결성에 필요한 강령, 규약, 조직문서 등 객관적 물증이 일체 없었다. 진술기회의 제한, 가족접견 금지, 방청 제한, 외신기자 법정 취재 금지, 꼬리에 꼬리를 무는 인간관계 중심의 증거, 동일조직 구성원이 미지(未知)의 인물이라는 점, 공개 장소인 다방과 음식점에서 비밀결사 모임을 가졌다는 점, 공포 분위기의 법정 등 이루 헤아릴 수 없는 불법과 억측이 수사와 재판과정에서 자행되었다.

법이 권력의 시녀로 전락한 마당에서 쓴 이들의 항소이유서와 상고이유서는 한낱 휴지조각에 불과하였다. 수사와 재판에서 진실을 더 이상 기대하지 못하게 되자 군사독재 법정 앞에서 모든 사람들은 절망할 수밖에 없었다.

3. 가족들의 진실규명

짧은 행복, 긴 이별

　유신의 폭압 속에서도 이수병의 가정은 행복했다. 늦은 결혼이지만 동우, 동주가 제법 커서 재롱을 부리고 1973년 겨울에는 맏딸 은아도 태어났다. 항상 밤늦게 이어지는 동지들과의 만남으로 이수병은 늘 12시 통행금지를 앞두고 집에 들어섰다. 어린 아이들은 밤늦게 아이들의 이름을 부르며 들어서는 아버지의 얼굴을 보고 자겠다며 기다리곤 하였다.

　이수병의 생활은 검소하고 소박하였다. 가난하고 어려운 사람에 대한 애정과 골고루 잘사는 평등세상을 소망하는 이수병은 사치나 분에 넘치는 것들은 쳐다보지 않았다.

　아내 이정숙은 평범한 가정주부로 행복한 가정을 꾸리려고 노력하였다. 아이들을 키우며 녹번동 지물포를 운영하며 이수병이 집안일에 신경 쓰지 않고 활동할 수 있도록 배려를 아끼지 않았다. 이수병이 받는 월급은 활동비로 쓰고도 늘 모자랐고, 오히려 아내에게서 목돈을 가져가는 형편이었다. 이수병은 아내의 내조로 단란한 가정을 이루고 아이들을 바라보며 힘을 재충전 하였다.

이정숙은 지물포 자리를 잡고 여유가 생기자 가게에서 멀지 않은 서대문구 응암동에 작은 집을 장만한다. 지물포 좁은 가게에서 신혼살림을 차린 후 단칸 전세를 살고 있던 때였다. 그러나 이수병은 '나중에 우리보다 더 고생하며 사는 사람들이 모두 집을 갖거든 그 때 우리 집을 마련하자'고 반대하였다.

이수병도 집 사는 것을 반대하긴 했지만 자기 집이 싫은 것은 아니었다. 이수병은 겉으로는 아내의 수고를 덜어주지 못한 미안한 마음에 집 장만을 반대하지만, 세 아이들을 키우며 어려운 생활을 헤쳐 나온 아내의 뜻을 만류하지 못한다. 오히려 남들이 갖지 못한 집을 장만한 이수병은 마음속으로 아내에게 진정 고마움을 느끼지 않을 수 없었다.

그러나 사랑하는 아내와 무럭무럭 자라는 세 아이들과의 행복은 그리 오래가지 않았다. 박정희 정권의 반인륜적 폭력과 맞서 싸운다는 이유로 이수병은 가족들과 긴 이별을 준비하지 않으면 안 되었다.

4월 18일 오후, 이정숙은 이수병의 연행 소식을 듣는다. 영문도 모르는 갑작스런 소식에 불안하기만 하였다. 이정숙은 이수병을 언제나 사리에 밝고 올바르게 살려고 노력하는 남편이라고 생각하였다. 위험한 일을 하고 있다는 느낌은 받았으나 연행까지 될 줄은 몰랐다.

이정숙은 6개월도 안된 딸 은아를 들쳐 업고 경찰서로 중앙정보부로 뛰어다녔다. 이수병이 남산의 중앙정보부를 거쳐 서대문교도소에 갇혀 있다는 소식을 들은 다음날부터 이정숙은 갓난아이를 업고 날마다 서대문교도소 앞을 지켰다. 먼발치서나마 남편의 모습을 보려는 간절한 노력이었다.

면회는 박정희 유신정권에 의해 거부되었다. 이렇게 교도소 앞을 지켜 서 있기를 여러 날이 흐르고, 사건 발표가 있은 후에야 이정숙은 검은 세단 차에 실려 검찰에 조사받으러 나가는 이수병의 모습을 잠시 볼 수 있었다. 걱정 말라는 듯 번쩍 두 손을 들며 미소를 짓는 남편을 보며 이정숙은 쏟아지는 눈물을 주체할 수 없었다.

그 후 이정숙이 이수병의 모습을 볼 수 있었던 것은 공판이 있는 날, 그것도 뒷모습뿐이었다. 피고 한 사람당 가족 한 사람으로 방청이 제한된 법정에서 관련자 가족들은 뒷모습에 발을 구르며 안타까운 마음을 달래야 했다.

"한마디라도 말을 하거나 울거나 하면 법정에서 쫓아내겠다."

경찰의 엄포 속에 용산 육군본부 안에 있는 법정의 분위기는 살벌하였다. 포승줄에 묶인 피고인들 사이에는 헌병들이 앉아 있고 양쪽 벽면에는 무장한 군인들이 죽 늘어서 있었다. 방청석은 피고인들의 자리와 멀리 떨어져 있었으며 피고인들은 얼굴도 돌리지 못하게 하였다. 이정숙은 몇 개월 째 끌려가 고생하는 남편을 향해 눈을 떼지 않고 말 한마디라도 놓치지 않으려 애썼다. 건강한 남편이 초췌한 모습으로 수갑을 차고 포승에 묶인 채 재판을 받는 모습에 이정숙은 하늘이 무너져 내리는 듯 하였다.

'차라리 하늘과 땅이 마주 닿아 버렸으면…….'

이정숙은 처절한 심정을 감추지 못하면서도 한 가닥의 희망이라도 붙들고 싶었다. 재판이 끝나고 이정숙을 비롯한 관련자 가족들은 다방에 모여앉아 법정에서 들은 말을 서로 확인하였다.

"우리는 절대 보고 들은 것을 잊어서는 안돼요."

이들 가족들은 서로를 격려하고 다짐하며 법정에서 들은 말을 빠짐없이 종이에 기록하였다.

구명운동

가장들이 처해 있는 비극적인, 그리고 너무나도 어이없는 상황은 밖에 남은 가족들에게 갇힌 사람 못지않은 고통을 주었다. 주위 사람들의 몰이해와 차가운 시선으로 아픔은 더욱 컸다. 그렇다고 그냥 세상을 한탄하고 있을 수만은 없는 노릇이었다. 이들은 사건의 조작을 알리고 남편의 석방을 위해 백방으로 호소하며 뛰어다녔다.

천주교 정의구현사제단을 비롯한 종교계, 재야인사, 양심적인 지식인들도 이 사건의 진상규명에 관한 호소문을 채택하고 구명운동을 벌여나갔다. 그러나 유신정권은 조지 오글 목사, 시노트 신부 등을 국외로 추방해가면서까지 이 사건의 본질을 은폐시키려 하였다. 뿐만 아니라 군사독재정권은 남편의 무죄를 호소하는 가족들의 인권마저 철저하게 유린하였다.

이 사건에 분노를 느껴 가족들을 도와 구원활동을 벌인 시노트 신부는 인천교구 총대리로서 외딴섬에서 근무하는 신부였다. 시노트 신부는 일찍이 우연한 기회에 한국에서 일하는 미국 CIA의 고위 간부를 만나 다음과 같은 증언을 듣는다.

"짜여진 각본이지요. 공산주의자들의 음모에 관한 발표를 기대하세요. 반항하는 학생, 성직자, 노동지도자, 그리고 누구든지 정권을 비난하는 사람들이 포함될 수 있는 멋진 조작이 될 것입니다. ……모든 반대를 목 조르는 데 이보다 더 좋은 방법이 어디 있겠소?"

그리고 중앙정보부와 깊은 관련이 있는 다른 CIA 고위 간부는 "이 새 법령을 주머니에 넣은 박정희와 그의 무리들은 학생들을 진압하기 위하여 총을 쏘아대는 것도 주저하지 않을 것입니다. 서울의 거리가 피로 물들게 될지라도, 내 판단으로는 미국정부가 아무 소리도 않으리라는 것입니다. 키신저와 닉슨은 이미 이 정부에 참견 않을 것을 약속했어요."

비상고등군사재판에서 형이 확정된 후에 가족들은 납득할 수 없는 재판 결과에 승복하지 않고 사방으로 구원을 호소하며 돌아다녔다. 일순간에 집안의 가장이 형장의 이슬로 사라질 위기에 몰릴 가족들은 9월 말경 조지 오글 목사를 찾아갔다. 조지 오글 목사는 인천지역에서 도시산업 선교회를 이끌며 노동자의 권익을 위해 일하는 목회자였다. 가족들은 목사에게 눈물을 지으며 호소하였다.

"목사님, 지금까지 경찰들은 조용히만 있으면 잘 될 것이라며 우리를 속여 왔습니다. 그러나 사형이 어떻게 잘 된 것입니까? 우리는 남편들이 끌려간 후 한번도 만나보지 못했습니다. 법정에서 그 치떨리는 시간을 빼놓고 말입니다. 초등학교 다니는 아이가 학교를 못 다니겠답니다."

우홍선의 부인 강순희 여사도 목사에게 진실을 조사해달라고 부탁하였다.

"목사님, 이것은 10년 전에 시작된 일입니다. 중앙정보부의 신직수가 그때 조작하다가 실패했던 것입니다. 증거가 없었지요. 법원에서 패배했습니다. 그러나 이자들이 이제는 법원을 장악하고 있습니다."

가족들의 말을 모두 들은 조지 오글 목사는 목요기도회를 열어 이번 사건의 잘못된 재판을 널리 알려 남편들의 석방을 위해 노력하겠다고 약속하였다. 따라서 시노트 신부를 비롯한 몇 명의 목회자들은 사건의 조작을 폭로하는 유인물을 만들어 돌리고, 기독교회관 2층에서 수백 명이 참가하는 기도회를 잇달아 열었다. 그러나 기도회에 참석하여 인혁당재건위 사건의 공개재판을 주장한 조지 오글 목사는 중앙정보부로 끌려가 조사를 받고 끝내 12월 14일 추방된다.

이들의 모든 노력은 차단되고 수포로 돌아갔다. 이들의 끈질긴 구명운동은 국제사회의 관심을 가져오기도 하였으나 구명운동에 앞장섰던 시노트 신부도 이듬해 추방당한다.

진실규명을 위한 몸부림

이정숙을 비롯한 관련 가족들은 성당이나 교회, 사람들이 모이는 곳이면 어디든지 쫓아다니며 이 사건의 진실을 알리고자 노력하였다. 그러나 박정희 정권은 지학순 천주교 주교 등 종교계와 대학교수가 포함된 민청학련 사건과 이름이 알려지지 않은 인혁당재건위 사건을 분리해서 조치하고, 언론이나 사회여론도 소위 인혁당재건위를 용공 조직 사건으로 조작하려는 정부의 의도에 충실히 따르고 있었다.

심지어 일부 재야 민주인사들마저 인혁당재건위 사건 관련자와 가족들을 외면하였다. 뜻있는 목사와 신부 그리고 몇 명의 민주인사를 제외하고는 인혁당재건위 관련자 가족의 목소리에 귀를 기울이려 하지 않았다. 호소문을 써들고 기도회에 나가서 읽겠다고 사정하면, 순서에 넣어줄 수 없다고 거절당하거나 폐회가 된 뒤에야 마이크를 잡고 호소하는 식이었다. 때로는 가족들이 플래카드를 들고 가두시위에 나섰다.

점차로 가족들의 호소가 많은 사람들의 호응을 얻게 되고, 석방운동이 활발해지자 박정희 정권은 가족들에게까지 탄압을 가하였다. 남편의 친구나 기자를 사칭한 정보부요원들은 도울 길을 상의해 보자며 아내들을 속여 중앙정보부로 끌고 갔다.

1975년 1월, 이정숙도 막내 딸 은아를 업은 채 끌려갔다. 정보부 요원들은 밤잠을 안 재우며 "남편이 공산주의자임을 시인하고 구명활동을 중지하라"고 협박하며 각서를 강요하였다. 그리고 정신적인 고문을 가하기 위해 갓 난 딸아이를 굶겨 모성애를 자극하여 협조하라고 을러댔다. 그러나 이정숙은 그들이 가져온 서류를 모두 찢어버리고 강력하게 남편의 무죄를 주장하였다. 남산의 지하분실에서 외치는 이정숙의 절규는 애절했지만 그 메아리는 차가울 뿐이었다.

남편의 구명운동에 대한 진술서 작성이 끝나자 정보부 요원들은 다시 남편이 인혁당원이라는 내용을 쓰라고 강요하였다. 이정숙은 완강하게 거부했다.

"난 죽어도 쓸 수 없어요. 어디 우리 남편이 인혁당원이고 공산주의자라는 증거를 한번 대봐요. 당신들이 내가 납득할 만한 증거를 대면

원하는 대로 다 해주죠. 협조하라는 대로 다하겠으니 어디 증거를 대봐요."

그러자 정보부 요원은 사건의 공판기록을 갖다가 이정숙의 눈앞에 펼쳐 놓고,

"이봐, 당신 남편이 재판정에서 이렇게 모든 것을 시인했는데 왜 죄가 없어. 자, 보라구 여기에 이렇게 기록되어 있잖아?"

이정숙은 아연실색할 수밖에 없었다. 이수병이 재판정에서 전부 부인한 것이 공판 기록에는 시인한 것으로 바뀌어져 있었던 것이다. 그 내용은 분명히 두 귀로 듣고 나와서 다른 사람들과 함께 재차 확인한 내용이기 때문이었다. 다른 부인들도 모두 중앙정보부에 강제 연행되어 육체적·정신적 폭행을 당한다. 심지어는 약물을 탄 물을 마시게 하여 정신을 잃게 하는 만행을 저지른다. 부인들은 정보부의 강압에 쓴 진술서가 남편의 신상에 영향을 줄 것에 가책을 느껴 사제단에 양심선언을 써서 맡겨놓기도 하였다.

가족들은 이런 협박 속에서도 11월 8일 관계기관에 탄원서를 제출한데 이어, 12월 9일에는 대통령과 대법원장에게 보내는 탄원서를 제출하였다. 15명의 저명인사들의 서명을 첨부한 탄원서에는 '남편을 죽이지 말고 공명정대하게 재판을 하여 줄 것', '양심과 법에 입각하여 바른 판결을 내려줄 것' 등을 호소하였다.

1975년 1월 6일에는 주한 외국인 선교사 60여명이 탄원서를 제출한다. 2월 6일에는 명동성당에서 천주교정의구현사제단이 인권회복을 위한 기도회를 열고, 인혁당재건위 가족들에 대한 비양심적 서약 강요를

규탄하는 '현실고발'이라는 성명서를 발표하였다. 그리고 2월 24일에는 천주교정의구현사제단과 구속자가족협의회(회장 시노트 신부)는 국내 기자회견을 갖고 인혁당 사건의 진상을 밝힐 것을 요구하였다.

민주회복협의회 결성과 동아일보 광고란을 통한 국민들의 정치적 항의 등 국내외의 규탄에 사면초가 신세가 된 박정희 정권은 마침내 1975년 2월 15일, 민청학련 관련자 대부분인 148명을 석방시켰다. 이들의 노력으로 석방된 학생, 지식인들은 민주주의 수호자로 열렬한 지지를 받으며 무등을 타고 개선장군처럼 감옥을 나선다. 그러나 가족들의 피나는 구명 노력에도 민청학련 관련자 4명과 인혁당재건위 관련자 22명은 석방에서 제외되었다.

출옥한 시인 김지하는 감옥에서 만난 이수병과 하재완의 대화를 인용하여, 동아일보 2월 26일자에 〈고행-1974…〉라는 제목의 글을 실어 인혁당재건위 사건이 조작되었음을 세상에 알렸다.

그러나 이러한 모든 노력은 유신정권에 거부당하고 탄압 받는다. 박정희의 태도는 완고했고 모든 권력을 장악한 그들은 성장하는 민주민족 세력을 한꺼번에 제거하고자 조금도 물러서려 하지 않았다. 이들은 국내외의 비난과 질책에도 아랑곳하지 않고 예정된 학살의 수순을 밟아나간다.

4. 4월 9일의 학살

유폐의 시간

　이수병은 고문의 상처를 안고 차가운 감방에 갇혀 수많은 생각에 잠겼다. 어느덧 한 해가 바뀌고 다시 봄이 찾아왔지만 감옥은 여전히 춥고 차가운 바람이 얇은 옷을 헤치고 아픈 상처를 건드렸다. 여기에 끌려온 후 가족의 얼굴은 단 한번도 볼 수 없었다. 사랑하는 아내와 네 살과 다섯 살의 아들, 그리고 갓 돌을 넘긴 딸 은아가 기다리고 있다. 꼭 살아야 한다고 생각했다. 아직 희망을 버릴 수도 없고 버려서도 안 되었다. 그래서 김종대를 만났을 때 한 삼년 공부하며 나오자고 말하였다.

　그러나 박정희 파쇼집단의 실체와 음모를 알고서는 이제 아무것도 확신할 수 없었다. 2심 재판이 끝나고 이제 대법원의 재심만이 남아 있다. 지난 12월 13일 대법원에 상고이유서를 내었지만, 유신권력의 시녀로 전락한 사법부에 희망을 가질 수도 없었다. 반국가단체 결성과 공산주의자라는 올가미를 씌운 이들이 무슨 망나니짓을 할지 몰랐다.

　이수병도 다른 사람처럼 살고 싶었다. 다른 사람보다 오히려 인간의 삶과 기쁨을 더 사랑하고, 미래까지 살아남고 싶었다. 그러나 이수병은 절망에 빠지지 않기 위해 최선의 노력을 다하기로 한다. 그리고 안타까운 마음은 뒤로 접고 담담하기로 하였다. 더 이상 무기력해지지 말고 비겁에 빠지지 말기로 하자.

혁명가로서 이수병은 지금까지 치열하게 살아왔다. 평등한 세상을 꿈꾸고 민족의 통일과 참 민주주의를 위하여 '암장' 동지들과 일생을 바치기로 맹세한 이후, 단 한순간도 쉬지 않고 달려왔다. 길지 않은 세월이지만 변혁운동의 과제를 위해 최선을 다하여 살아왔다. 이 길은 혼자만이 걷는 길이 아니다. 자신의 죽음이 역사 발전의 밑거름이 되고 사람들 가슴에 한줌의 불씨로 남아 활활 타오를 수 있다면, 동지들과 같이 죽음을 편하게 받아들일 수도 있으리라.

대법원의 학살

1975년 4월 8일은 '인혁당재건위' 사건의 재심이 열리는 날이다. 대법원장 민복기3)와 12명의 재판관4)이 법정에 들어섰다. 그러나 재판관들은 박정희 정권이 미리 내린 결론을 내리기 위해 일체의 심리(審理)를 허락하지 않았다. 피고인의 출정(出廷)을 허락하지도 않고 변호사조차 출석할 수 없었다. 특별허가를 발행받아 법정에 들어온 70여명의 가족들과 기자들 앞에서 준비한 판결문을 읽어나갈 뿐 이었다. 판결문 낭독은 겨우 10분 만에 끝났다. 재판관들은 앵무새같이 유죄 확정 판결문을 낭독한 뒤 허둥지둥 자리를 빠져나갔다.

몇 개월 동안 쌓여왔던 분노와 슬픔이 한꺼번에 넘쳐흘러 법정은 아수라장이 되었다. 이정숙과 부인들은 몸부림치면서 법정에서 쓰러졌다.

나머지 모든 사람들은 모두 일어서서 "조작이다! 조작이다! 처음부터 끝까지 조작이다"라고 소리쳤다. 공판 진행을 지켜본 시노트 신부도 참을 수 없는 분노에 싸여 소리를 질렀다.

"법정이라고? 여긴 그저 오물이 쌓여 있는 곳이다."

이정숙과 부인들은 모두 끌려 나가 버스에 실려졌다. 가족들이 버스 창문을 발로 걷어차 깨트리며 격렬하게 항의하자 경찰은 이들을 서대문경찰서 앞에 내버렸다. 부인들은 다음날 아침 서대문교도소에 가면 남편과 면회할 수 있다는 말만 들을 수 있을 뿐이었다. 이들은 이날 저녁에 열린 명동성당의 미사에 참석하여 김수환 추기경에게 간절한 마지막 희망을 호소한다. 가족들은 적어도 탄원을 하면 형 집행정지로 목숨을 건지거나 당장의 형 집행은 없을 것이라고 생각하였다.

그러나 대법원 재심이 열린 이날 오후 5시가 돼서 박정희는 긴급조치 7호를 발동한다. 4월 7일과 8일, 고려대학교에서는 그 어느 때보다 학생들의 격렬한 반유신 시위가 벌어졌다. 학생들의 '박통 모의인형' 화형식이 거행되고 시위 진압 경찰에 맞서 완강히 저항하자 박정희 정권은 이날 고려대학교를 폐쇄하고 대학 구내에 군대를 진주시켰다. 서대문 교도소에서도 대법원 재심이 열리는 시간에 맞추어 청소부를 동원하여 사형장을 청소시키는 등 형 집행 준비를 마친다. 그리고 8명의 사형수들을 교도관이 풀어주지 않으면 열리지 않는 미제수정(美製手錠)으로 갈아 채운다. 마치 모종의 음모를 진행시키기 위해 각본대로 움직이는 분위기였다.

결국 박정희는 '사법살인'이라는 비난을 무시하며 그 주구들에게 살해 명령을 내린다. 박정희 파쇼정권은 변혁운동의 잠재적 지도 세력인 이들을 모살(謀殺)5)하기로 하였다. 변혁운동 조직의 뇌관을 제거하고, 이들을 사회에서 격리시켜야만 영구적인 파쇼독재를 펼쳐나갈 수 있었다. 그리고 형 집행을 서두르지 않고 이들을 계속 살려둔다면, 고문과 조작 혐의가 밖으로 알려져 유신체제의 위기를 가져올 수도 있을 것이다. 대법원 판결이 20시간이 지나지도 않아 내린 박정희의 살해 명령으로 다음날 새벽, 한국 민주주의 역사에 씻을 수 없는 권력의 만행이 저질러진다.

1975년 4월 9일

숱한 고난의 길을 걸으며 여기까지 왔다. 민족의 아픈 역사를 단단히 끌어안고 조국이 처한 모순을 깨부수기 위해 미련 없이 한 생을 던졌다. 그러나 지금 서 있는 이 자리, 나에게 남은 것은 무엇일까? 내가 남기고 가는 것은 무엇일까?

살아온 삶에 후회는 없다.

이수병은 다가올 죽음을 기다리며 지나온 날들을 꺼내어 가만히 들여다보았다. 그리고 지금까지 살아온 삶의 의미를 확인하듯 천천히 일어서서 창 밖을 바라보았다. 새벽빛이 들기를 기다렸으나 하늘은 아직 어둠에 싸여 깊은 침묵에 잠겨 있다.

새벽 4시 반, 채 어둠이 가시지 않은 옥사의 복도 끝, 철문이 열리고 몇 사람의 발소리가 긴 복도를 타고 무겁게 울렸다. 이수병은 설핏 든 잠에 깨었다. 어느새 발자국 소리가 9사 2층에 있는 자신의 방 앞에 멈

쳐졌다.

"895번 이수병, 나와."

간수의 목소리가 좁은 방에 차갑게 울렸다. 이수병은 간단한 짐을 챙기고 옷매무새를 고치며 이들을 따라나섰다. 복도에는 희미한 백열등이 아직 새벽의 짙은 어둠을 밝혀주고 있었다. 옥사는 깊은 정적에 휩싸여 있었다. 함께 끌려온 동지들도 어둠의 무게에 짓눌려 고개를 들 수 없었다. 이수병은 남은 동지들에게 마음속으로 작별을 고하였다.

'동지들 잘 있으오, 부디 살아남아서 우리가 못다 이룬 새 세상을 꼭 만들어주시오.'

이수병과 동지들은 병력이 삼엄하게 배치된 운동장을 지나 미리 준비된 형장으로 끌려갔다. 이수병의 마음은 담담하였다. 얼마나 많은 애국 민주 열사들이 가슴의 한을 풀지 못한 채 이 길을 지나갔던가. 그들의 발자국 소리와 절규하는 소리가 들리는 듯 하였다. 지나간 역사를 증언하듯 운동장 한 켠에는 미루나무 한 그루가 꿋꿋하게 서 있다. 이수병은 고개를 들어 푸르른 이파리를 쳐다보는 것으로 살아있는 모든 것들과 작별을 고하였다.

언제나 변함없는 신념과 투지로 오직 한 길을 걸어온 삶이었다. 그러나 외세와 무자비한 박정희 파쇼권력은 그 길을 꺾어버렸다. 참된 민주주의와 민족통일의 꿈을 보지 못하고 죽음을 기다리는 이수병의 마음은 아팠다. 하지만 파쇼권력의 어떤 폭압도 죽음마저 넘어선 이수병의 꿈과 희망을 꺾을 수는 없으리라.

사형장에 들어서자 종이와 펜이 주어졌다. 이 세상에서 마지막으로 생각을 남길 시간이다. 잠시 이수병은 생각에 잠기고 나서 천천히 연필을 들었다.

내가 죽는 이유는 오직 하나 조국을 위하여 민족민주운동을 한 것뿐이다.
가족들이 보고 싶다. 가족들의 생활대책을 세워 달라.

이수병, 서도원, 도예종, 우홍선, 송상진, 하재완, 김용원, 여정남 여덟 사람6)은 돌아가며 같은 종이 위에 마지막 말들을 적었다. 이수병과 동지들은 한 명씩 그 치떨리는 죽음의 순간에 다음과 같이 외쳤다.

군사독재를 타도하자!
민주주의 승리 만세!
남북통일 만세!
미군은 물러가라!
망국적 국가보안법을 철폐하라!
야만적 긴급조치법을 철폐하라!
박정희 유신정권을 타도하자!
반파쇼 반독재 만세!

이들의 격렬한 외침이 서대문교도소의 적막한 새벽을 깨우며 흩어져 갔다.

5. 부활하는 열사

열사의 주검을 안고

사형이 집행되던 날 아침, 이정숙은 남편이 사형당한지도 모른 채 지물포 가게에서 탄원서를 쓰고 있었다. 이수병의 여동생 금자로부터 다급한 목소리의 연락이 왔다. 새벽에 사형이 집행되었다는 뉴스가 라디오로 흘러나왔다는 소식을 전해주었다.

도저히 믿기지 않았다. 바로 어제 대법원의 판결이 났는데 벌써 사형이라니 날벼락 같은 소식으로 이정숙은 그 자리에 주저앉았다. '가족에게 얼굴 한번 못 보게 하고 어찌 이럴 수 있다는 말인가? 그들은 정녕 사람의 탈을 쓴 짐승이란 말인가? 아니 짐승이라도 이렇지는 않을 것이다.'

가까스로 정신을 차리고 서대문교도소로 달려갔을 때는 이미 그곳은 눈물과 통곡의 아수라장이었다. 소식을 듣고 달려온 여러 가족들이 실성한 사람처럼 울부짖으며 살려내라고 아우성쳤다. 그러나 경찰과 군인까지 동원하여 주변을 철저히 막고, 가족들 이외에는 교도소 안으로 들여보내지 않았다.

이정숙은 이수병의 시신을 보자 목을 놓아 울부짖었다. 그러나 싸늘한 죽음으로 돌아온 주검은 아무 말도 없었다. 다만 이제라도 가족의 품에 안겼다는 듯 평온한 얼굴이었다.

경찰들과 실랑이를 하고 울부짖는 동안 어떻게 시간이 갔는지 알 수 없었다. 어느덧 해가 뉘엿뉘엿 지고 있었다. 고향에서 소식을 듣고 이수병의 고모부와 아저씨 되는 이성수가 올라왔다. 그때서야 겨우 시신을 거두어 집으로 돌아올 수 있었다. 그러나 경찰은 집까지 봉쇄하고 신원을 확인하며 가족이나 친족 이외의 사람들이 들어오지 못하도록 통제하였다. 참으로 기막힌 노릇이었다.

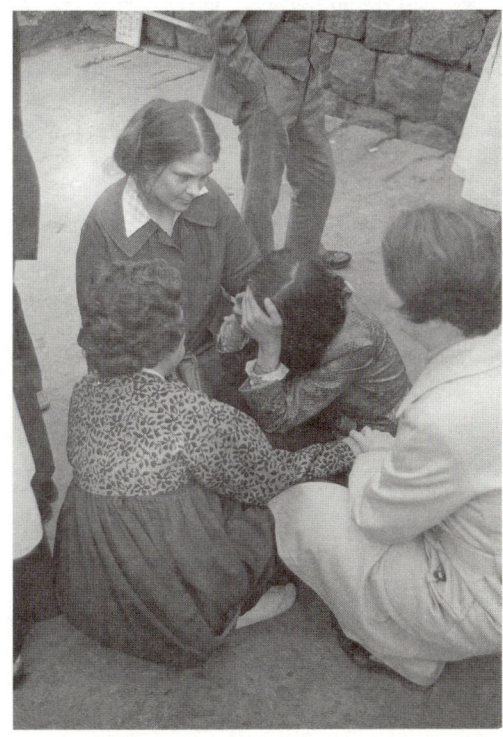

1975년 4월 9일 아침 서대문교도소 앞에서 오열하는 가족

4월 9일에는 이보다 더욱 경악스러운 일들이 수도 없이 일어났다. 먼저 유언장이 날조되어 거짓 유언장으로 뒤바뀌었다. 처음 여동생이 확인한 유언장과 교도소에서 이정숙에게 내어준 유언장은 내용과 형식에서 모두 달랐다. 여동생이 본 유언장은 여덟 명이 한 장에 작성한 원래의 것이었으나, 이정숙에게 내준 유언장은 각기 따로 쓰인 것이다.

내용도 '가족이 보고 싶다. 할 말이 없다. 종교의식 거부한다.'라는 세 가지였다. 특히, 세 번째 것은 모든 유언장에 공통으로 들어 있어서 구명운동에 적극 개입하고 있던 카톨릭을 배제하려는 의도였다.

또한 시신들을 응암동 성당에 모시고 장례미사라도 하려는 가족들의 요구를 묵살하고 경찰 백차를 딸려서 개별적으로 내보냈으며, 고문 흔적이 유난히 심한 송상진과 여정남의 시신을 탈취하려고 하였다. 가족과 신자들은 응암동 삼거리에서 송상진의 시신을 빼앗기지 않기 위해 결사적으로 저항하였다. 그러나 시신을 태운 버스는 크레인에 견인되어 벽제화장터로 보내져 강제화장 당하는 등 그 행패는 차마 눈뜨고는 볼 수 없을 정도였다. 결국 송상진과 여정남의 시신은 경찰에 강탈당하여 강제로 화장되었다. 이러한 패악은 그들이 저지른 고문을 조금이라도 감춰보려는 얕은 술수였다.

그날 오후 6시 30분쯤 집에 안치된 이수병의 시신은 너무나 참혹했다. 응암동 성당의 주임신부이며 세브란스 병원에 근무하던 함세웅 신부가 함께 살펴보았다. 이수병의 손톱과 발톱은 물론이고, 발뒤꿈치 부위와 등허리도 까맣게 탄 채였다. 철판에 눕히고 오랜 시간 전기 고문한 흔적으로 체포되고 일년이 다 되도록 없어지지 않은 것을 보면, 이수병이 얼마나 혹독한 고문에 시달렸는지 알 수 있다.

이정숙은 의사를 불러 검시를 하고 싶다고 시노트 신부에게 요청하였다. 캐나다 출신 의사인 이안 로보가 달려와 고문의 증거를 남겨야 한다는 생각으로 사진을 찍었다.

다음날, 시신은 영구차에 실려 고향 의령으로 향했다. 중앙정보부와 경찰의 간섭이 심하여 서울에 더 있을 수 없어 선산이 있는 고향으로 내려가기로 한 것이다. 그러나 경찰은 고향에까지 내려와 시신을 땅에 묻을 때까지 일일이 감시하는 등 그 주검까지도 자유롭게 놔두지 않았다.

고향에 남아 있던 안상록은 이미 칠십을 넘은 노인이었으나 이수병의 마지막 모습을 보기 위하여 찾아왔다. 제지하는 경찰을 밀치고 들어온 안상록은 '관 짝을 뜯어라'고 거세게 항의하였다. 싸늘한 시신으로 돌아온 이수병을 본 노인의 눈에서는 굵은 눈물이 뚝뚝 흐르고 있었다. 어려서부터 총명하던 아이가 자라서 이제 큰일을 할 수 있다고 생각했는데, 이렇듯 억울한 주검이 되어 돌아오다니 안상록은 자식을 잃은 슬픔보다도 더 큰 허탈감을 느꼈다.

'민족의 동량이 될 큰 별 하나가 떨어졌구나!'

부활하는 이수병

이수병은 파란 많은 삶을 뒤로 하고 한 줌의 흙으로 돌아갔다. 격동과 변혁의 시대에 깨어있는 의식으로 선구적인 삶을 살다, 민족통일과 민중해방의 크고 고결한 꿈을 못 이룬 채 고향 선산에 조용히 잠들어

되살아나는 통일열사 이수병 선생 추모제(경희대 본관 앞)

의령 선산에 잠든 이수병 선생의 묘소

있다.

박정희와 그 하수인들은, 이들을 조종하는 외세는 이수병을 죽여 그를 침묵하게 함으로써 마침내 이수병의 고결한 뜻을 땅에 묻는 데 성공하였다. 그러나, 긴 역사 속에서 그것은 잠시, 아주 잠시에 지나지 않았다.

"가자 북으로! 오라 남으로! 만나자 판문점에서!"

"이 땅이 뉘 땅인데 오도 가도 못하느냐."

이수병의 외침이 그가 죽은지 10여년 만에 다시 한반도 남녘 땅에서 들리기 시작했다. 그 소리와 함께 이수병을 따르는 수많은 청년 학생·노동자·농민·지식인들의 성난 행진이 이 땅을 뒤흔들어 놓았다.

이제 이수병을 죽인 자들은 귀를 막고 눈을 비비며 자기 눈을 의심할 수밖에 없었다. 여기도 이수병, 저기도 이수병, 수많은 이수병들이 이수병을 따르고 있었다. 이어서 이수병을 무등 태우고 분노의 함성으로 달려오고 있었다. 아니 마침내 이수병을 앞질러서 달려가는 것이 아닌가?

이수병은 이제 반파쇼민주화, 반제민주화, 민족통일운동 속에서 완벽하게 부활하였다. 이수병의 몸은 비록 파쇼의 고문대에서 갈기갈기 찢기고 살인 도구에 묶여 넋이 떠났지만, 그 역사적 정치적 생명은 영원히 민족 속에 살아 있게 되었다.

1) 인혁당재건위 사건수사를 총지휘한 이용택은 중앙정보부 퇴임 후 1981년 고향 경북 달성에서 11대, 12대 민정당 국회의원을 지내고 김대중의 당선 가능성이 높아지자 1997년 국민회의 김대중 총재 특보 등을 역임하며 정치권에 발을 들여 놓았다. 국민회의 내부에서는 재야인사들은 물론 정치인들에 대한 탄압에 앞장섰던 그의 입당에 원칙없는 처사라며 강력히 반발하였다. 이용택은 정치활동 외에도 1987년 자유민주총연맹 부위원장, 1994년 자유민주민족회의 사무총장, 1998년 경북관광개발공사 사장을 지냈다.

2) 강신옥변호사의 변론 내용은 다음과 같다.
   1. 법은 정치의 시녀이며 권력의 시녀이다. 검찰관이 애국학생을 내란죄, 긴급조치 위반 등으로 사형에서 무기를 구형하는 것은 사법살인행위이다.
   2. 직업상 변호인석에는 있으나 그렇지 않다면 피고인들과 뜻을 같이해 피고인석에 앉아 있겠다.
   3. 악법은 지키지 않아도 좋으며 악법과 정당하지 않은 법에 대하여는 저항할 수도 있다.
   4. 그 악법을 적용하여 다루는 것은 역사적으로 후일 심판을 받을 것이다.

3) 사법부 권력 예속화의 주역인 대법원장 민복기의 부친은 대한제국 황실의 척족으로 을사조약과 한일합방에 앞장선 친일파 민병석이다. 민복기 역시 일제강점기인 1937년 경성제국대학 법과 졸업 후 1940년 경성지방법원판사, 1945년 경성복심법원판사 등 승진을 거듭하며 친일의 대를 이었다. 박정희 집권 시절에는 1968년 10월부터 1978년 12월까지 무려 10년 동안 5 · 6대 대법원장을 연임하며 박정희 철권통치를 방조한 인물로 후대 법조인들에게 그 시절을 소위 사법부의 암흑기로 기록했다. 대법원장 이임 후에는 변호사와 국토통일원고문, 국정자문위원, 헌정제도연구위원장 등을 역임했으며 지난 2000년에는 '자랑스러운 서울법대인'으로 꼽히기도 했다.

4) 4월 9일 대법원 재심에 참석한 법관의 명단은 민복기, 홍순엽, 이영섭, 주재황, 김영세, 민문기, 양병호, 이병호, 한환진, 임항준, 안병수, 김윤행, 이일규 등이다.
   인혁당재건위 재심판결은 두 차례나 담당 재판부가 바뀐 끝에 이례적으로 당시 대법원장 민복기를 재판장으로 하는 13명의 대법원 판사들로 구성되는 대법원 전원합의체로 이루어졌다. 이같은 사실은 대법원판사들이 그들의 양심에 따라 재판하지 않고 권력에 굴종할 개연성이 높은 '사법살인'에 대한 책임을 공유(共有)하는 쪽으로 타협하였음을 보여준다. 한편 대법원 판사 일인당 배당된 각자 2명의 연구원 판사들(총 24명)도 오늘날까지 사법살인 책임의 주체와 권력이 어떤 경로로 개입하였는지 침묵하고 있다.

5) 당시 사형집행을 내린 국방부장관은 서종철, 법무부장관은 황산덕으로 군법회의법에 따르면 사형집행은 사형언도가 확정될 경우 국방부장관은 6개월 안에 사형집행 명령을 내리고, 그 명령이 있은 지 5일 안에 집행하도록 되어 있었다. 따라서 서종철 국방부장관이 상고기각 당일 사형집행 명령을 내렸다고 볼 수 있으나, 인혁당재건위 사건관련 8인에 대한 극히 이례적인 조기 사형집행은 당시의 절대 권력자 박정희의 지시가 아니면 불가능한 일이었다.

6) 1974년 4월 9일 이수병과 함께 희생당한 7인의 열사들은 해방 후부터 60, 70년대에 이르기까지 서울과 대구지역을 중심으로 반외세자주화, 반독재민주화, 평화통일 운동을 전개한 인물들이다. 그 약력은 다음과 같다.

1. 서도원(徐道源:1923~1975) 경남 창녕 출생으로 진주고보를 거쳐 1950년 대구매일신문 기자, 1952년부터 청구대학 학생과 주임, 정치학 강사를 지냈다. 1960년 민민청 경북지역 위원장을 맡아 활동하던 중 1961년 군사쿠데타로 체포되어 징역 7년의 선고를 받아 복역 중 2년 7개월 만에 석방된다. 출감 이후 대구 약전골 한약국에서 침구를 시술하며 경북, 대구 지역에서 민족민주운동을 지도하였다.

2. 도예종(都禮鍾:1924~1975) 경북 경주 출생으로 일본 동경 서성중학 졸업 후 1946년부터 초등학교 교사 생활하며 사회운동에 뛰어들었다. 1951년 대구대학교 졸업 후 경제학과 조교를 거쳐 1958년부터 상주고교 교사로 재직 중 1960년 4월 항쟁 후 영주교육감에 출마하여 당선되나 문교부로부터 발령을 받지 못한다. 1961년 민민청 경북지역 간사장과 민자통 중앙상무집행위원회 조직부장을 맡으며 활동 중 군사쿠데타를 맞아 수배를 당한다. 1964년 한일회담 반대투쟁 배후 혐의로 체포되어 이른바 1차 인혁으로 징역 3년을 받고 복역한다. 출감 이후 삼화건설 회장을 지내며 경북, 대구 지역의 민족민주운동을 지도하였다.

3. 송상진(宋相振:1928~1975) 경북 대구 출생으로 대구사범 졸업 후 초등학교와 덕화중학교 교사를 지내며 대구대학 경제학과를 졸업하였다. 1960년 교원노조운동과 1961년 서도원, 도예종과 함께 민민청 경북지역 사무국장으로 일하며 노동운동, 평화통일운동에 전념하던 중 1961년 군사쿠데타로 체포되어 기소유예로 석방된다. 이후 양봉업에 종사하며 대구지역에서 민족민주운동을 전개하였다.

4. 하재완(河在玩:1931~1975) 경남 창녕 출생으로 1947년 민주애국청년동맹 맹원으로 활동하며 군 제대 후 가업에 종사하던 중 1961년 민자통 경북협의회 부위원장을 맡아 군사쿠데타를 맞자 피신한다. 이후 양조업, 출판사, 건축업에 종사하며 1971년 민주수호협의회 경북지부에서 민족민주화운동을 전개하였다.

5. 우홍선(禹洪善:1931~1975) 일명 우동읍. 경남 울주 출생으로 1958년 육군대위로 예편하고 1960년 통민청 중앙위원회 위원장, 민자통 조직위 간사를 맡아 활동하였다. 1961년 군사쿠데타로 수배 중 이른바 1차 인혁의 발기인과 중앙상무위원회 위원장 대리로 활동한다. 이후 한국골드스탬프사 이사를 지내며 조직운동을 전개하였다.

6. 김용원(金鏞元:1935~1975) 경남 함안 출생으로 부산고교 중퇴 후 검정고시를 거쳐 서울대 물리학과를 졸업하였다. 1960년 서울대 민통련 대의원으로 활동하며 통일운동을 전개하고, 1964년 인혁당 사건으로 연행되어 조사를 받는다. 이후 동양중고와 경기여고 교사로 일하며 이수병 등 '암장' 동지와 같이 활동한다.

7. 여정남(呂正男:1945~1975) 경북대구 출생으로 경북고와 1964년 경북대에 입학하여 한일반대투쟁을 전개하는 등 학생운동 지도자로 활동하였다. 이후 학생회장, 정사회 서클 등을 통해 학생운동을 전개하며 두 차례의 구속과 제적으로 고초를 겪는다. 대구지역의 진보적 활동가와 접촉하며 민족민주운동의 방향을 모색하고, 1974년 민청학련 학생운동을 전개하던 중 체포되어 30세의 젊은 나이로 생을 마감하였다.

고난의 길을 함께 하신 동지들

서도원 : 1923년 3월 28일 경남 창녕 출생
  인혁당재건위 사건으로 1975년 4월 9일 산화
도예종 : 1924년 2월 25일 경북 경주 출생
  인혁당재건위 사건으로 1975년 4월 9일 산화
송상진 : 1928년 9월 18일 대구에서 출생
  인혁당재건위 사건으로 1975년 4월 9일 산화
하재완 : 1931년 1월 10일 경남 창녕 출생
  인혁당재건위 사건으로 1975년 4월 9일 산화
우홍선 : 1931년 3월 6일 경남 울주 출생
  인혁당재건위 사건으로 1975년 4월 9일 산화
김용원 : 1935년 11월 10일 경남 함안 출생
  인혁당재건위 사건으로 1975년 4월 9일 산화
여정남 : 1945년 5월 대구에서 출생
  인혁당재건위 사건으로 1975년 4월 9일 산화
장석구 : 1927년 10월 12일 서울에서 출생
  인혁당재건위 사건으로 구속 중 1975년 10월 15일 옥사
유진곤 : 1937년 4월 4일 경남 진해 출생
  인혁당재건위 사건으로 복역 후 1988년 5월 5일 고문후유증으로 사망
전재권 : 1927년 10월 12일 경북 상주 출생
  인혁당재건위 사건으로 복역 후 1986년 5월 7일 고문후유증으로 사망
이재문 : 1934년 7월 9일 경북 의성 출생
  남민전 사건으로 1981년 11월 22일 옥사
신향식 : 1934년 전남 고흥 출생
  남민전 사건으로 1982년 10월 8일 산화
이태환 : 1924년 3월 30일 경북 대구 출생
  인혁당재건위 사건으로 복역 후 2000년 지병으로 사망
이재형 : 1938년 경북 상주 출생
  인혁당재건위 사건으로 복역 후 2004년 지병으로 사망
정만진 : 1939년 2월 10일 경북 대구 출생
  인혁당재건위 사건으로 복역 후 1998년 지병으로 사망

서 도 원

도 예 종

송 상 진

하 재 완

우 홍 선

김 용 원

여 정 남

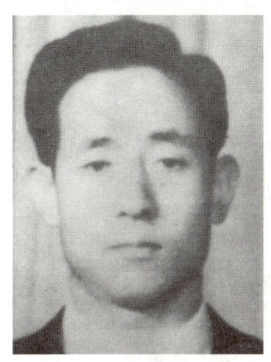
장 석 구

유 진 곤

전 재 권

이 재 문

신 향 식

이 태 환

이 재 형

정 만 진

목숨은 하늘인데…
목숨은 하늘인데…
외세를 등에 업고
정권을 찬탈한 독재자
나라와 겨레를 끔찍이 사랑한 투사들의
고문 흔적을 지우려고,
억지로 조작한 죄가 탄로날까봐,
언도 다음날 새벽
전례 없이 부랴부랴 교수형을 집행
가족들의 항의와 애원도 뿌리치고
시신을 화장하는 만행도 서슴지 않았다

……

조국 분단 반 백년!
아, 잔인한 세월이여!
그대들의 거룩한 길
우리들 가슴마다에 활활 타올라
중음신으로 떠도는 님들의 명예와 영광을
민주화와 통일의 길에서, 오늘
반드시 되찾아 드리오리다

끝내는 백두산 높이 대통일의 깃발을 올려
님들의 넋도 빛나는 그 이름
남북 온 겨레와 어울려 덩실덩실 춤추리니
아, 남북 대통일의 그날이여!

— 이기형 「겨레와 나라를 사랑한 것밖에 죄가 없다」
추모시 중에서

부 록

추모시 | 아, 보고 싶은 당신 | 이정숙
추도시 | 우리의 앞길에 우뚝 서 있는 고 이수병 | 김종대
보론 | 74년 조직(세칭 '인혁당재건위') 사건의 운동사적 의의 | 조세열
이수병 선생 연보
연표
인혁당재건위사건 재심 공판 일지
참고문헌
악보 | 창살 안의 꿈

아! 보고싶은 당신
- 먼저 간 당신을 그리며

새벽에 잠에서 깨어나
다정스럽게 안아주며
미소 짓던 그 모습
그것이 영영 마지막이 될 줄이야

당신의 모습이 보고파
당신의 소식을 영 몰라
아침마다 구치소 문 앞에서
기웃거리던 작년 5월 어느 날
검은 코로나 차에 탄 당신
얼굴에 함박웃음을 지으며
손 흔들어 보일 때에는
어느 정도 안도의 한숨을 쉴 수 있었는데

어린 숭은이를 등에 업고
얼굴도 볼 수 없으면서 아 다니던 그 날들을
그 땐, 저 높은 담이 원망스러웠고
뜨거운 태양이 내려 쬐일 때에는

답답한 이 가슴은 시원한 바람 되어
저 좁은 감방 안으로 불어 들어가
당신을 시원하게 해 드리고
당신 모습을 한번만이라도 보고 싶건만

그렇게 애타했는데
6월 중순 경
당신 얼굴을 볼 수 있었던 재판장
밧줄에 온 몸이 꽁꽁 묶인 채 끌려나와
창백하고 수척해진 그 얼굴엔
억울함과 분노로 치떨고 있었죠
그 모습을 보는 순간 나는
온 몸이 땅 속으로 녹아내리는 것 같았네

작년 여름 변호사의 첫 면회
문틈으로 그 문틈으로
동우야 하며 소리를 지를 때
반가우며 놀라며 쳐다보며 웃으면서
여유 있는 모습을 보이려던 당신의 그 심정
간수의 성화에 억지로 뒷걸음질 하며
사라지던 당신의 모습 안타까워

이렇게 다시는 못 올 저 세상으로 갈 줄은
꿈에도 생각 못하고
언제인가는 기쁨으로 만날 날을 꿈꾸며
함박웃음을 지어보이던 당신
올 4월 4일
변호사의 마지막 면회 날,
당신에게 용기를 주는 편지 한 장을
보냈건만
지켜보던 간수가 용납이 안 된다고 하여
보여주지 못했다는 변호사의 말
넉 달 만에 그 문틈으로
얼굴 한 번, 눈 깜짝할 동안만이라도
볼 거라고
밤새도록 설레이는 마음 가눌 길 없었는데
그 날 혹독하고 매정스러운 간수 때문에
얼굴 한 번 못 본 것이
이렇게 한이 되네
저 세상에 가시기 닷새 전
그때만이라도
그렇게도 보고 싶던
당신의 모습을 보았던들
떠나기 전 면회라도 한 번

시켜 주었던들

천추의 한은 안 되었을 걸

당신이 영어의 몸이 되었을 때에도

내 마음은 항상 당신과 함께 있었고

이렇게 슬프고 허무하고 외롭지는 않았는데

새벽에 일찍 나가시고

저녁 늦게나마 들어오시던

당신을 맞이하는 나의 기쁨은

어느 누구보다도 항상 즐겁고

희망에 부풀어 있었는데

그 꿈은

어찌 이렇게 산산조각이 났을까?

당신과 나

시간이 날 때마다 거닐던 강변

영원히 사랑을 약속하며 그 옛일들이

견딜 수 없이

하나하나 기억에 되살아나고

당신을 만난 것도 꽃피는 4월

그 때에는 아무 것도 부러울 것이 없었고

마냥 즐겁기만 하였는데
그렇게도 그리던 내 집에서
그렇게도 보고 싶던 당신의
동우, 동주, 승은이 옆에
살아서 돌아와야 할 당신이
어찌하여 이런 모습으로 -
아 -
볼 수 없어
아 -
이럴 수가 없어
당신이 죽었다는 그 소식
거짓이었으면 - 거짓이겠지 -
마음속으로 간절히 바라며
그 좁은 나무 상자를 뜯어보았는데
정말로 이것이 현실이란 말인가

고이 잠든 것만 같은 그 얼굴
영영 놓고 싶지 않던 차디찬 손
온 몸은 무슨 고문인지
새카맣게 탄 자국들로 얼룩지고
밧줄에 목 졸린 그 무서운 자국
서로가 고생한 보람도 없이

이렇게 죽어서 나를 맞이하다니
당신이 마지막 내 곁을 떠나간 그날도 4월
그 때에는 그래도
그 충격과 보고픔이
한 가닥 희망이었는데
당신이 이 세상을 작별한 날도 4월
지금의 내 마음은 기쁨도 희망도
한낱 어느 소녀의 꿈같은
이야기로 되어버렸네

이 가슴의 한
이 민족의 한
피를 토하는 이 아픔
언제나 풀릴 것인가
아침에 뜨는 밝은 태양이 저녁이면 지고
또 아침이면 어김없이 뜨듯이
이 가슴에고 언젠가는 밝은 빛이 비치겠지
여보! 그 날이 오면
당신과 나 서로 얼싸안고
마음껏 춤추며 만날 수 있겠지요

당신 명에 못 갔네

피맺힌 한이 되네
아 -
당신 곁에 갈 수 없는 내 처지가
더 원망스러워
입이 있어도 벙어리 노릇하는 이 심정
이 계절은 아무 일도 없다는 듯
당신이 계실 때에나 안 계실 때에나
봄이 오면 꽃이 피고 또 지고
지금은 또 여름 이 뜨거운 태양

나를 주시하는 눈초리들
가련하게 생각하며 쳐다보는 눈초리들
불쌍하게 보는 눈초리들
모두가 보기 싫어 다 보기 싫어
나 혼자 몸이라면 갈 길은 오직 한 길
당신 곁으로 -
항상 존경받던 당신은
지금쯤 하느님 곁에서
이 세상에서 못 다 누린 행복을 누리고 있을거야
오늘도 - 내일도 -

그런데 어느 날 당신이

한 달 만에 살아 왔어요
예수는 3일 만에 부활하셨는데
당신이 한 달 만에 살아나다니
이것이 꿈이 분명 아니겠지요
몇 번이고 반문하였지만
당신은 분명
내 생각대로
하늘이 내린 분이라 생각했고
그 길로 택시를 타고
합의를 하러 갔는데
그 차를 안 탔으면 좋았을 것을
아 – 깨지 말고 잠들었으면
정말, 이것이 꿈이란 말인가 –

                          당신을 먼저 보낸 아내 정숙

우리의 앞길에 우뚝 서 있는 고 이수병

김 종 대

"민족통일을 이루기 위해 외세를 물리쳐야 한다. 외세를 물리치고 통일을 이루기 위해서는 우리 스스로의 세력이 필요하다. 월남에서는 정글이 있었지만 우리에게는 그러한 정글이 없다. 따라서 우리는 인(人)의 정글을 만들어야 한다." - 이수병

누구보다도 뜨겁고
고통 받는 이웃을 사랑했으며
누구보다도 힘차게
동강난 조각의 통일을 부르짖었던
고 이수병
미친 군사독재의 총칼이
그의 목숨을 앗아갔지만
결코 그는 죽지 않았다
우리 앞에 의연하게 우뚝 서 있다

고 이수병

그가 40세의 젊은 나이로

생을 마쳐야만 했던 것은

누구보다도 가난한 이웃을 사랑했으며

누구보다도 민족의 통일을 갈망했다는 것

바로 그 이유뿐이었다

그가 형장의 이슬로 사라져야만 했던

유일한 이유는

인간이 인간을 짓누르는 사회는

영원히 이 땅에서 사라져야 한다는

굳센 믿음

오직 그 뿐 이었다

하지만 미친 독재의 총칼에 죽은 것은

그가 아니다

죽은 것은

일신의 안락과 그 유혹에 녹아드는

우리들 용기없는 삶의 무기력이었으며

죽음마저 딛고 일어서는 굳센 열정에 놀란

독재자의 두려움만이

형장의 이슬로 사라졌을 뿐이다

보라! 우리 안에 뜨겁게 몰아치는
그의 숨결, 불끈 솟는 그의 힘줄을

끊임없는 고난을 넘고 넘어
죽음과 죽음을 이어
이제는 그 누구도 거역할 수 없는
거대한 강물을 이룬
민족통일 민중해방의 도도한 물줄기
그 길 앞에 우뚝 선
민중의 참 벗 민족의 큰 일꾼
고 이수병!

그는 우리 안에 영원히 살아
우리와 함께 온 몸으로 싸워 가리라

〈보론〉

74년 조직(세칭 '인혁재건위')사건의 운동사적 의의

조 세 열 (민족문제연구소 사무총장)

1

 이른바 '인민혁명당재건위원회' 사건을 바라보는 지금까지의 시각은 대체로 두 갈래로 나뉜다. 역대 군사정권은 철저한 냉전논리에 입각하여 간첩사건으로 규정하였으며 수구언론도 이를 비판 없이 수용하여 왔다. 이와 대척점에 사건 관련자들을 용공조작의 희생자로 보고 인권적 차원에서 이 문제에 접근하는 시각이 있다. 사건 당시 종교계의 구명운동이나 신원운동을 비롯한 최근의 재심 청구나 복권운동의 논리는 폭압적 국가권력에 희생된 무고한 시민이라는 측면을 부각시키고 있다.
 그러나 이 같은 평가들은 그 초점을 74년 사건 자체에 국한시킴으로써 극히 일면적인 이해에 머무르는 한계를 지니고 있다. 74년 조직사건은 간첩사건은 물론 아니지만 그렇다고 단순한 인권문제로 취급하여서도 안 되는 고유한 운동사적 의미를 지니고 있다.

잘못된 인식의 출발은 정권의 무리한 사건조작에서부터 비롯되었다. 고문과 협박으로 점철된 사건의 조작과정, 불법적인 재판진행, 전격적인 사형집행 등은 독재정권의 잔혹성에 비례하여 비극적 희생의 측면이 강조되는 자연스런 결과를 가져왔다. 재야 민주세력과 종교계의 구명운동, 해외의 관심 등은 인권적 차원에서 진행되었으며 정치적 문제로는 제기되지 않았다.

이후 이 사건은 유신정권의 아킬레스건으로 취급되었으며 일체의 진상규명은 금기로 된 채 최근까지 방치되어 왔다. 80년대 중반에 이르러서야 비로소 이른바 '인혁'에 대한 언급이 시도되기 시작했다.

이러한 관심은 대개 저널리즘에 의해 촉진된 바 있는데 그 의도가 건전하고 저항성이 있었음을 인정하더라도 흥미본위식의 폭로를 벗어나지 못하는 수준이었다. 이 같은 한계는 사건의 조작성에 맞춘 신원의 성격을 띤 증언, 사상적 기반과 조직 활동 내용에 관한 조사부족 등에서 기인하는 것이지만 무엇보다도 몰가치적 접근방식에 가장 큰 원인이 있었다. 따라서 관련자들의 고귀한 죽음이 그들의 무명성·고립성에 의해 덮혀버리는 단면적 파악으로 귀결되기 마련이었다.

아직도 이들의 헌신에 대한 실체적 진실을 규명하는 작업은 많은 제약을 안고 있다. 우선 문익환, 임수경으로 상징되듯 통일운동에 대한 탄압이 엄존하는 분단조국의 현실이 있으며 사건 관련자들의 보호라는 도의적 책임이 함께 존재한다. 또한 자료의 빈곤과 증언 회피는 정확한 이해를 불가능하게 하며, 유가족 및 생존자들의 복권 노력이 종료되지 않은 지금 또 다른 문제를 야기할 수 있다는 측면, 군사정권의 주장을 합리화 할 수 있다는 점 등은 조급한 분석이 가져올 예견되는 부작용일 수밖에 없다.

그러나 이러한 부정적인 견해에도 불구하고 부족한 자료와 증언에 의지하여 굳이 이들의 사상과 활동을 복원하려고 시도하는 근거 또한 적지 않다고 생각된다.

가장 중요한 근거는 이러한 작업이 변혁운동의 역사적 정통을 복원하고 그 경험을 계승하는 단서가 될 수 있다는 것이다. 급변하는 정세는 안일한 대응자세를 허락하지 않고 있다. 현실 사회주의권의 몰락이 곧 변혁운동의 좌절이라는 패배주의적 사고가 만연되고 있는 현상은 바로 우리 운동사에 대한 이해 부족에서 시작되었다고 보아도 지나치지 않을 것이다.

지금보다도 훨씬 엄혹한 조건아래서도 변혁운동의 줄기는 성장을 거듭해 왔다. 굴복하지 않고 투쟁해온 변혁운동의 정통을 바로 세울 때 반동세력은 물론 기회주의적이고 끊임없이 동요하는 세력의 정체가 드러날 수 있는 것이다. 정통을 세우는 작업은 그간 단절적으로 인식되고 있었던 운동사에 대한 바른 이해를 돕는 일이기도 하다. 역사적 경험을 인정하지 않는 운동대오에 선배활동가들의 지도·조언이 받아들여질 리 없다. 역사적 경험을 무시하고 실천과 유리된 각종의 교조적 이론이 엮어내는 폐해는 이미 분열된 모습을 보이고 있는 변혁운동 일선에 잘 나타나고 있다.

또한 변혁운동선상에서 죽음을 맞은 이들이 치열하게 추구했던 올바른 정신을 찾아내고 이를 확산시키는 것은 왜곡된 역사를 바로잡는 것인 동시에 숨겨간 혁명가들의 진정한 복권을 이루는 첩경이 될 것이다.

각 시기별 변혁운동은 흔히 분절적으로 인식되어 왔다. 특히 80년대의 운동은 이전의 변혁운동과 성격을 확연히 달리하는 것으로 파악되었다. 운동사에 대한 이러한 잘못된 이해는 70년대 운동의 상층부로 자유민주주의세력을 상정했기 때문에 빚어진 결과였다.

독재정권에 의해 자행된 수차에 걸친 공안사건의 회오리는 사회운동 내부에서조차 이들을 이질시하는 경향을 낳고 말았으며, 소시민적 인식을 지닌 양심세력들이 사회변혁의 추진체로 간주되는 기현상에까지 이르게 되었다. 변혁운동 지도핵심의 제거로 생긴 공간은 자유민주주의를 주창하는 세력에 의해 채워졌으며 이러한 인위적인 대체는 운동수준의 질적 저하로 연결되었고 지금에 이르기까지 악영향을 남기고 있는 것이다.

그러나 일시적 굴절현상을 전체 흐름에 조영시킬 수는 없다. 우리 변혁운동은 참으로 오랜 역사적 연원을 가지고 있으며 오늘에까지 면면히 그 전통이 이어져 오고 있기 때문이다.

남한에 있어서 현대사의 내용은 변혁운동세력이 투쟁해온 역사에 다름 아니다. 일제하 친일반민족세력은 해방이후 미군정아래서 친미반공세력으로 변신하여 기득권을 온존시켰으며 이들을 기반으로 하는 역대정권은 외세의존적 반통일세력의 총화로서 기능하였다. 이의 반대편에는 항상 자랑스런 변혁운동의 전통이 버티고 서 있었다.

일제하의 항일세력은 해방공간에서 그대로 반외세 반봉건세력으로 전화되었으며 오랜 독재 하에서 광범위한 민중의 지지를 받으면서 반파쇼민주화운동과 조국통일운동을 세차게 벌여나갔다.

60·70년대의 변혁운동은 이러한 자주 민주 통일을 지향하는 훌륭한 전통위에 서 있었던 것이다.

2

74년 조직사건도 돌발적인 사건이 아니었으며 오랜 기간 철저히 투쟁해온 데 따른 필연적 귀결이었다. 공안사건의 희생자라는 협애한 이해야말로 이들의 죽음이 가지는 의미를 왜곡 축소시키는 것이라 할 수 있다.

74년 조직사건에 대한 역사적 이해는 멀리 해방공간에서부터 시작되어야 한다. 미군정기에 이들 중 상당수는 꿈 많은 소년시절을 보낼 나이였다. 그러나 분단조국의 현실은 이들에게서 조그만 자유마저 앗아가 버렸다. 좌우의 대립을 지켜보면서 어린 나이에도 무엇이 옳은가를 고민하고 선택해야 했던 것이다. 민청가입이나 소년 빨치산 투신 등은 이들이 걸어야 할 험난한 삶의 도정을 예고하고 있었다.

한국전쟁을 겪은 후 고등학교를 다니고 있던 사람들은 사회과학이론 연구회를 조직하여 과학적 안목을 길러갔다. 이들은 서울의 을지로 6가, 부산 보수동 골목, 대구의 무림서점 등에서 해방 직후의 팜플렛, 각종 사회과학 서적, 월북문인의 문학작품, 일본을 통해 들어온 밀수서적 등을 입수, 이를 교재로 삼아 비공개 이론 서클에서 치열한 학습을 전개하였다. 4.19가 있기 전 엄혹한 상황 하에서도 소규모 이념 서클을 통한 사상학습이 조직되고 있었던 것이다. '암장'은 대표적 사례의 하나이다. '암장'그룹은 고교 때 조직된 서클로서는 전무후무한 희생을 치르면서 변혁운동의 선도 그룹을 형성해 나갔다.

60년대는 4월의 함성과 함께 밝아왔다. 4월 민중항쟁은 내연하고 있던 민중역량의 분출이었다. 직접적 계기는 3.15부정선거였으나 민중봉기로 확산될 수 있었던 배경에는 50년대의 모순 속에 이루어진 노농역량의 축적과 변혁지향 세력의 태동이 깔려 있었다.

4월 민중항쟁은 반독재 민주화투쟁으로 그 서막을 열었다.

3.15부정선거를 도화선으로 타오른 민중봉기는 60년 4월 26일, 13년간 장기집권해온 독재자 이승만을 하야시킴으로써 일차적 목표를 달성한다. 그러나 뚜렷한 지도이념과 통일적 지도핵심의 부재는 독재정권 타도라는 성과물을 정권교체의 수준에 머무르게 하고 말았다. 주력인 학생세력은 50년대의 암흑적인 상황 속에서 과학적 인식을 제대로 갖추지 못하였으며 조직적 역량도 미비한 상태였다. 예외적으로 '암장'전선을 비롯하여 신진회·신간회·협조회·농업사회연구회 등 변혁 지향적 서클이 존재하고 있었으나 전체국면을 장악할 수 있는 지도력을 발휘하지는 못하고 있었다. 따라서 권력의 공백은 자연히 타도대상과 동질의 기성제도권 정치인들에 의해 수습될 수밖에 없었다. 이러한 정세 하에 학생운동세력은 '학생은 학원으로'라는 기성세대의 설득에 쉽게 동

화되어 개량적 낭만적 차원의 운동노선으로 후퇴하게 된다. 이후 이어지는 학원민주화운동·국민계몽운동·신생활운동 등은 제한적 의의에도 불구하고 현실과제에 대한 본질적 인식과는 거리가 있는 것이었다.

7·29총선에서 나타난 혁신세력의 참패는 변혁운동 전반에 걸쳐 자세정립의 계기로 작용하였다. 대중에 기초하지 않은 인텔리 중심의 혁신정당은 더 이상 대안이 될 수 없었다.

사회과학적 인식으로 무장한 새 세대 청년세력들에게 7·29총선의 결과는 훌륭한 교훈으로 작용하였다. 새로운 변혁운동은 청년세력을 중심으로 한 민족통일운동·통일전선운동으로 나타났다.

4월 항쟁 시기에 결성된 주요 청년조직으로는 민족민주청년동맹과 통일민주청년동맹을 들 수 있다.

민민청은 창립초기 '후진성자본민주주의민족혁명론'을 주창한 이종률 교수의 절대적 영향아래 놓여 있었다. 대부분 부산대 출신인 그의 제자들로 구성된 민민청은 그 결성대회를 통해 '국제의존의 봉건 및 폭리적 반민족 자본 세력의 반민주적 결집체를 하루 속히 일소하고 양심적인 범민족지도자 세력을 규합하는 면에서 민족자주경제체제의 일환인 서민성민족자본을 형성하여 헐벗고 굶주림 속에 방황하는 서민대중을 구출하겠다'고 선언하였다. 이들은 대체로 미소대립을 벗어나 제3세계 그룹으로의 귀속을 염두에 두고 있었다.

민민청은 조직 확대 과정에서 내부 논투를 벌이게 된다. 민민청에 합류한 '암장'그룹은 변혁이론에 있어 민민청 본류와 상당한 견해 차이를 보이고 있었다. 혁명을 수행할 계급적 토대가 적시되지 않은 '서민성민족자본론'은 이들에게 전폭적으로 수용되기 어려운 것이었으며 경북지역 청년세력의 영입은 이론 정립의 결정적인 계기가 되었다. 민민청의 세력기반은 주로 경남·북에 집중되어 있었는데 경남에서는 초대 중앙간사장인 김상찬을 비롯한 이영석, 하상연, 김달수, 최종권, 김배균 등 부산대와 국제신보계열 인사들이, 경북에서는 서도원 도예종 송상진 정만진 등이 주요 구성원으로 참여하였다. '암장'그룹은 서울맹부를 구성하고 중앙과의 연결 기능을 수행하였다.

통민청은 사회당 외곽 청년조직으로 사회당위원장 최근우, 선전위원장 유병묵 등의 영향을 받고 있었다. 여기에는 해방 후 잠복하고 있던 빨치산 남로계가 대거 참여하였다. 조직기반은 경남북, 전남, 충남, 서울 등 거의 전국에 걸쳐 있었으며 '신세대'라는 기관지를 발행하였다. 빨치산 활동을 거쳐 월북한 후 재남하하여 사회당 조직부장으로 있던 최백근이 실질적 오르그였으며 여타의 청년단체에 비해 정통이론을 고수하고 있었다. 여기에는 초대 중앙간사장을 맡은 우홍선을 비롯하여 진병호, 김배영, 김영광, 김영옥, 이규영, 이재문, 배근식, 양춘우 등이 주도적으로 참여하였다. 후기 민민청과 통민청은 이론면에서나 노선면에서 큰 차별성을 보이지 않고 있었다. 민민청은 서도원, 도예종 등의 영입이후 내부논의가 정리단계에 들어섰으며 통민청 또한 사회당의 외곽조직이라고는 하나 독자성을 확보하고 있었다. 양대 청년세력 상호간에 큰 노선 차이가 없었음은 각종 시국문제에 대해 공동으로 대처하고 성명발표 또한 공동으로 내고 있었다는 사실에서도 잘 드러나고 있다. 이들 청년단체들은 과학적 이론과 힘 있는 실천으로 변혁운동 내부에서

신선한 바람을 불어넣으며 사실상 당시의 사회변혁운동을 주도하고 있었다. 이들의 활동은 민자통과 민통련 등 민족통일운동 연대기구를 추진하는데 있어 결정적인 동력이 되었다. 민자통은 통일전선의 성격을 띤 단체로 처음에는 민족주의 계열의 인사들에 의해 결성준비가 시작되었으나 혁신계 우파와 천도교 일부가 이탈한 뒤 사회당·민민청·통민청 등을 중심으로 말단 행정단위 재외동포지구까지 결성을 준비하는 등 대중적 조직을 지향하고 있었다.

새 세대 청년세력은 민자통을 실질적으로 움직인 것으로 파악된다. 도예종(조직위부위원장), 김상찬(조직부장), 하상연(선전출판부장), 김달수(조사부장), 박중기(청년부장), 우홍선(조직위간사), 김득수(농어민부부장), 김배영(조직부차장) 등 부차장급 실무선을 모두 민민청·통민청 계열의 청년세력이 장악하고 있었다. 민자통의 통일방안 등 이론적인 문제에서부터 상층지도부에 명망가들을 안배하는 조직문제에 이르기까지 이들의 기여도는 지대한 것이었다.

민자통을 매개로 결합한 청년세력들은 민자통이 결성되자마자 한미경제협정반대투쟁·2대악법반대투쟁·민족통일운동을 주도해 나갔다.

청년세력들은 통일전선체인 민자통과 학생운동을 결합시키려는 노력도 병행해 나갔다. 당시 학생운동은 아직도 이데올로기적 한계를 완전히 극복하지 못하고 있었다. 민족통일운동이 각 대학 민통련을 중심을 추진되고 있던 1961년도에 들어서도 혁신세력의 통일논의와 북한의 통일 노력에 대한 학생들의 거부심리는 여전히 남아 있었다. 학생운동은 스스로 '백색전제와 프롤레타리아 독재' 양쪽 모두에 비판적인 자세를 취하고 있다고 자부하였다. 이 같은 양비론적 시각의 교정에는 민민청이 주로 관여했던 것으로 분석된다. 이수병이 청년세력과 학생운동의 가교역할을 하며 민족통일운동의 방향제시를 했던 것도 '암장'그룹·민민청과 긴밀한 협의 아래서 이루어졌다. 서울대 민통련 관련자들의 이질적 분자가 침투를 시도했다는 증언은 바로 청년세력이 학생운동과의 적극적인 연대 방침을 정하고 이를 실행에 옮기는 과정을 가리키는 것으로 간주된다. 남북학생회담을 처음 논의한 세력도 일련의 청년운동가들이었다.

한편 언론은 통일논의를 전파할 수 있는 중요한 수단이 되었다. 민민청·통민청계의 이론가 그룹이 상당수 진보적 언론에 투신하여 이를 기반으로 자신들의 논리를 선전할 수 있었다. 당시 진보적 경향을 지니고 있던 신문으로는 지방의 영남일보·대구매일신문·국제신보가 있고 중앙 일간지로는 민족일보를 들 수 있다.

진보적 정론을 펴면서 언론활동을 벌인 청년운동가들로는 도예종, 서도원, 김상찬, 김금수, 김영광, 김영한, 이수병, 이재문, 장석구, 전무배, 전재권 등을 들 수 있다. 이들의 언론계 활동은 단순한 언론운동이 아니라 정예한 이론의 토대 위에 진보세력의 이념과 노선을 선전해 내고 전파하는 역할에 목표를 두고 있었다.

청년세력의 활동은 여러 갈래로 동시에 추진되었다. 민자통을 중심으로 한 민족통일운동, 2대악법 반대운동 등 민주화운동, 학생운동과의 연계, 언론운동 등이 그것이다. 그러나 주목해야 할 점은 이런 모든 사회운동은 통일전선을 목표로 일관되게 움직이고 있었다는 사실이다.

민민청·통민청 등에 참여했던 청년그룹은 그들이 가지고 있던 의식의 선진성에 비례하여 이후 비타협 변혁운동을 전개하다가 많은 희생을 당하게 된다. 이들 비타협적 정통 4.19세대는 이후 개량적 온건개혁론을 청산하고 혁명론으로 이행해 나감으로써 기존체제를 고수하려는 세력들을 가장 예민하게 자극하는 비합법 지하활동가로 변신하는 경향을 나타내게 된다. 그 외 4.19세대의 대부분은 개량화하거나 어용화되고, 심지어는 파쇼권력 내에서 강경세력으로 변절함으로써 사월민중항쟁의 의의를 퇴색시키고 말았다.

3

반공을 제일의 공약으로 내건 군사집단의 대두야말로 친일파를 비롯한 반민족세력에게 구세주와 같은 것이었으며 변혁세력에게는 비상국면으로의 전환을 의미하는 것이었다. 권력의 헤게모니는 분단사회를 유지하는데 보다 효율적 집단인 군부세력에게로 옮겨가고 진보세력은 정치의 장에서 거세되어 민중의 진출은 일시적 좌절을 겪지 않을 수 없었다.

4.19이후 변혁운동의 흐름이 반외세민족자주통일론이었다면 5.16쿠데타세력은 이 같은 흐름과 역량을 철두철미하게 차단 억압하는 예방혁명적 성격을 띠는 집단이었다. 따라서 군사정권은 제 민주세력에 대한 전례 없는 탄압정책을 독재체제의 구축과정에 맞춰 펼쳐나가게 된

다. 쿠데타세력은 민족일보의 조용수를 비롯한 사회당 최백근 등을 사형시키고 이수병·유근일 등 학생운동의 주도자에게 장기형을 선고하는 등 수천 명에 이르는 진보적 인사들을 수감함으로써 일거에 민족민주운동의 암흑기를 가져왔다.

그러나 일시적인 후퇴는 있을 수 있으나 굴종과 좌절이 오래갈 수는 없었다. 쿠데타의 예봉을 피해 지하로 잠복했던 활동가들과 복역 후 출소한 4.19시기의 변혁세력들이 결합하여 조직활동을 재개하기 시작하였다.

이들의 활동은 이제 합법적으로 추진될 수 있는 성격의 것이 아니었다. 앞선 시기 고양되었던 민중운동의 실패가 지도핵심의 부재에 원인이 있었다고 판단한 변혁세력은 전위조직의 건설을 목표로 활동하게 된다.

60년대 70년대에 걸쳐 일어나는 공안사건은 전위조직의 건설과정이 노출되어 일어난 변혁운동지도부에 대한 독재정권의 초강경 대응이었다.

'인민혁명당 사건'은 2차에 걸쳐 일어났다. 64년의 사건은 1차 인혁당, 74년의 조직사건은 2차 인혁당 혹은 인혁당재건위원회 사건이라고 불린다. 두 차례에 걸친 인혁당사건은 학생들의 반정부 데모가 격렬해질 무렵에 일어났다는데 공통점이 있다. 독재정권은 이들을 북의 지령을 받은 배후세력으로 몰아 학생시위를 공산혁명으로 유도해 노동자정권을 세우려 했다고 조작했다.

1차 인혁당 사건은 한일협정 반대투쟁인 6·3데모와 관련되었으며 인민혁명당 재건위원회 사건은 민청학련의 배후로 지목되었던 것이다.

64년 봄, 갓 출범한 박정희 정권이 대일 굴욕외교를 통해 한일회담을 성사시키려하자 이에 반대하는 학생시위가 전국적으로 일어났다. 6월 3일 비상계엄령을 선포한 박정권은 곧이어 민중들의 거센 반발을 모면하기 위한 기만책으로 이른바 제1차 인혁당 사건 수사결과를 발표한다. 그러나 이 사건을 수사했던 서울지검 공안부 검사들은 사표를 제출하면서까지 상부의 압력에 맞서 기소장에 서명을 거부하였다. 결국 최종 재판결과는 주모자로 기소된 도예종에게 징역3년 그 외 양춘우 등 6명에게 각각 징역1년 이재문 등 6명에게 각각 징역 1년에 집행유예 3년을 선고함으로써 혐의에 비해 사실상의 무죄를 인정하는 것이나 다름없는 내용으로 끝을 맺었다. 이러한 결과는 조직을 보위함으로써 구체적 증거가 확보되지 않은 점도 작용하였지만 새로이 대두한 군부 세력과 기존 엘리트 세력의 갈등관계가 노출된 것이기도 하였다.

그로부터 꼭 10년이 지난 1974년 민중들의 반유신 열기가 고조되고 있을 때 인혁당 사건은 세간에 재등장한다. 긴급조치만으로 유신체제에 대한 항거를 제압할 수 없다고 판단한 박정권은 오랫동안 사찰해 오던 활동가들을 엮어 북한과 연계된 용공배후 조직을 만들어내기에 이르렀던 것이다. 박정권이 위기 상황 때마다 정치현실을 타개하는 수단으로 악용한 용공조작 사례 중 가장 극단적인 예가 인혁당재건위 사건이라 볼 수 있다.

1,2차 인혁당 사건은 그 관련 자료가 희소한 탓으로 인해 노선·조직·활동에 관해 거의 밝혀 진 바가 없다. 그러나 현재의 논의 수준에서도 어느 정도의 추정은 가능하다. 인혁당은 62년에 결성되었다. 인혁

당 사건의 관련자들은 대부분 민자통에서 주도적으로 활동했던 청년세력들이었다. 민민청·통민청·민통련 그밖에 혁신정당의 청년당원들이 성원으로 참여했다. 이러한 현상은 74년 조직사건을 거쳐 남민전 상층부에도 동일하게 나타나고 있다. 1차 인혁당·74년 지하조직·남민전이 인적구성이나 지향에 있어 별다른 차이를 보이지 않은 점도 4.19시기 축적된 공감대를 바탕으로 하는 것이다.

61년에 들어서면서 청년세력은 통합에 견해의 일치를 보고 있었다. 통민청·민민청의 통합논의가 구체적으로 진행되고 있던 중 쿠데타가 발생함으로써 발전된 조직수준으로 끌어올리지 못했던 것이다. 그러나 61년 5월 초순경 양대 청년세력 대표들이 모여 통합원칙에 합의하는 등 언제든지 조직을 가동시킬 수 있는 기초를 마련하고 있었다.

두 차례 걸친 인혁당 사건의 최대 피해지역은 대구 부산을 중심으로 한 영남권이었다. 이것은 두 가지 측면에서 해석된다. 먼저 영남지역 사회운동이 탄탄한 조직적 기반을 가지고 있었다는 점이다. 영남지역은 일제하와 해방공간에서의 적색농조·노조 등 기층조직의 경험이 잘 계승 보존되고 있었다. 섬유·고무를 중심으로 경공업이 발달하여 노동계급이 광범위하게 형성되었으며 10월 항쟁 등 투쟁의 경험도 풍부한 편이었다. 한국전쟁 시에도 좌익계의 노출 및 피해가 경미하여 전통적인 야당성향을 지니고 있었다. 따라서 4.19시기의 투쟁공간에서도 다른 지역에 비해 대중운동 역량결집에 있어서 현저히 강세를 보이고 있었다.

60~70년대 들어와 이 지역 변혁세력이 집중적 탄압을 받게 된 것은 군부세력과 이해가 정면으로 충돌하는 곳이라는 점이 크게 작용하였다.

군부세력의 정치적 기반이 영남에 놓여 있었고 한때 좌익 활동을 했던 일부를 포함하여 지역사회에 정통한 인사들이 대거 권부에 진입함으로써 일찍부터 일대 격돌이 예고되고 있었다. 특히 군부 내부투쟁에서 영남권이 득세하면서 중정·검찰 등 정보기관에 영남출신이 대거 등용되었다. 최고 권력자 또한 이 지역 출신으로 변혁세력에 대한 묘한 콤플렉스를 가진 자였다는 점도 전혀 무관한 일은 아니었다. 법적인 무리수를 두어가면서까지 집요하게 이 지역을 집중 탄압한 데는 6·3항쟁, 베트남 민족해방운동의 승리, 데탕트 무드, 유신반대투쟁 등 내외의 계기적 요인으로 인한 정권의 위기의식도 작용하였으나 최후의 기지로서 영남 지역의 공고화라는 목적도 무시할 수 없는 요인이 되고 있었다.

4

70년대에 들어서면서 박정희 정권은 내외적으로 심각한 정치적 위기를 겪고 있었다. 외자의존적인 수출주도형 경제개발 정책의 모순이 한꺼번에 터져나오기 시작했으며 노동자·농민·도시빈민의 생활고는 현저히 가중되고 있었다. 전태일 분신, 광주대단지 사건은 이러한 모순의 폭발이었다. 독재정권은 이러한 위기를 일관되게 물리력에 의지해 정치적 탄압으로 모면하려 하였다. 일인 종신집권을 위해 유신체제를 구축한 박정권은 긴급조치라는 비민주적 폭압장치를 무기로 하여 정치적 반대세력을 침묵시키고 민중의 생존권 요구투쟁을 근원적으로 봉쇄하고자 하였다.

74년 지하조직은 60년대 후반부터 준비되고 있었다. 변혁운동 내부에서는 60년대 전반에 걸친 정치논쟁을 통하여 대오를 일원화하고 있었다. 대표적 논쟁이 중소대립·문화혁명·선거결합전술·지도부건설론 등이었다.

당시의 이론가 그룹은 사회주의 진영내의 이념논쟁에 예민하게 반응하고 있었다. 이들은 올바른 노선선택을 위하여 광범위한 정보를 취합하여 토론에 들어갔는데 모스크바·북경 우리말 방송을 통해 양쪽의 주장을 파악하고 BBC 일본어 방송을 통해 서방의 시각을, 평양방송을 통해서는 북한의 태도 변화를 예의 주시하고 있었다. 그밖에도 해외를 통해 비밀리에 들어오는 고급 간행물을 분석하는 등 정세분석에 치열한 노력을 기울이고 있었다.

유병묵, 이재문 등은 소련의 수정주의 노선을 지지하고 나섰으며 서도원, 도예종, 이수병, 박중기 등 인혁당 재건계열은 마오노선을 정통으로 받아들이고 있었다. 이들은 소련당이 관료화되고 있음을 직시하고 특히 제3세계 민족해방운동을 벌이는 데는 북경노선이 옳다는 쪽으로 경사되고 있었다. 그러나 활동가 내부의 논쟁은 주체적 관점의 이론정립으로 귀결되었다.

한편 선거에 대한 대응에서도 활발한 논쟁이 벌어졌다. 이기홍 등 선거혁명 가능론자들은 의회진출과 선거를 통한 평화적 해결 노선을 주장한다. 이같은 견해는 현재와 같은 미일의 예속군사파쇼정권 아래에서의 민족운동은 지정학적으로 적의 포위망 속에 있는 요새 내의 투쟁으로 물리적 군사적으로 해결될 수 없다는 것이었다. 그러나 선거는 전술적 중요성은 인정되나 전략적 대안이 될 수는 없었다. 다수의 이론가들은 선거혁명론을 수정주의·개량주의·단계론으로 규정하면서 질적 공고화를 수반하지 않는 양적 증대는 필연적으로 변질된 결과만을 낳게 되고 의회투쟁을 통한 정치세력의 확보는 개량주의적 환상에 불과하다고 보았다. 민족·민주·통일을 쟁취할 혁명적 지도조직의 영도로 전체 민중이 궐기, 항쟁을 계속하면서 군부와 외세의 개입을 저지해야만 민족자주정권의 수립이 가능하다고 판단했던 것이다.

이러한 논쟁의 영향은 필연적으로 지도부 건설논쟁으로 이어졌다. 전략적 지도부 건설에 대한 견해는 전위조직 건설을 통한 민족민주운동의 통일적 강화론과 선거반환충론으로 나뉘어졌다.

선거반환충론은 지도부건설 시기상조론이다. 당 혹은 전선체 형태로서 선진적인 변혁적 인자의 결집보다는 대중적 기반의 확대를 선결과제로 꼽고 있었던 것이다. 시기상조론을 주장했던 인사로는 남민전의 이재문을 들 수 있다. 이재문은 중소논쟁과 지도부 건설논쟁에서 자신의 견해가 소수의 지지 밖에 획득하지 못하게 되자 일시적으로 은거의 길을 택하게 된다.

전위조직 건설논의는 북한의 대남정책과도 연관이 깊었다. 북한은 61년 4차 당 대회에서 대남노선을 재정립, 남한 내의 독자당 건설방침을 채택하였다. 50년대와는 달리 통일과 혁명은 상호간에 유기적으로 연결되어 있으면서도 목적과 주체가 다르다는 결론에 도달하였던 것이다. 통일의 주체는 남북한이 모두 포함되지만 혁명의 주체는 남한민중이라고 파악했기 때문이었다. 이러한 정책변화와 베트남에서의 민족해방전선의 성공은 남한의 변혁세력에게 전위조직 건설 움직임을 촉진시키는 계기가 되었다.

5

1969년 3선 개헌반대투쟁은 대중의 정치참여를 불러일으키면서 급격히 확산되어갔다. 박정희의 장기집권 야욕이 표면화되고 파쇼정권의 탄압이 가중되는 한편에는 민중의 각성 또한 고양되고 있었다. 변혁세력은 민중의 폭발적인 열기를 담아낼 지도부의 건설에 착수하였다.

지도부 건설은 고도의 보안을 유지하면서 추진되었다. 새로운 증언에서 밝혀진 경락연구회는 지도부 건설의 초기 단계에 해당되는 협의체의 성격을 띠고 있었다. 논투와 실천적 검증을 거치면서 확인된 극히 소수의 활동가들이 전국적인 협의체에 참가하였다. 경락은 한방의학 용어로서 경락연구회는 실질적인 합법을 관철시키는 위장사업의 성격을 가졌던 것이다. 이는 고도의 사찰로부터 조직을 보위하기 위한 방편이었다. 지역별로는 서울 우홍선, 대구 서도원, 광주 김세원, 부산 이영석이 조직을 분담하였으며 학원·문화계는 이수병에게 위임되었다.

경락회는 지역별로 독자적 책임 하에 꾸려졌으며 하부에 민족자주통일운동연합을 민족자연건강연구회란 합법 명칭아래 운용하였다.

민자연은 철저한 3불 원칙(不文, 不言, 不名)에 의해 운영되었는데 이는 형식도 물증도 남기지 않는 점조직으로 조직보위를 중요시하는 조직건설 방식이었다. 3불 원칙은 해방 이후 지하당의 전통을 계승한 것이다.

경락회의 모임은 년 2회, 3인 회의 년 4회, 2인 회의 년 12회로 이루어졌으며 돌발 사태시 비상회의가 개최되었다. 74년 조직사건이 있기까지 경락회 전원회의는 다섯 차례 소집된 것으로 알려지고 있다. 경락회 및 민자연과 인혁재건위 사건의 서울-대구 지도부 및 각 소조(小組)와의 연관성은 지금의 조사 수준으로는 정확한 실상을 밝힐 수 없다. 그러나 관련자 증언과 재판기록에 의존하여 분석할 때 몇 가지 추정은 가능하다. 각 지역의 정보교류 및 협력을 목적으로 하는 초보적 수준의 전선지도부가 협의체의 형식으로 존재하고 실질적인 조직문제는 각 지역별로 지도부에서 독자성을 가지고 전담하는 예비적 수준의 지도부 건설단계였다고 파악되는 것이다. 이러한 지도부아래 각종의 하부조직이 이론학습서클, 독서회, 등산회 등을 매개로 교사·노동자·농민조직을 구축해나가고 있었다. 그러나 인혁재건위의 구체적 조직수준이나 내용 특히 하부조직에 대해서는 거의 추적이 불가능한 것인 만큼 앞서의 추측도 개연성을 지적하는 데 그칠 수밖에 없는 한계를 가지고 있다.

인혁재건위 관련 활동가들은 지하의 전위조직 구축작업을 진행시켜 나가는 가운데 합법과 비합법을 적절히 배합하는 전술을 구사하였다. 67년의 대선 후보단일화, 71년의 민주수호국민협의회 등 상층 통일전선운동에도 직·간접적으로 관여하면서 학생운동과의 연계 및 교양에도 관심을 기울였다.

대표적인 사업은 역시 당시 유일하게 대중적 투쟁역량을 갖춘 학생운동과의 연계를 강화하여 정치투쟁을 추동하는 일이었다. 경북대 학생회장을 지낸 여정남이 대구지도부에서 서울지도부로 파송되었다. 여정남은 이수병, 김용원의 지도를 받아 민청학련 봉기계획에 착수하고 조직 활동을 벌여나갔다.

한편 전국 일제시위 준비과정에서 중정의 혁신계 말살작전계획이 지하 활동가들에게 감지되었다. 중정에서 1차 인혁 때 없애지 못한 변혁세력을 일거에 제거할 음모를 꾸미고 있다는 내용이었다. 이를 둘러싸고 기왕에 제기되고 있었던 투쟁확대와 퇴각을 둘러싼 논쟁이 활동가 내부에서 재연되었다. 전진국면론(공세기론)을 주장하는 서도원 등은 북과 연계되지 않은 사건은 전면투쟁시 고급 역량의 양적 팽창 기회라고 보고 투쟁 확대를 지지하였으며 후퇴국면론(수세기론)을 제기한 김세원은 군부파쇼의 무단성을 거론하였다. 결국 이 논쟁은 절충안으로 정리되어 철회가 가능한 선에서 투쟁을 축소하고 비상선을 마련하기로 결론을 지었다.

그러나 중정의 작전계획은 실제로 신속히 진행되고 있었다. 이들은 대학과 활동가 주변에 사찰을 강화시키는 한편 일제검거의 기회를 엿보고 있었다.

74년 3월 21일 경북대 선도시위가 실패로 돌아간 후 민청학련 주요 간부들에 대한 수배·검거가 내부적으로 시작되었으며 4월 3일에는 긴급조치 4호가 선포되었다. 긴급조치 4호는 유신체제를 반대하는 어떤 세력도 남겨두지 않겠다는 군사파쇼의 일대 폭거였다.

4월 16일과 17일, 양일간에 걸쳐 유인태, 여정남이 검거되고 4월 18일에는 학원지도책인 이수병, 김용원이 연행되었다. 이로써 저 피비린내 나는 인혁당재건위 사건의 조작이 시작되었던 것이다.

유신정권은 변혁운동의 핵심들, 전선조직의 예비적 지도부를 운동대오에서 강제적으로 격리시킴으로써 마치 시한폭탄의 뇌관을 제거하는 것과 똑같은 효과를 거두게 되었다.

6

인혁당재건위 사건은 물론 조작된 것이었다. 그러나 조직활동은 실재하고 있었다.

74년 조직사건은 4.19시기 형성된 청년활동가 그룹과 학생운동의 결합과정에서 일어난 변혁세력에 대한 일대 탄압이었다. 관련 구성원의 대부분은 해방공간의 지하당 전통을 일부 계승하고 자생적 사회주의 운동의 경향을 띤 진보적 청년세력이었다. 이들은 혁신계로 분류될 수 없는 명백한 지향성의 차이를 갖고 있었다.

이들의 활동이 지극히 모험주의적이었다는 일부 지적은 타당하지 않다. 대중과 유리되어 있었다는 인식 또한 잘못된 것이라고 볼 수 있다. 일련의 지도조직 건설시도가 좌절된 원인으로 핵심들의 조급성이 지적되고 있으나 근본적으로는 기반과 공간의 부재에서 비롯되는 것이었다. 오히려 열악한 조건 속에서 오랫동안 지하활동을 성공적으로 수행하면서 정치노선에 있어서 선구 역할을 해냈다는 점은 높이 평가돼야 할 것이다. 근본적으로 이들은 변혁적 전망을 갖고 있었기에 노출을 극도로 자제하고 있었을 뿐 될수록 합법의 범위 안에서 투쟁하기 위해 많은 노력을 기울였다. 또한 초보적 통일전선운동에의 참여나 교사·노·농 조직의 건설시도는 이들이 대중적 기초 없는 인텔리 중심의 낭만적 혁명가들이었다는 지적을 무색하게 만든다.

당시 움직일 수 있는 철저한 혁명가들은 극히 소수에 불과했다. 이들에게는 달리 선택의 여지가 없었으며 파쇼와의 정면충돌은 불가피한 것이었다.

앞으로 조국변혁운동에 복무한 이들이 남긴 자취가 더욱 상세히 밝혀지겠지만 현재로서도 자주·민주·통일을 위한 전 생애에 걸친 이들의 자랑스런 투쟁은 복권되어야만 할 충분한 근거가 있으며 반드시 그렇게 되어야 할 것이다.

* 이 글은 1992년 출판된 이수병 선생 평전 『암장』에 실린 같은 내용의 원문을 최소한의 수정을 거쳐 전재한 것임을 밝혀둡니다.

이수병 선생 연보

1936. 12. 3(음) 경남 의령군 부림면 손오리 866번지에서 아버지 이정항씨와 어머니 황정분씨의 장남으로 태어남
1945. 4. 의령 부림공립초등학교 입학
      5. 25(음) 여동생 이금자 태어남
1946. 여름 어머니 황정분씨 사망
1950. 4. 의령 부림공립국민학교 졸업
1950. 5. 의령 신반중학교 입학
      중학시절을 한국전쟁 속에서 보냄(낙동강 전투 격전지)
1953. 3. 신반중학교 졸업
      4. 부산사범학교를 4등으로 입학
1954. 봄 고학생 서클 〈노작회(努作會)〉가입
      가을 사회과학 학습 모임인 〈일꾼회〉를 만드는 데 참여
1955. 봄 〈일꾼회〉를 〈암장(岩漿)〉으로 바꾸고 체계적인 사회과학 이론을 학습함
1956. 3. 31 부산 사범학교 졸업
      4. 부산대 교육학과 입학. 1년 수료
1957~1958. 5 의령 갑을초등학교 교사로 1년간 재직
1959. 3. 경희대학교(당시 신흥대학교) 정경대학 경제학과 2학년에 편입
1960. 4. 4월 항쟁에 참여
      6. 19 고려대 주최 '전국 남녀대학 경제학 토론대회'에서 잉여농산물 문제를 다룬 〈한국경제의 대미종속적 구도〉 논문으로 '발표상'을 받음
      7. 혁신계(사회대중당) 후보를 지원유세하며 총선에 참여함
      11. 12 경희대학교 〈민족통일연구회〉를 주도적으로 결성하고 회장이 됨. 이후 민통전학련 결성을 준비하며 혁신세력과의 교량적 역할을 함
      11. 25 경희대학교 소강당에서 '통일문제 대 강연회'를 개최함
1961. 3. 민족일보 공채에서 수석합격, 수습기자
      4. 서울대 민통련 지도부와 접촉하며 '남북학생회담'에 대한 의견 제시
      5. 5 '민족통일전국학생연맹 결성준비위원회'에 경희대 민통련 대표로 참여
      5. 13 서울운동장 육상경기장에서 민자통 주최로 열린 '남북학생회담 환영 및 민족통일촉진궐기대회'에서 학생대표로 연설함
      5. 14 대전시 목척교 밑 백사장에서 민자통 충남협의회 주최로 열린 '통일촉진시국강연회'에서 '남북한 학생회담을 환영한다'는 제목으로 연설

       5. 18   5·16군사쿠데타로 계획된 전주 지역의 연설을 하지 못한 채 고향으로 가던 중 의령 신반 다릿재 고개에서 피검되어 서울로 압송됨
       9. 30   혁명재판소 심판 2부에서 '특수범죄처벌에 관한 특별법'으로 징역 15년을 선고 받아 서대문교도소에 수감
1964. 5.   15년에서 10년으로 감형
       6.   안양교도소로 이감
1967. 8. 15   10년에서 7년으로 감형
1968. 4. 17   형 만기 출소
1969. 9. 21   이상철의 딸 이정숙과 결혼. 녹번동에 지물포 상점을 열고 진보적 인물들과 만남
1970. 6.   장남 '동우' 출생
                 〈암장〉, 〈민민청〉, 〈통민청〉 인물들과 만나며 조직 활동을 모색함
1971. 12   차남 '동주' 출생
       9.   〈경락연구회〉를 만들어 사회변혁을 위한 조직에 착수함
1972. 3.   〈삼락일어연구소〉 강사로 나감. 여기서 진보적 인사들과 접촉하고 '파라뫼'를 만들어 기초적인 사회과학 학습을 지도
       9.   서울 충무로에 '지압시술소'를 열고 서울지역 핵심 동지들과 모임을 가짐. 각 지역 부문 운동에 대한 계획, 실천 활동을 전개하며 지방 출장, 학원과 문화를 담당하여 높은 이론적 수준과 철저한 조직 활동으로 맡은 일을 성실히 수행함
1973. 11.   외동딸 '은아' 출생
                 침체된 사회 분위기 속에서도 꾸준한 활동을 전개
                 교사조직과 학생운동 활성화를 위해 노력함
1974. 4. 18   '인혁당재건위' 조작 사건에 연루되어 중앙정보부로 연행, 고문과 조작 수사를 받음
       7. 25   비상보통군법회의에서 사형 선고
       9.   비상고등군법회의에서 원심 확정
1975. 4. 8   대법원 재심에서 유죄 확정 판결
       4. 9   새벽 4시에서 6시경 산화

연 표

1950. 6. 25　　한국전쟁 발발
1953. 7. 27　　휴전협정 조인
1960. 3. 15　　정부통령 부정선거 강행. 마산 제1차 항쟁
　　　 4. 11　　마산 제2차 항쟁(김주열 시체 인양)
　　　 4. 19　　'피의 화요일' 4월혁명 전개
　　　 4. 26　　이승만 대통령 하야
　　　 6. 12　　부산, 이종률 주도로 '민족민주청년동맹' 결성
　　　 7. 29　　민·참의원 총선거 실시
　　　 8. 12　　윤보선 대통령 당선
　　　 8. 23　　민주당 장면 내각 들어섬
　　　 9. 3　　민족자주통일협의회 발기
　　　10. 30　　민민청 주최로 '국토통일방안 강연회' 및 통일방안 투표 실시
　　　11. 12　　경희대 '민족통일연구회' 결성
　　　11. 18　　서울대 '민족통일연맹' 결성
1961. 2. 13　　민족일보 창간
　　　 2. 16　　고대, 외국어대 등 전국 100여개 대학 '민족통일연구회' 발족
　　　 2. 18　　한미경제협정 체결
　　　 2. 25　　'민자통 결성대회' 개최
　　　 3. 22　　혁신계, 2대 악법반대 서울시민 궐기대회 개최
　　　 5. 5　　'민족통일전국학생연맹 결성준비대회' 개최
　　　 5. 13　　민자통 주최, '남북학생회담 환영 및 통일촉진 궐기대회'
　　　 5. 16　　군사 쿠데타 발생
　　　 5. 18　　장면 내각 총 사퇴
　　　 5. 19　　윤보선 대통령 하야 성명, 국가재건최고회의 설치
　　　 5. 22　　학술, 종교단체 제외한 모든 정당, 사회단체 해산
　　　 6. 10　　중앙정보부법 공포
　　　 7. 3　　최고회의의장 박정희, 내각수반 송요찬 취임
　　　 3. 22　　윤보선 대통령 사임
　　　11. 12　　김종필·오히라 회담(청구권 문제—메모 합의)
1963. 2. 26　　민주공화당 창당
　　　10. 15　　대통령 선거, 박정희 후보 당선(15만표 차)

	12. 17	제3공화국 발족, 박정희 대통령 취임
1964. 3. 24		서울대 등 대일 굴욕외교 반대 시위
	5. 10	서울대 문리대, '민족적 민주주의 장례식 및 성토대회'
	6. 3	서울 일원 비상계엄령 선포
	8. 14	중앙정보부 '인민혁명당' 사건 발표
	10. 13	한국—월남정부, 월남 지원을 위한 국군 파견 협정 체결
1965. 4. 19		굴욕외교 반대 시위 격화, 국방부 위수령 발동
	6. 22	한일회담 정식 조인
	7. 9	한·미 행정협정 조인
	9. 15	삼성재벌계열 한국비료 사카린 원료 밀수사건
1967. 2. 7		야당 통합 신민당 발족
	5. 3	제6대 대통령 선거, 박정희 당선
	6. 8	제7대 국회의원 총선(공화당 130석, 개헌선 확보)
	7. 8	중앙정보부, '동백림 사건' 발표
	7. 11	서울대 문리대 '민족주의 비교연구회 사건' 발표
1968. 4. 1		향토예비군 창설
	8. 24	중앙정보부, '통혁당 사건' 발표
	12. 5	국민교육헌장 선포
1969. 1. 8		공화당 3선개헌 공식 발표
	7. 3	3선개헌 반대 학생시위 확산
	9. 14	공화당, 국회 제3별관에서 3선개헌안 날치기 통과
1970. 11. 13		전태일, 노동조건 개선을 요구하며 분신자살
1971. 4. 19		'민주수호협의회' 결성
	4. 27	제7대 대통령 선거, 박정희 당선
	5. 3	서울대생 부정선거 규탄 시위, 선거참관인단 4·27선거를 '조용한 쿠데타'로 규정
	5. 25	제8대 국회의원 선거
	8. 10	광주대단지 주민 3만여 명 시위
	8. 12	대한적십자사, 남북가족찾기 회담을 북한 적십자사에 제의
	10. 5	군인 고려대 난입 사건 발생
	10. 15	서울 일원에 위수령 발동
	12. 6	박대통령 국가비상사태 선언
1972. 7. 4		남북공동성명 발표
	8. 3	정부, 기업사채 동결, 은행금리 대폭 인하

	10. 17	박대통령 특별선언, 국회해산하고 전국에 비상계엄 선포
	11. 21	유신헌법 국민투표
	12. 23	통일주체국민회의, 제8대 대통령 박정희 선출
1973.	2. 27	국회의원 선거 실시
	6. 23	6·23선언, 평화통일 외교정책 7개 항 발표
	8. 8	김대중 납치사건
	10. 2	서울대 문리대 첫 유신철폐 시위
	12. 24	개헌청원 1백만인 서명운동 전개
1974.	1. 8	대통령 긴급조치 1, 2호 선포
	4. 3	대통령 긴급조치 4호 선포, 민청학련 시위
	4. 18	이수병 선생, 이른바 '인혁당재건위' 사건으로 피체
	7. 11	비상보통군법회의 사형 선고
	11.	비상고등군법회의 항소 기각
	11. 8	구속자 가족 8인, 탄원서 제출
	12. 9	부인 7인 탄원서 제출, 사회 저명인사 15인 서명(김수환 추기경, 한경직, 윤반웅, 박창균, 최명환 목사, 문정현, 지정환, 강신명, 신현봉 신부, 이태영 변호사, 서남동 교수, 함석헌 선생)
	12.	조지 오글 목사, 목요기도회 등 신원운동으로 강제 출국
1975.	1. 6	신구교 주한 외국인 선교사 60인, 대통령, 대법원장에 무죄 탄원
	2. 6	'천주교정의구현사제단' 인권회복을 위한 기도회, '현실고발' 성명 발표
	2. 15	긴급조치 위반자 148명 석방(인혁당재건위 관련자 제외)
	2. 19	'구속자가족협의회' 및 동 후원회 공동성명, 고문 위계에 의한 정치조작극임을 발표와 규탄
	2. 24	'천주교정의구현사제단', '구속자가족협의회', '인혁당 사건 진상을 조사, 발표하면서', '인혁당의 진상은 이렇다' 성명 발표
	2. 26	김지하 '고행…1974' 동아일보에 인혁당 사건 수기 발표 후 반공법 위반 혐의로 재구속
	3. 6	'구속자가족협의회' 등, TV방송 간첩왜곡보도에 항의 성명
	4. 8	대법원 상고 기각, 형 확정. 제네바 '국제법학자협의회' '사법사상 가장 암흑의 날'로 선포, 대통령 긴급조치 7호 선포
	4. 9	'인혁당재건위' 관련자 8명 산화
	4. 10	'국제사면위원회', '민주회복국민회의', '천주교정의구현사제단', 정권의 비이성적 만행 규탄
	4. 11	서울대 농대생 김상진 '양심선언' 발표 후 할복 자살

	4. 30	제임스 시노트 신부, 인혁당 구명운동으로 강제 출국
	5. 3	박형규, 김관석 목사 등 보복 구속
	5. 4	김지하 양심선언 발표
	5. 13	대통령 긴급조치 9호 선포
1977. 8.		김수환, 윤보선, 김관석, 이천환, 함석헌, 양일동, 김철 등 7인 재심청구 진정서 제출
1982. 3. 3		'인혁당재건위' 사건 관련자 감형
	12. 25	'인혁당재건위' 사건 관련 생존자 전원 출소
1988. 12. 1		이른바 '인혁당재건위' 사건 관련 김지하의 옥중수기를 바탕으로 한 연극 〈4월 9일〉 서울 혜화동 연우소극장에서 공연
1989. 12.		애국열사 이수병선생 추모위원회 결성 추진
1990. 1.		애국열사 이수병선생 추모위원회 결성
	4. 16	경희대학교 서울교정 노천극장에서 15주기 추모행사 개최
		선생의 생애를 복원한 자료집 『어둠 속의 횃불이 되어』 펴냄
	11. 23	『한겨레신문』 '발굴 현대사 인물'란에 이수병 선생 평전 게재
1991. 3. 2		「이수병선생기념사업회」 발족
	4. 7	「사월혁명연구소」에서 시상하는 '사월혁명상' 추서
1992. 4. 1		『말』지 '그 사건 그 사람'란에 '이수병과 인민혁명당'이라는 제목으로 선생의 생애와 활동을 재조명
	4. 6	선생의 일대기 『암장(지리산 출판사)』 펴냄
1995. 10. 22		경남 의령 선생의 묘소에 묘비 세움
1998. 11. 9		「천주교인권위원회」에서 '인혁당사건 진상규명 및 명예회복을 위한 대책위원회(공동대표 이돈명) 결성
1999. 8.		MBC 다큐멘타리 〈이제는 말할 수 있다〉에서 '잊혀진 죽음—인혁당' 방영
2000. 10.		제5회 인권영화제에 인혁당의 진실을 파헤친 다큐영화 〈4월 9일〉 출품(감독 김태일, 제작 푸른영상)
2001. 12. 4		대통령 직속 「의문사진상규명위원회」에서 '인혁당재건위' 사건의 수사 기록과 공판 기록이 국방부에 보관되어 있음을 확인하고 자료 수집 (천주교인권위원회에서 책자로 발간)
2002. 9. 12		「의문사진상규명위원회」에서 사건 관련자 고 장석구씨의 사인에 대해 조사하면서 사건이 중앙정보부가 고문을 통해 만들어 낸 조작극이라는 사실을 발표
	12. 10	사건 관련자 8명의 유가족들이 "고문과 거짓으로 만들어진 수사 기록, 공판 조서를 토대로 유죄가 내려졌다"며 재심청구서를 서울지법에 냄
2004. 8. 24		「국가인권위원회」, 국회의장과 법무부장관에게 국가보안법 폐지 권고

2005. 2.	국가정보원, 대표적인 인권 침해와 공작 수사 사건으로 과거사 진실규명을 통한 '인혁당재건위' 사건 다룸
4. 1	KBS〈인물현대사〉이수병 편 방영
12. 7	국정원, 인혁당 및 민청학련 사전 고문조작 사실 인정
12. 27	서울지방법원, 인혁당 재심 개시 결정
2007. 1. 23	서울지방법원, 인혁당사건 재심 무죄 판결
2. 21	경희대학교, 이수병 선생에게 명예졸업상 수여

인혁당재건위사건 재심 공판 일지

2002. 9. 12		의문사진상규명위원회, 인혁당사건을 중앙정보부 조작사건으로 규정
2002. 12. 10		의문사진상규명위원회의 조사 결과를 토대로 재심 신청
2003. 11. 21		재심 개시 심리 진행
2005. 12. 7		'국정원 과거사건 진실규명을 통한 발전위원회' 조사 결과 발표—인혁당·민청학련 고문 조작 사실 인정
2005. 12. 27		서울중앙지법 형사합의 23부(이기택 재판장) 재심 결정
2006. 3. 20	**1차 공판**	—재판부, 검찰, 변호인측 모두 발언. 재판부 공판 신속 진행 의사 공개
2006. 4. 24	**2차 공판**	—검찰측 자료 검토를 이유로 연기 요청
2006. 6. 20	**3차 공판**	—증인 채택, 심리 진행
2006. 7. 3	**4차 공판**	—민청학련 관련 재판자료와 의문사진상규명위원회 조사자료에 대한 증거채택 여부를 따짐. 변호인측 공판조서 증거채택 반대, 앞으로 증인신문과정에서 재판부에서 판단하기로 보류함
2006. 7. 24	**5차 공판**	—전창일, 김종대, 황현승, 나경일, 강창덕 등 사건관련자 증언 청취. 관련자들 고문 수사, 조사관조서·검찰조서·참고인조서·진술서 등 강압에 의한 서명, 조서 변조 사실 증언
2006. 8. 14	**6차 공판**	—유족 강순희, 이영교 여사와 관련자 이창복, 김한덕, 임구호 증언. 유족들은 '구속통지서' 등 법적 절차 미비 지적, 연행사실 언론매체를 통해 알게 되었다고 밝힘
2006. 8. 28	**7차 공판**	—이○○(대구 경찰국 소속), 전○○(서울시 영등포경찰서 소속), 라○○(서울시 성북경찰서 소속) 등 당시 중정 파견 전직 경찰관 증언 청취. 이 모씨는 "중정 간부 윤계장이 조사관들을 모아놓고 이용택 6국장이 작성한 인혁당 조사계획서에 박정희가 사인한 것을 보여주며 걱정 말고 와꾸에 넣으라고 말했다"고 증언
2006. 9. 11	**8차 공판**	—민청학련 관련자 이철 철도공사 사장, 유인태 의원 증언 청취. "1974년 4월 3일의 시위 계획(세칭 민청학련사건)은 유신헌법이 헌정질서를 무너뜨리고 박정희 정권의 독재 연장수단으로 만들어졌기에 이를 반대하기 위해 벌인 시위였다"고 증언
2006. 9. 18	**9차 공판**	—시인 김지하, 중정파견 경찰관 신흥수 씨, 전 서울구치소 교도관 박형식, 최양호, 이택모, 이정희 증언 청취. 김 시인은 "인혁당은 민청학련을 배후조정하지 않았으며, 자신이 지학순 주교로부터 120만원을 받아 조영래에게 전달했는데, 2천원을 준 인혁당이 배후세력이 되었다"고 조작 사실 주

	장. 교도관 최씨는 "중정 요원들의 가혹행위는 수시로 있었으며, 조사를 받고 나서 파김치가 되어 돌아오는 피의자들을 보고 고문이 가해졌다는 사실을 알 수 있었다"고 증언
2006. 10. 16	**10차 공판**─민청학련 관련자 황인성, 이강철, 정화영, 임규영 등 증언 청취. 민청학련은 유신헌법 폐지와 민주질서 회복을 목표로 하고 있었으며, 인혁당 관련자들은 모르는 사람들이었고 중앙정보부에서 전기고문 등 가혹행위를 받았다고 증언
2006. 10. 23	**11차 공판**─전 검찰서기 김○○(당시 상사), 계○○(당시 군무원 주사보), 김○○(당시 상사) 씨와 전 군법정서기 김○○(당시 군무원) 씨 증언 청취. 이들은 고문 등 폭력행위를 보지 못했으나, 구타가 있었다는 소문을 들었다며 폭력행위가 있었음을 간접 증언. 또 법정서기 김씨는 공판조서 작성이 재판이 끝난 뒤 자신의 사무실에서 이루어졌다고 증언하여 공판조서가 법정에서 작성되지 않았음을 시인
2006. 11. 6	**12차 공판**─민청학련 관련자인 나병식, 서중석 씨, 당시 군법정 소속의 군인이었던 승○○(당시 상사, 검찰조사 입회서기), 조○○(당시 상사, 법정입회서기) 씨 증언
2006. 11. 13	**13차 공판**─민청학련 사건 관련자인 이종구, 강영원, 김진규 씨, 의문사조사위 조사관 유봉인 씨 증언. 유봉인 씨는 "의문사조사과정에 불법은 없었고 당시 조사내용을 모두 녹화해 두었다며 의문사조사결과가 정확하다"고 증언
2006. 11. 27	**14차 공판**─당시 군사법정 소속의 군인 조○○ 씨 증언
2006. 12. 11	**15차 공판**─검찰측과 변호인측, 제출 증거물에 대한 채택 여부 판단
2006. 12. 18	재심 결심공판─국정원 과거사건 진실규명을 통한 발전위원회 자료에 대한 증거 채택 여부를 따짐. 검찰의 구형과 변호인의 최후변론 진행. 검찰 이례적으로 구형 없이 논고. 변호인측 최후 변론에서 인혁당재건위사건의 희생자들이 무죄임을 강조. 김형태 변호사 "유신헌법은 우리나라의 헌법정신에 위배된 것이었다. 유신헌법 제정 직전의 헌법이나 유신헌법 이후의 헌법에도 맞지 않은 위법사항들이 담겨져 있다. 그러므로 위헌적인 유신헌법을 철폐하기 위한 학생들과 시민들의 투쟁은 정당한 것이었다"고 주장
2007. 1. 23	**1심 선고**─"이 사건 공소사실 중 피고인 우홍선, 송상진, 서도원, 하재완, 이수병, 김용원, 도예종에 대한 국가보안법위반의 점, 내란예비음모의 점, 반공법위반의 점, 피고인 여정남에 대한 국가보안법위반의 점, 내란예비음모의 점 및 반공법위반의 점 중 반독재구국선언문 제작 반포로 인한 부분을 제외한 나머지 반공법위반의 점은 각 무죄."

※ 이후 검찰 항소 포기, 1심 판결인 무죄 확정

참고문헌

⟨증언 자료 · 회고록 · 전기⟩

고정훈 외, ⟨명인 옥중기⟩, 필중서관, 1966
김민희, ⟨쓰여지지 않은 역사⟩, 대동, 1993
김세원, ⟨어느 통일운동가의 육필 수기-비트⟩ 상·하, 일과 놀이, 1993
김영수, ⟨옥중기-붉은 담 안의 4년 7개월⟩, 자유시대사, 1993
김학준, ⟨이동화 평전⟩, 한길사, 1987
김형욱, ⟨김형욱 회고록⟩, 아침, 1985
리영희, ⟨역정⟩, 창작과 비평사, 1988
민청학련계승사업회편, ⟨민청학련 실록⟩1-3, 2004, 학민사
박경수, ⟨재야의 빛 장준하⟩, 해돋이, 1995,
박태균, ⟨조봉암 연구⟩, 창작과 비평사, 1995
박진목, ⟨내 조국, 내 산하⟩, 창운사, 1976,
서승, ⟨옥중 19년⟩, 역사비평사, 1999
안재구, 안영민 ⟨당신은 산입니다⟩, 아름다운사람들, 2003
송지영, ⟨우수의 일월⟩, 융성출판사, 1986
원희복, ⟨조용수와 민족일보⟩, 새누리, 2004
윤길중, ⟨이 시대를 앓고 있는 사람들을 위하여⟩, 호암출판사, 1991
윤보선, ⟨구국의 가시밭길⟩, 한국정경사, 1967
이상두, ⟨옥창너머 푸른 하늘이⟩, 범우사, 1972
이소선, ⟨어머니의 길⟩, 돌베개, 1990
장건상 외, ⟨사실의 전부를 기록한다⟩, 희망출판사, 1966
조세열, 이수병 선생 약전 ⟨어둠 속에 횃불이 되어⟩, 1990

하기락, 〈자기를 해방하려는 백성들의 의지〉, 신명출판사, 1988
한겨레신문사 편집부, 〈발굴 현대사 인물〉, 한겨레신문사, 1991
한국정신문화연구원, 〈내가 겪은 민주와 독재〉, 선인, 2004

〈단행본〉

강대민, 〈부산지역학생운동사〉, 국학자료원, 2003
강만길 외, 〈4월혁명론〉, 한길사, 1983
    , 〈우리 역사를 의심한다〉, 서해문집, 2004
강정구, 〈분단과 전쟁의 사회사〉, 역사비평사, 1996
강준만, 〈한국현대사 산책〉, 인물과 사상사, 2004
    , 〈한국현대사의 길잡이 리영희〉, 개마고원, 2004
고준석, 〈민족통일 투쟁과 조선혁명〉, 힘, 1988
구로역사연구소, 〈바로 보는 우리 역사〉, 거름총서, 1987
권희경, 〈한국혁신정당과 사회주의 인터내셔널〉, 태양, 1989
김경일, 〈한국의 근대와 근대성〉, 백산서당, 2003
김광수, 〈역사에 남고 싶은 열망〉, 현암사, 2003
김삼웅, 〈한국현대사 뒷얘기〉, 가람기획, 1995
    , 〈일제는 조선을 얼마나 망쳤을까〉, 사람과 사람, 1998
김성환 외, 〈1960년대의 인식〉, 거름, 1984
김송달, 〈바로 보는 근현대 100년사〉1-2, 거름, 1998
김원일, 〈푸른 혼〉, 이룸, 2005
김지형, 〈남북을 잇는 현대사 산책〉, 선인, 2003
김인걸 외, 〈한국현대사 강의〉, 돌베개, 1988
김진국·정창현 편, 〈www. 한국현대사. com.〉, 민연, 2000

김진균 편, 〈저항, 연대 기억의 정치〉1-2, 문화과학사, 2003
김헌식, 〈색깔논쟁〉, 새로운사람들, 2003
김현아, 〈전쟁의 기억, 기억의 전쟁〉, 책갈피, 2002
김현우, 〈한국정당 통합운동사〉, 을유문화사, 2002
남창룡, 〈만주제국 조선인〉, 신세림, 2000
노중선, 〈4·19와 통일논의〉, 사계절, 1989
도진순, 〈분단의 내일, 통일의 역사〉, 당대, 2001
민주공원 편집부, 〈민주공원과 함께하는 부산민주운동사〉, 민주공원, 2003
박태순·김동춘, 〈1960년대의 사회운동〉, 까치, 1991
박명림, 〈한국전쟁의 발발과 기원1-2〉, 나남출판, 1996
_____, 〈한국 1950 전쟁과 평화〉, 나남출판, 2002
박현채, 〈변혁과 통일의 논리〉, 사계절, 1987
방기중 편, 〈일제 파시즘 지배정책과 민중생활〉, 혜안, 2004
부경역사연구소, 〈시민을 위한 부산 인물사〉, 선인, 2004
사월혁명연구소 편, 〈한국사회 변혁운동과 4월혁명1-2〉, 한길사, 1990
서남현, 〈누가 역사를 낯선 땅에 묻었는가〉, 명상, 2003
서중석, 〈배반당한 한국민족주의〉, 성대출판부, 2004
서중석 외, 〈분단 50년과 통일시대의 과제〉, 역사비평사, 1995
세계 편집부, 〈공안사건기록〉, 세계, 1985
손호철, 〈해방 50년의 한국정치〉, 새길, 1995
송광성, 〈미군점령 4년사〉, 한울, 1993
역사문제연구소, 〈한국근현대 지역운동사:영남편〉, 여강, 1993
역사문제연구소 편, 〈한국정치의 지배이데올로기와 대항이데올로기〉, 역사비평사, 1994
오연호, 〈우리 현대사의 숨은 그림찾기〉, 월간 말, 1994
유영구, 〈남북을 오고간 사람들〉, 도서출판 글, 1993

육일회 편, 〈4월 민주혁명사〉, 제3세대, 1992

윤대원, 〈한국현대사〉, 거름, 1990

이덕주, 〈식민지 조선은 어떻게 해방 되었는가〉, 에디터, 2001

이브 프레미옹, 〈역사의 격정〉, 미로, 2003

이수인 엮음, 〈한국정치사 1〉, 백산서당, 1990

이이화, 〈한국사 이야기 21-해방 그날이 오면〉, 한길사, 2004

이용원, 〈제2공화국과 장면〉, 범우사, 1999

이종오 외, 〈1950년대 한국사회와 4·19 혁명〉, 태암, 1991

이희성, 〈금단의 땅〉, 미래사, 1988

자주민보 편집부, 〈움직이는 것은 무엇이든지 쏴라〉, 자주민보, 2000

전기호, 〈일제시대 재일한국인 노동자계급의 상태와 투쟁〉, 지식산업사, 2004

전병용, 〈감방별곡〉, 공동체, 1990

정경모, 〈찢겨진 산하〉, 한겨레신문사, 2002

정국로, 〈한국학생민주운동사〉, 반, 1995

정영진, 〈폭풍의 10월〉, 한길사, 1991

정지환, 〈대한민국 다큐멘타리〉, 인물과 사상사, 2004

정희상, 〈이대로는 눈을 감을 수 없소〉, 돌베개, 1990

조희연, 〈현대 한국 사회운동과 조직〉, 한울, 1993

천주교인권위원회 엮음, 〈사법살인: 1975년 4월의 학살〉, 학민사, 2001

최원규 엮음, 〈일제말기 파시즘과 한국사회〉, 청아출판사, 1988

최영희, 〈격동의 해방 3년〉, 한림대아시아문화연구소, 1996

지수걸, 〈일제하 농민조합운동 연구〉, 역사비평사, 1993

콘드, 〈남한, 그 불행한 역사〉, 좋은책, 1988

태윤기, 〈권력과 재판〉, 삼민사, 1983

파냐이사악꼬브나 샤브쉬나, 〈1945년 남한에서〉, 한울, 1996

홍석률, 〈통일문제의 정치·사회적 갈등〉, 서울대학교출판부, 2001

한국역사연구회 4월민중항쟁반, 〈4·19와 남북관계〉, 민연, 2001
한국역사연구회 현대사연구반, 〈한국현대사 1-3〉, 풀빛, 1991

〈잡지, 자료집 등〉

대구경북지역 민족민주열사 명예회복을 위한 대책위, 〈99-1차 시민토론회〉, 1999
대통령소속 의문사진상규명위원회, 〈의문사 진상규명위원회 보고서 1차-장석구 편〉, 2004
민족일보 영인본
천주교인권위원회, 〈인혁당재건위사건 재심청구 / 상고·항소이유서 자료집〉
한국전쟁전후 민간인학살 진상규명위원회, 〈다 죽여라 다 쓸어버려라〉, 우인미디어, 2003
김광식, 〈4·19시기 혁신세력의 정치활동과 그 한계〉, 역사비평 봄호, 1988
김동춘, 〈민족민주운동으로서의 4·19시기 학생운동〉, 역사비평 봄호, 1988
김세원, 〈4월혁명 이후 전위조직과 통일운동〉, 역사비평 겨울호, 1991
서중석, 〈4월혁명운동기의 반미, 통일운동과 민족해방론〉, 역사비평 가을호, 1991
송남헌·정태영, 〈고초로 점철된 혁신계 50년〉, 역사비평 봄호, 1995
안병용, 〈남민전〉, 역사비평 가을호, 1990
유재일, 〈4월혁명 직후 민자통의 통일운동〉, 사회와 사상, 1989년 5월호
유한종, 〈혁신계 변혁, 통일운동의 맥〉, 역사비평 여름호, 1989
이종남, 〈인혁당사건 연루자 이수병〉, 인물계, 1990년 5월호
제임스 시노트, 〈인혁당 사건을 증언한다〉, 사회와 사상, 1989년 6월호
한상구, 〈4월혁명 이후 전위조직과 통일운동〉, 역사비평, 1991년 겨울호
황건, 〈민통련은 통일논의를 운동으로 끌어올려〉, 월간중앙, 1992년 4월호

창살 안의 꿈

황범주 작사
이지상 작곡

이수병선생 기념사업회

이수병선생 기념사업회는 다음과 같은 기념사업을 추진하고 있습니다.

● **해마다 4월 8일의 추모행사**

해마다 선생의 기일인 4월 8일에 경희대학교 서울·수원 교정을 번갈아가며 추모행사를 열고 있습니다. 아울러 매년 추모제를 열고 난 후 (6월 6일) 경남 의령에 있는 선생의 묘소에 참배를 하고 있습니다.

● **이수병 기념상 제정**

이수병 선생처럼 이 땅의 자주, 민주, 통일을 위하여 고귀한 삶을 살아가는 분에게 수여할 기념상을 제정할 계획입니다.

● **추모비, 동상 등의 상징물 건립**

선생의 20주기를 맞아 경남 의령의 묘소에 추모비를 세웠습니다. 앞으로 선생의 모교인 경희대학교 서울·수원 교정에 흉상과 추모비를 건립할 계획입니다.

● **일대기 출판사업**

기념사업회 일대기편찬위원회에서는 1992년 선생의 평전인 『암장』을 펴냈습니다. 앞으로 증언과 자료를 보완한 평전을 내어 선생의 삶을 계승하고 널리 알리고자 합니다.

● **기념사업기금을 모으고 있습니다.**

기념사업에 뜻을 같이 하는 분들께서는 작은 성의라도 기념사업 기금 조성에 참여하여 주시면 소중하게 사용하겠습니다.

우리은행 444-07-049906
예금주 이수병선생 기념사업회(실명 이창훈)

이수병선생 기념사업회
서울시 동대문구 회기동 45-98번지 전화 : 02) 960 - 5650

편저자 _ 주 동 욱
    1959년 충남 홍성에서 나서
    경희대학교 사학과를 마친 뒤
    이수병선생 30주기추모준비위원회 위원장을 지냄

이수병 평전

엮은이 _ 이수병선생기념사업회
펴낸곳 _ 민연
발행인 _ 방학진
편집인 _ 조세열
등록번호 _ 제8-860호
주소 _ 서울시 동대문구 청량리1동 38-29 금은빌딩 3층
홈페이지 _ www.minjok.or.kr
전화 _ 02-969-0226
팩스 _ 02-965-8879

디자인·인쇄 _ (주)삼영프린텍
주소 _ 서울 중구 예장동 9번지 삼익파크빌 503호
전화 _ 02-2279-6292

초판발행일 _ 2005년 4월 8일
2쇄발행일 _ 2008년 4월 18일

정가 _ 14,000원
ISBN _ 89-953307-5-9

ⓒ 2005 copyright
  이 책에 수록된 글과 사진은 저작권자와의 협의 없이
  무단으로 복제 또는 전재할 수 없습니다.